绿色经济与绿色发展丛书

编委会

广西大学马克思主义生态经济发展研究院、商学院特别委托项目

国家出版基金项目
NATIONAL PUBLICATION FOUNDATION

“十二五”国家重点图书出版规划项目
绿色经济与绿色发展丛书 / 刘思华 · 主编

马克思主义生态伦理学导论

AN INTRODUCTION TO THE ECOLOGICAL ETHICS OF MARXISM

聂长久　韩喜平　著

中国环境出版社 · 北京

图书在版编目（CIP）数据

马克思主义生态伦理学导论/聂长久，韩喜平著. —北京：中国环境出版社，2015.12
（绿色经济与绿色发展丛书/刘思华主编）
ISBN 978-7-5111-2684-9

Ⅰ. ①马… Ⅱ. ①聂…②韩… Ⅲ. ①马克思主义—生态伦理学—研究 Ⅳ. ①A811.63

中国版本图书馆 CIP 数据核字（2015）第 313278 号

出 版 人 王新程
策　　划 沈 建 陈金华
责任编辑 刘 焱 沈 建
助理编辑 宾银平
责任校对 尹 芳
封面设计 耀午设计 彭 杉

出版发行 中国环境出版社
（100062 北京市东城区广渠门内大街 16 号）
网　　址：http://www.cesp.com.cn
电子邮箱：bjgl@cesp.com.cn
联系电话：010-67112765（编辑管理部）
010-67113412（教材图书出版中心）
发行热线：010-67125803，010-67113405（传真）
印　　刷 北京中科印刷有限公司
经　　销 各地新华书店
版　　次 2016 年 2 月第 1 版
印　　次 2016 年 2 月第 1 次印刷
开　　本 787×960 1/16
印　　张 14.25
字　　数 240 千字
定　　价 42.00 元

总　序

迈向生态文明绿色经济发展新时代

在党的十七大提出的“建设生态文明”的基础上，党的十八大进一步确立了社会主义生态文明的创新理论，构建了建设社会主义生态文明的宏伟蓝图，制定了社会主义生态文明建设的基本任务、战略目标、总体要求、着力点和行动方案；并向全党全国人民发出了“努力走向社会主义生态文明新时代”的伟大号召。按照生态马克思主义经济学观点，走向社会主义生态文明新时代，就是迈向生态文明与绿色经济发展新时代。这既是中华文明演进和中国特色社会主义经济社会发展规律与演化逻辑的必然走向和内在要求，又是人类文明演进和世界经济社会发展规律与演化逻辑的必然走向和内在要求。因此，绿色经济与绿色发展是 21 世纪人类文明演进与世界经济社会发展的大趋势、大方向，集中表达了当今人类努力超越工业文明黑色经济发展的旧时代而迈进生态文明绿色经济发展新时代的意愿和价值期盼，已成为人类文明演进和世界经济社会发展的必然选择和时代潮流。据此，建设绿色文明、发展绿色经济、实现绿色发展，是全人类的共同道路、共同战略、共同目标，是生态文明绿色经济及新时代赋予我们的神圣使命与历史任务。毫无疑问，当今世界和当代中国一个生态文明绿色经济发展时代正在到来。为了响应党的十八大提出的“努力走向社会主义生态文明新时代”的伟大号召，迎接生态文明绿色经济发展新时代的来临，中国环境出版社特意推出“十二五”国家重点图书出版规划项目“绿色经济与绿色发展丛书”（以下简称“丛书”）。笔者作为“丛书”主编，并鉴于目前“半绿色经济论”“伪绿色经济发展论”日渐盛行，故就“中国智慧”创立的绿色经济理论与绿色发展学说的几个重大问题添列数语，是为序。

一、关于绿色经济的理论本质问题

绿色经济的本质属性即理论本质：不是环境经济学的范畴，而是生态经济学与可持续发展经济学的范畴。西方绿色思想史表明，“绿色经济”这个词汇最早见于英国环境经济学家大卫·皮尔斯 1989 年出版的第一本小册子《绿色经济的蓝图》（后称“蓝图 1”）的书名中。其后“蓝图 2”的第二章的第一节两次使用了“绿色经济”这个名词，直到 1995 年出版“蓝图 4”，也没有对绿色经济作出界定，这就是说 4 本小册子都没有明确定义绿色经济及诠释其本质内涵。对此，方时姣教授从世界绿色经济思想发展史的视角进行了全面评述：[①]“蓝图 1”主要介绍英国的环境问题和环境政策制定，正如作者指出的“我们的整个讨论都是环境政策的问题，尤其是英国的环境政策”。“蓝图 2”1991 年出版，是把“蓝图 1”的环境政策思想拓展到世界及全球性环境问题和环境政策。“蓝图 3”1993 年出版，又回到“蓝图 1”的主题，即英国的环境经济与可持续发展问题的综合。“蓝图 4”则又回到“蓝图 2”讨论的主题，正如作者在前言中所指出的“绿色经济的蓝图从环境的角度，阐述了环境保护及改善问题”。因此，从“蓝图 1”到“蓝图 4”，对绿色经济的新概念、新思想、新理论，没有作任何诠释的论述，仅仅只是借用了绿色经济这个名词，来表达过去的 25 年环境经济学流派发展的新综合，确实是“有关环境问题的严肃书籍”。

皮尔斯等人在当今世界率先使用“绿色经济”这一词汇并得到了广泛传播；但基本上只是提及了这个概念，没有深入研究，尤其是理论研究。因此，在西方世界的整个 20 世纪 90 年代至 2008 年爆发国际金融危机的这一时期，仍然主要是环境经济学界的学者使用绿色经济概念，从环境经济学的视角阐述环境保护、治理与改善等绿色议题，其核心问题是讨论经济与环境相互作用、相互影响的环境经济政策问题，而关注点集中于环境污染治理的经济手段。在我国首先使用皮尔斯等人的绿色经济概念的是环境污染与保护工作者，并对其进行界定。例如，原国家环境保护局首任局长曲格平先生在 1992 年出版的《中国的环境与发展》一书中指出：“绿色经济是指以环境保护为基础的经济，主要表现在：一是以治理污染和改善生态为特征的环保产业的兴起；二是因环境保护而引起的工业和农业生产方式的变

---

① 方时姣：《绿色经济思想的历史与现实纵深论》，载《马克思主义研究》2010 年第 6 期，第 55～62 页。

革，从而带动了绿色产业的勃发。”[①]在这里，十分清楚地表明了曲格平先生同皮尔斯等人一样，是借用绿色经济的概念来诠释环境保护、治理和改善的问题。其后，我国学界有一些学者把绿色经济当作环境经济的代名词，借用绿色经济之名，表达环境经济之实。总之，长期以来，国内外不少学者按照皮尔斯等人的学术路径，对绿色经济作了狭隘的理解而被看作是环境经济学的新概括，把它纳入环境经济学的理论框架之中，成为环境经济学的理论范畴。这就必然遮盖了绿色经济的本来面目，极大地扭曲了它的本质内容与基本特征，不仅产生了一些不良的学术影响，而且会误导人们的生态与经济实践。正如方时姣教授指出的：“把绿色经济纳入环境经济学的理论框架来指导实践，最多只能缓解生态环境危机，是不可能从根本上解决生态环境问题的，也不可能克服生态环境危机，也就谈不上实现生态经济可持续发展。”[②]

20世纪90年代，我国生态经济学界就有学者用绿色经济这一术语概括生态环境建设绿色议题和生态经济协调发展研究的新进展，论述重点是“一切都将围绕改善生态环境而发展，核心问题是要实现人和自然的和谐、经济与生态环境的协调发展。”[③]为此，笔者针对皮尔斯等国内外学者以环境经济学理论范式来回应绿色经济议题，在1994年出版了《当代中国的绿色道路》一书，以生态经济学新范式来回应绿色经济议题，以生态经济协调发展理论平台在深层次上阐述“发展经济必须与发展生态同时并举，经济建设必须与生态建设同步进行，国民经济现代化必须与国民经济生态化协调发展”的绿色发展道路。这就在国内外首次拉开了从学科属性上把绿色经济从环境经济学理论框架中解放出来的序幕。在此基础上，笔者于2000年1月出版的《绿色经济论——经济发展理论变革与中国经济再造》一书，深刻地论述了一系列重大的绿色经济理论前沿和现实前沿问题，科学地揭示了生态经济与知识经济同可持续发展经济之间的本质联系及其发展规律，破解了三者之间相互渗透、融合发展的绿色经济与绿色发展的内在奥秘，成为中国绿色经济理论与绿色发展学说形成的重要标志。尤其是该书把绿色经济看作是生态经济与可持续经济的新概括与代名词，并从这个新高度的最高层次对绿色经济提出了新命题：“绿色经济

① 转引自刘学谦、杨多贵、周志强等：《可持续发展前沿问题研究》，北京：科学出版社，2010年版，第126页。

② 方时姣：《绿色经济思想的历史与现实纵深论》，载《马克思主义研究》2010年第6期，第55～62页。

③ 郑明焕：《把握机遇，在大转变中求发展》，1992年3月28日《中国环境报》。

是可持续经济的实现形态和形象概括。它的本质是以生态经济协调发展为核心的可持续发展经济。”[①]这个界定肯定了绿色经济的生态经济属性，揭示了它的可持续经济的本质特征，从学科属性上把它从环境经济学理论框架中彻底解放出来，真正纳入生态经济学与可持续发展经济学的理论体系，成为生态经济学与可持续发展经济学的理论范畴，恢复了绿色经济的本来面目。虽然这个绿色经济的定义十分抽象，却反映了它的本质属性与科学内涵，得到了多数绿色经济研究者的认同和广泛使用。然而时至今日，在我国学者中仍有少数学者尤其在实际工作中也有不少人还在用环境经济学范畴中的绿色经济理念来指导经济实践，这种现象不能继续下去了。

二、关于绿色经济的文明属性问题

绿色经济的文明属性不是工业文明的经济范畴，而是生态文明的经济范畴。世界绿色经济思想史告诉我们，在学科属性上把绿色经济当作环境经济学的新观念与代名词，纳入环境经济学的理论框架，就必然在文明属性上把它纳入工业文明的基本框架，成为工业文明的经济范畴，即发展工业文明的经济模式。这是因为，环境经济学是调整、修补、缓解人与自然的尖锐对立、环境与经济的互损关系的工业文明时代的产物，是工业文明“先污染后治理”经济发展道路的理论概括与学理表现。自皮尔斯等人指出环境经济学范畴的绿色经济概念以来，国内外一个主流绿色经济观点就是对绿色经济的狭隘的认识与把握，只是把它看成是解决工业文明经济发展过程中出现的生态环境问题的新经济观念，是能够克服工业文明的褐色经济或黑色经济弊端的经济模式。在我国这种观点比较流行。例如，有的学者认为：“绿色经济是以市场为导向、以传统产业经济为基础、以经济与环境的和谐为目标而发展起来的一种新型的经济形式即发展模式”，“是现代工业化过程中针对经济发展对环境造成负面影响而产生的新经济概念”。时至今日，这种工业文明经济范畴的绿色经济概念仍被人引用来论证自己的绿色经济观念。因此，在此我要再次强调：工业文明经济范畴的绿色经济观念，在本质上仍是人与自然对立的文明观，并没有从根本上消除工业文明及黑色经济反生态和反人性的黑色基因，丢弃了绿色经济是生态经济协调发展的核心内容和超越工业文明黑色经济、铸造生态文明生态经济的本质属性，从而否定了绿色经济是生态文明生态经济形态的理论内涵与实践价值。因此，

① 刘思华：《绿色经济论》，北京：中国财政经济出版社，2001 年版，第 3 页。

以工业文明经济范式或理论平台来回应绿色经济议题，是不可能从根本上触动工业文明黑色经济形态的，是难以走出工业文明黑色经济发展道路的；最多是缓解局部自然环境恶化，是不可能解决当今人类面对的生态经济社会全面危机的。因此，决定了我们必须也应当以生态文明新范式或理论平台在深层次回应绿色经济与发展绿色经济议题，才能顺应21世纪生态文明与绿色经济时代的历史潮流。

生态马克思主义经济学哲学告诉我们：彻底的生态唯物主义者，不仅要在学科属性上把绿色经济从环境经济学的理论框架中解放出来，成为生态经济与可持续发展经济的理论范畴，而且在文明属性上，要把它从工业文明的基本框架中解放出来，作为生态文明的经济范畴。前面提到的笔者所著的《当代中国的绿色道路》《绿色经济论》这两部著作，是实现绿色经济这两个生态解放的成功探索。早在1998年笔者在《发展绿色经济，推进三重转变》一文中就明确提出了发展绿色经济的新的经济文明观，明确指出："人类正在进入生态时代，人类文明形态正在由工业文明向生态文明转变，这是人类发展绿色经济、建设生态文明的一个伟大实践。"[①]邹进泰、熊维明的《绿色经济》一书中指出：绿色经济发展"是从单一的物质文明目标向物质文明、精神文明和生态文明多元目标的转变。发展绿色经济，尤其要避免'石油工业''石油农业'造成的高消耗、高消费、高生态影响的物质文明，而要造就高效率、低消耗、高活力的生态文明"。[②] 可见"中国智慧"在世界上最早实现绿色经济的两个生态解放、纳入生态文明的基本框架，是人与自然和谐统一、生态与经济协调发展的建设生态文明的必然产物。下面还要作几点说明：

(1)按照人类文明形态演进和经济社会形态演进一致性的历史唯物主义社会历史观的理论思路，生态文明是继原始文明、农业文明、工业文明（包括后工业文明）之后的全新的人类社会文明形态，它不仅延续了它们的历史血脉，而且创新发展了它们尤其是工业文明的经济社会形态，使工业文明从人与自然相互对立、生态与经济相分裂的工业经济社会形态，朝着生态文明以人与自然和谐统一、生态与经济协调发展的生态经济社会形态演进。这是人类文明经济社会的全方位、最深刻的生态变革与绿色经济转型，可以说是人类文明历史发展以来最伟大的生态经济社会变革运动。

① 刘思华：《刘思华文集》，武汉：湖北人民出版社，2003年版，第403页。

② 邹进泰、熊维明等：《绿色经济》，太原：山西经济出版社，2003年版，第12页。

(2) 我们要深刻认识和正确把握绿色经济的概念属性与本质内涵，正是这个属性和内涵决定了它是生态文明生态经济形态的实现形式与形象概括。世界工业文明发展的历史表明，无论是资本主义工业化，还是社会主义工业化；无论是发达国家工业化，还是发展中国家工业化，都走了一条工业经济黑色化的黑色发展道路，形成了工业文明黑色经济形态。据此，工业文明主导经济形态的工业经济形态的实现形态与形象概括就是黑色经济形态。而生态文明开辟了经济社会发展绿色化即生态化的绿色发展道路，最终形成生态文明绿色经济形态。它是对工业文明及其黑色经济形态的批判、否定和扬弃，是在此基础上的生态变革和绿色创新。这就是说，绿色经济的根本属性与本质内涵是生态经济与可持续发展经济，使它必然在本质上取代工业经济并融合知识经济的一种全新的经济形态，是生态文明新时代的主导经济形态的现实形态。所以，笔者反复指出："绿色经济作为生态文明时代的经济形态，是生态经济形态的现实象征与生动概括。"[①]这不仅肯定了绿色经济是生态经济学与可持续发展经济学的理论范畴，而且界定了绿色经济是生态文明的经济范畴，恢复了绿色经济的本来面目。

(3) 绿色经济实现"两个生态解放"之后，就应当对它重新定位。现在我们可以将绿色经济的科学内涵和外延表述为：以生态文明为价值取向，以自然生态健康和人体生态健康为终极目的，以提高经济社会福祉和自然生态福祉为本质特征，以绿色创新为主要驱动力，促进人与自然和谐发展和生态与经济协调发展为根本宗旨，实现生态经济社会发展相统一并取得生态经济社会效益相统一的可持续经济。因此，发展绿色经济是广义的，不仅是指广义的生态产业即绿色产业，而且包括低碳经济、循环经济、清洁能源和可再生能源、碳汇经济以及其他节约能源资源与保护环境、建设生态的经济等。[②]这个新界定正确地揭示了绿色经济的本质属性、科学内涵、概念特征与实践主旨，准确地体现了绿色经济历史趋势与时代潮流；绿色经济观念、理论是人与自然和谐统一、生态与经济协调发展的生态文明新时代的理论概括与学理表现。只有这样认识和把握绿色经济，才能真正符合生态文明与绿色经济发展的客观进程与内在逻辑。

(4) 生态文明经济范畴的绿色经济包含两层经济含义：一是它作为理论形态是

---

① 中国社会科学院马克思主义学部：《36 位著名学者纵论中国共产党建党 90 周年》，北京：中国社会科学出版社，2011 年版，第 409 页。

② 刘思华：《生态文明与绿色低碳经济发展总论》，北京：中国财政经济出版社，2001 年版，第 1 页。

生态文明的经济社会形态范畴，是生态文明时代崭新的主导经济，我们称之为绿色经济形态。二是它作为实践形态是生态文明的经济发展模式，是生态文明崭新时代的经济发展模式，我们称之为绿色经济发展模式。这就决定了建设生态文明、发展绿色经济的双重战略任务，既要形成生态和谐、经济和谐、社会和谐一体化的绿色经济形态，又要形成生态效益、经济效益、社会效益最佳统一的绿色经济发展模式。据此，建设生态文明、发展绿色经济应当是经济社会形态和经济社会发展模式的双重绿色创新转型发展过程，这是革工业文明的黑色经济形态和经济发展模式之故、鼎生态文明的绿色经济形态和经济发展模式之新的过程。因此，每个战略任务都是双重绿色使命：一方面背负着克服、消除工业文明的黑色经济形态与发展模式的黑色弊端，对它们进行生态变革、绿色重构与转型，改造成为绿色经济形态与绿色经济发展模式；另一方面担负着创造人类文明发展的新形态，即超越资本主义工业文明（包括高度发达的后工业文明）的社会主义生态文明，构建与生态文明相适应的绿色经济形态和绿色经济发展模式。这是生态文明建设的中心环节，是绿色经济发展的实践指向，因此双重绿色经济就是我们迈向生态文明与绿色经济发展新时代，也是推动人类文明形态和经济社会形态与发展模式同步演进的双重时代使命与实践目标。实现双重时代使命所推动的变革不仅仅是工业文明形态及其黑色经济形态与发展模式本身的变革，而且是超越工业文明的生态文明及其他的经济形态与发展模式的生态变迁与绿色构建。这才符合生态文明与绿色经济的本质属性与实践主旨。

三、关于绿色发展理论与道路的探索问题

自 2002 年以来的 10 多年间，一直流传着联合国开发计划署在《2002 年中国人类发展报告：让绿色发展成为一种选择》中首先提出绿色发展，中国应当选择绿色发展之路。这个“首先”之说不知是何人的说法，是根本不符合绿色发展思想理论发展的历史事实的，是一种学术误传。

1. 我们很有必要对中国绿色发展思想理论发展的历史作简要回顾

如前所述，1994 年笔者在《当代中国的绿色道路》一书中，以生态经济学新范式及生态经济协调发展的新理论平台来回应绿色发展道路议题，阐述了绿色发展的一系列主要理论与实践问题，明确提出中国绿色发展道路的核心问题是“经济发展生态化之路”，“一切都应当围绕着改善生态环境而发展，使市场经济发展建立在

生态环境资源的承载力所允许的牢固基础之上，达到有益于生态环境的经济社会发展。”[①]1995 年著名学者戴星翼在《走向绿色的发展》一书中首次从“经济学理解绿色发展”的角度，明确使用“绿色发展”这一词汇，诠释可持续发展的一系列主要理论与实践问题，并认为“通往绿色发展之路”的根本途径在于“可持续性的不断增加”。[②]在这里，绿色发展成为可持续发展的新概括。2012 年著名学者胡鞍钢出版的《中国：创新绿色发展》一书，创新性地提出了绿色发展理念，开创性地系统阐述了绿色发展理论体系，总结了中国绿色发展实践，设计了中国绿色现代化蓝图。所以，笔者认为本书虽有不足之处，但从总体上说，丰富、创新、发展了中国绿色发展学说的理论内涵和实际价值，提出了一条符合生态文明时代特征的新发展道路——绿色发展之路。总之，中国学者探索绿色发展的理念、理论与道路的历史轨迹表明，在此领域“中国智慧”要比“西方智慧”高明，这就在于绿色发展在发展理念、理论、道路上突破了可持续发展的局限性，“将成为可持续发展之后人类发展理论的又一次创新，并将成为 21 世纪促进人类社会发生翻天覆地变革的又一次大创造。”[③]

2．21 世纪的绿色经济与绿色发展观

进入 21 世纪以后，绿色经济与绿色发展观念逐步从学界视野走进政界视野，尤其是面对 2008 年国际金融危机催化下世界绿色浪潮的新形势，以胡锦涛为总书记的中央领导集体正确把握当今世界发展绿色低碳转型的新态势、未来世界绿色发展的大趋势，站在与世界各国共建和谐世界与绿色世界的发展前沿上，直面中国特色社会主义的基本国情，提出了绿色经济与绿色发展的一系列新思想、新观点、新理论，揭示了发展绿色经济、推进绿色发展是当今世界发展的时代潮流。正如习近平同志所指出的：“绿色发展和可持续发展是当今世界的时代潮流”，其“根本目的是改善人民生活环境和生活水平，推动人的全面发展。”[④]李克强还指出：“培育壮大绿色经济，着力推动绿色发展”，“要加快形成有利于绿色发展的体制机制，通过政策激励和制度约束，增强推动绿色发展的自觉性、主动性，抑制不顾资源环境承

① 刘思华：《当代中国的绿色道路》，武汉：湖北人民出版社，1994 年版，第 86 页、第 101 页。

② 戴星翼：《走向绿色的发展》，上海：复旦大学出版社，1998 年版，第 1～23 页。

③ 胡鞍钢：《中国：创新绿色发展》，北京：中国人民大学出版社，2012 年版，第 20 页。

④ 习近平：《携手推进亚洲绿色发展和可持续发展》，2010 年 4 月 11 日《光明日报》。

载能力盲目追求增长的短期行为。”[①]笔者曾发文把以胡锦涛为总书记的中央领导集体的绿色发展理念概括为“四论”，即绿色和谐发展论、国策战略绿色论、绿色文明发展道路论、国际绿色合作发展论。[②]在此我们还要重视的是胡锦涛同志在2003年中央经济工作会议上明确指出：“经济增长不能以浪费资源、破坏环境和牺牲子孙后代利益为代价。”其后，他进一步指出：“我国是社会主义国家，我们的发展不能以牺牲精神文明为代价，不能以牺牲生态环境为代价，更不能以牺牲人的生命为代价。”“我们一定要痛定思痛，深刻吸取血的教训。”[③]胡锦涛提出的不能以“四个牺牲为代价”换取经济发展的绿色原则，反映了改革开放以来，我国经济发展的基本经验和严重教训，这实质上是实现科学发展的四项重要原则，是推进绿色发展的四项重要原则。凡是以“四个牺牲为代价”换取的经济发展就是不和谐的、不可持续的非科学发展，这种发展可以称为黑色发展；凡是没有以“四个牺牲为代价”的经济发展就是和谐的、可持续的科学发展，这种发展可以称为绿色发展。正是在这个意义上说，不能以“四个牺牲为代价”是区分黑色发展和绿色发展的四项绿色原则。

3. 依法治国新政理念：发展绿色经济、推进绿色发展

当下中国执政者对绿色经济与绿色发展的认识与把握，已不只是学界那样把发展绿色经济、推进绿色发展视为全新的思想理论，而是一种崭新的全面依法治国的执政理念、发展道路与发展战略。党的十八大首次把绿色发展（包括循环发展、低碳发展）写入党代会报告，是绿色发展成为具有普遍合法性的中国特色社会主义生态文明发展道路的绿色政治表达，标志着实现中华民族伟大复兴的中国梦所开辟的中国特色社会主义生态文明建设道路是绿色发展与绿色崛起的科学发展道路。这条道路的理论体系就是“中国智慧”创立的绿色经济理论与绿色发展学说。它既是适应世界文明发展进步，更是适应中国特色社会主义文明发展进步需要而产生的科学发展学说，甚至可以说，是一种划时代的全新科学发展学说。对此，近几年来，我多次强调指出：绿色经济理论与绿色发展学说不是引进的西方经济发展思想，而是中国学界和政界马克思主义学人自主创立的科学发展新学说。它是立足中国、面向世界、通向未来的马克思主义发展学说，必将指引着中国特色社会主义沿着绿色发展与绿色崛起的科学发展道路不断前进。

---

① 李克强：《推动绿色发展　促进世界经济健康复苏和可持续发展》，2010年5月9日《光明日报》。

② 刘思华：《科学发展观视域中的绿色发展》，载《当代经济研究》2011年第5期，第65～70页。

③ 中共中央文献研究室：《科学发展观重要论述摘编》，北京：中央文献出版社，2008年版，第34页、第29页。

"中国智慧"不仅从绿色经济的根本属性与本质内涵论证了绿色经济是生态文明的经济范畴，而且从绿色发展的根本属性与本质内涵界定了绿色发展是生态文明的发展范畴。故笔者把绿色发展表述为："以生态和谐为价值取向，以生态承载力为基础，以有益于自然生态健康和人体生态健康为终极目的，以追求人与自然、人与人、人与社会、人与自身和谐发展为根本宗旨，以绿色创新为主要驱动力，以经济社会各个领域和全过程的全面生态化为实践路径，实现代价最小、成效最大的生态经济社会有机整体全面和谐协调可持续发展，因此，绿色发展必将使人类文明进步和经济社会发展更加符合自然生态规律、社会经济规律和人自身的规律，即支配人本身的肉体存在和精神存在的规律（恩格斯语）"[①]或者说"更加符合三大规律内在统一的"自然、人、社会有机整体和谐协调发展的客观规律。现在我要进一步指出的是，从学理层面上说，绿色发展的理论本质是"生态经济社会有机整体全面和谐协调可持续发展"；从实践层面上看，绿色发展的实践主旨是实现"生态经济社会有机整体全面和谐协调可持续发展"。现在我们完全可以作出一个理论结论：绿色发展是生态经济社会有机整体全面和谐协调可持续发展的形象概括与现实形态。正是在这个意义上说，绿色发展是永恒的经济社会发展。这是客观真理。

4．绿色发展学说中若干基本理论观点和现实问题

（1）绿色发展的经济学诠释，就是绿色经济与绿色发展内在统一的绿色经济发展。笔者在 2002 年《发展绿色经济的理论与实践探索》的学术报告中，首次提出了绿色经济发展新观念和构建了绿色经济发展理论的基本框架，明确指出："发展绿色经济是建设生态文明的客观基础和根本问题"，"绿色经济发展是人类文明时代的工业文明时代进入生态文明时代的必然进程"，"是推进现代经济的'绿色转变'走出一条中国特色的绿色经济建设之路"，"必将引起 21 世纪中国现代经济发展的全方位的深刻变革，是中国经济再造的伟大革命"，还强调指出："只有建立生态市场经济制度才能真正走出一条中国特色的绿色经济发展道路。"[②]因此，21 世纪中国绿色发展道路在经济领域内，就是绿色经济发展道路，这是中国特色社会主义经济发展道路走向未来的必由之路。

（2）20 世纪人类文明发展事实表明工业文明发展黑色化是常态，故工业文明确实是黑色文明，其发展是黑色发展，它的一切光辉成就的取得，说到底是以牺牲

① 刘思华：《生态马克思主义经济学原理》（修订版），北京：人民出版社，2014 年版，第 578～579 页。

② 刘思华：《刘思华文集》，武汉：湖北人民出版社，2003 年版，第 607～612 页。

自然生态、社会生态和人体生态为代价，创造着黑色的文明史。因此，生态马克思主义经济学哲学得出一个人类文明时代发展特征的结论："工业文明是黑色发展时代，生态文明是绿色发展时代……'中国智慧'对从工业文明黑色发展向生态文明绿色发展巨大变革的认识，是21世纪中华文明发展头等重要的发现，是科学的最大贡献。"[①]从工业文明黑色发展走向生态文明绿色发展是生态经济社会有机整体的全方位生态变革与全面绿色创新转变，是人类文明发展史上最伟大的最深刻的生态经济社会革命。它的中心环节是要实现工业文明黑色发展道路向生态文明绿色发展道路的彻底转轨，其关键所在是要实现工业文明黑色发展模式向生态文明绿色发展模式的全面转型。[②]只有实现这两个"根本转变"，人类文明形态演进和经济社会形态演进才能真正迈向生态文明与绿色经济发展新时代。

(3) 和谐发展和绿色发展是生态文明的根本属性与本质特征的两种体现，是生态文明时代生态经济社会有机整体全面和谐协调可持续发展的两个方面。这是因为：① 生态马克思主义经济学哲学告诉我们，人类文明进步和经济社会发展的实质就是自然、人、社会有机整体价值的协调与和谐统一，是实现人与自然、人与人、人与社会、人与自身的全面和谐协调，成为人类文明进步与经济社会发展的历史趋势和终极价值追求。因此，笔者在《生态马克思主义经济学原理》一书中就指出了狭义与广义生态和谐论，指出"狭义生态和谐"就是人与自然的和谐发展即自然生态和谐，这是狭义生态文明的核心理念。而和谐发展不仅是人与自然的和谐发展，还包括人与人、人与社会及个人的身心和谐发展，于是我把这"四大生态和谐"称之为"广义的生态和谐"的全面和谐发展。这是广义生态文明的根本属性与本质特征，就必然成为生态文明的绿色经济形态与绿色发展模式的根本属性与本质特征。② 生态马克思主义经济学哲学还认为，从自然、人、社会有机整体的四大生态和谐协调发展意义上说，生态和谐协调发展已成为当今中国和谐协调发展的根基。这是绿色发展的核心与灵魂。因此，建设生态文明、发展绿色经济、推进绿色发展，必须贯穿于中国生态经济社会有机整体发展的全过程和各个领域，不断追求和递进实现"四大生态关系"的全面和谐发展，这是绿色发展的真谛。

① 刘思华：《生态马克思主义经济学原理》（修订版），北京：人民出版社，2014年版，第579页。

② 胡鞍钢教授在《中国：创新绿色发展》一书中认为："以高消耗、高污染、高排放为基本特征的发展，即黑色发展模式。"我认为应当以高投入、高消耗、高排放、高污染、高代价为基本特征的发展就是工业文明黑色发展模式，而以"五高"黑色发展模式为基本内容与发展思路就是工业文明黑色发展道路。

（4）全面生态化或绿色化是绿色发展的主要内容与基本路径。2011 年夏，中国绿色发展战略研究组课题组撰写的《关于全面实施绿色发展战略向十八大报告的几点建议》一书指出：按照马克思主义生态文明世界观和方法论，生态化应当写入党代会报告，使中国特色社会主义旗帜上彰显着社会主义现代文明的生态化发展理念，这是建设社会主义生态文明的必然逻辑，是发展绿色经济、实现绿色发展的客观要求，是构建社会主义和谐社会的必然选择。这里所说的生态化发展理念，就是绿色发展理念。后者是前者的现实形态与形象概括，在此我们很有必要作进一步论述：

☞ 生态化是一个综合科学的概念，是前苏联学者首创的现代生态学的新观念：早在 1973 年苏联哲学家 B. A. 罗西在《哲学问题》杂志上发表的《论现代科学的“生态学化”》一文中，就将生态化称为“生态学化”，其本质含义是“人类实践活动及经济社会运行与发展反映现代生态学真理”。以此观之，生态化主要是指运用现代生态学的世界观和方法论，尤其依据“自然、人、社会”复合生态系统整体性观点考察和理解现实世界，用人与自然和谐协调发展的观点去思考和认识人类社会的全部实践活动，最优地处理人与自然的自然生态关系、人与人的经济生态关系、人与社会的社会生态关系和人与自身的人体生态关系，最终实现生态经济社会有机整体全面和谐协调可持续的绿色发展”。[①]生态化这个术语是国内外学者，尤其在中国新兴、交叉学科的学者广泛使用的新概念，其论著中使用的频率最高，当代中国已经出现新兴、交叉经济学生态化趋势。因此，这个界定从学理上说，我们可以作出一个合乎逻辑的结论：生态化应当是生态文明与绿色发展的重要范畴，甚至是基本范畴。

☞ 当今人类生存与发展需要进行一场深刻的生态经济社会革命，走绿色发展新道路，推进人类生存与发展的生产方式和生活方式的生态化转型，实现人类生存方式的全面生态化。它就内在要求人类社会的经济、科技、文教、政治、社会活动等经济社会运行与发展的全面生态化。在当代中国就是使中国特色社会主义生态经济社会体系运行朝着生态

---

① 刘思华：《论新型工业化、城镇化道路的生态化转型发展》，载《毛泽东邓小平理论研究》2013 年第 7 期，第 8～13 页。

化转型的方向发展。这种生态化转型发展就成为生态经济社会运行与发展的内在机制、主要内容、基本路径与绿色结果。这样的当代中国走生态化转型发展之路，是走绿色发展的必由之路与基本走向。可以说，“顺应生态化转型者昌，违背生态化转型者亡。”[①]这不仅是当今人类文明进步和世界经济社会发展，而且是中国特色社会主义文明进步和当代中国经济社会发展的势不可当的生态化即绿色化发展大趋势。

☞ 生态马克思主义经济学哲学强调生态文明是广义和狭义生态文明的内在统一，[②]并把广义生态文明称为绿色文明，既然生态化是生态文明的一个重要范畴，那么它就同生态文明，也是广义与狭义生态化的内在统一；这样说，可以把广义生态化称之为绿色化。两者的本质内涵是完全一致的。2015 年 3 月 24 日，中共中央政治局审议通过的《关于加快推进生态文明建设的意见》首次使用了绿色化这一术语，要求在当前和今后一个时期内，协同推进新型工业化、城镇化、信息化、农业现代化和绿色化。如果说绿色发展（包括循环发展和低碳发展）是生态文明建设的基本途径，那么可以说生态化发展是生态文明建设的内在机制和基本内容与途径。这是因为生态文明建设的理论本质是以生态为本，即主要是以增强提高自然生态系统适应现代经济社会发展的生态供给能力（包括资源环境供给能力）为出发点和落脚点，既要构建优化自然生态系统，又要推进社会经济运行与发展的全面生态化，建立起具有生态合理性的绿色创新经济社会发展模式。所以“生态文明建设的实践指向，是谋求生态建设、经济建设、政治建设、文化建设与社会建设相互关联、相互促进，相得益彰、不可分割的统一整体文明建设，用生态理性绿化整个社会文明建设结构，实现物质文明建设、政治文明建设、精神文明建设、和谐社会建设的生态化发展。这是中国特色社会主义生态文明建设的真谛。”[③]

☞ 笔者借写“丛书”总序之机，代表中国绿色发展战略研究组课题组和“丛书”的作者们向党中央建议：两年后把“绿色化”或“生态化”

---

① 刘本炬：《论实践生态主义》，北京：中国社会科学出版社，2007 年版，第 136 页。

② 刘思华：《生态马克思主义经济学原理》（修订版），北京：人民出版社，2014 年版，第 540～542 页。

③ 刘思华：《生态马克思主义经济学原理》（修订版），北京：人民出版社，2014 年版，第 549 页。

写入党的十九大报告，使它成为中国特色社会主义道路从工业文明黑色发展道路向生态文明绿色发展道路全面转轨的一个象征，成为当今中国社会主义经济社会发展模式从工业文明黑色发展模式向生态文明绿色发展模式全面转型的一个标志，成为中国特色社会主义文明迈向社会主义生态文明与绿色经济发展新时代的一个时代标识。

四、关于迈向生态文明绿色发展的使命与任务问题

自 2008 年国际金融危机以来，绿色经济与绿色发展迅速兴起，是有着深刻的生态、经济和社会历史背景的。应当说，首先是发源于回应工业文明黑色发展道路与模式的负外部效应所积累的全球范围“黑色危机”越来越严重，已经走到历史的巅峰。“物极必反”，工业文明黑色发展道路与模式的历史命运也逃避不了这个历史的辩证法。它在其黑色发展过程中自我否定因素不断生成，形成向绿色经济与绿色发展转型的因素日渐清晰彰显，使我们看到了绿色经济与绿色发展的时代晨光，人类正在迎来生态文明绿色发展的绿色黎明。这是人类实现生态经济社会全面和谐协调可持续发展的历史起点。

1. 我们必须深刻认识和正确把握生态文明的绿色发展道路与模式的时代特征

迈向生态文明绿色经济发展新时代的时代特色应是反正两层含义：一是当今世界仍然处于黑色文明达到了全面异化的巨大危机之中，使当今人类面临着前所未有的工业文明黑色危机的巨大挑战；二是巨大危机是巨大变革的历史起点，开启了绿色文明绿色发展的新格局、新征途，使人类面临着前所未有的绿色发展历史机遇，并给予全面生态变革与绿色转型的强大动力。因此，当今人类正处于工业文明黑色发展衰落向生态文明绿色发展兴起的更替时期。这是危机创新时代，黑色发展危机逼进绿色创新发展，绿色创新发展走出黑色发展危机。毫无疑问，当今世界和当代中国的一个生态文明绿色创新发展时代正在到来。对此，我们必须从工业文明黑色发展危机来认识与把握生态文明绿色发展道路与模式的历史必然性和现实必要性与可能性。

(1) 历史和现实已经表明，自 18 世纪资本主义工业革命以来，在工业文明（包括其最高阶段的后工业文明）时代资本主义文明及工业文明成功地按照自身发展的工业文明发展模式塑造全世界，将世界各国都引入工业文明黑色经济与黑色发展道路与模式，形成了全球黑色经济与黑色发展体系。当今中外多学科学者在对工业文

明黑色发展的反思与批判中，有一个共识：黑色文明发展一方面使物质世界日益发展，物质财富不断增加；另一方面使精神世界正在坍塌，自然世界濒临崩溃，人的世界正在衰败。它不仅是自然异化，而且是人的物化、异化和社会的物化、异化。当今世界的南北两极分化加剧，以美国为首的国际垄断资本主义势力为掠夺自然资源不断发动地区战争，没有硝烟的经济战和经济意识形态战频发；恐怖主义嚣张，物质主义、拜金主义、消费主义盛行，道德堕落和精神与理智崩溃，无论是发达国家还是发展中国家内部的贫富悬殊、两极分化正在加剧，各种社会不公正与不平等的社会生态关系恶化加深，已成为当今世界的社会生态黑色发展现实。因此，当今工业文明黑色发展的黑色效应已经全面地、极大地显露出来了，使工业文明黑色发展成为当今世界以及大多数国家和民族发展的现状特征。正是在这个意义上，我们完全可以说，当今人类已经陷入工业文明发展全面异化危机及黑色深渊，使今日之工业文明黑色发展达到了可以自我毁灭的地步，同时也包含着克服、超越工业文明黑色发展险境的绿色发展机遇和种种因素条件，也就预示着黑色发展道路与模式的生态变革与绿色转型是历史的必然。这就是说，如果人类不想自我毁灭的话，就必须自觉地走超越工业文明的生态文明绿色发展的新道路，及构建绿色发展的新模式。这是历史发展的必然道路，是化解当今工业文明黑色发展危机的人类自觉的选择，也是唯一正确的选择。

(2)深刻认识和真正承认开创生态文明绿色发展道路与模式的现实必要性和紧迫性。这首先在于当今世界系统运行是依靠“环境透支”“生态赤字”来维持，使自然生态系统的生态赤字仍在扩大，将世界各国都绑在工业文明黑色发展之舟上航行。工业文明发展的一切辉煌成就的取得，都是以自然、人、社会的巨大损害为代价，尤其是以毁灭自然生态环境为代价的，这是西方各学科的进步学者的共识，也是中国有社会良知的学者的共识。在 1961 年人类一年只消耗大约 2/3 的地球年度可再生资源，世界大多数国家还有生态盈余。大约从 1970 年起，人类经济社会活动对自然生态的需求就逐步接近自然生态供给能力的极限值，自 1980 年首次突破极限形成“过冲”以来，人类生活中的大自然的生态赤字不断扩大，到 2012 年已经需要 1.5 个地球才能满足人类正常的生存与发展需要。因此，《增长的极限》一书的第 2 版即 1992 年版译者序就明确指出：“人类在许多方面已经超出了地球的承载能力之外，已经超越了极限，世界经济的发展已经处于不可持续的状况。”足见工业文明黑色发展确实是一种征服自然、掠夺自然、不惜以牺牲自然生态来换取经济发展的黑色发展道路，使“今天世界上的每一个自然系统都在走向衰落”。[①]进入21世纪的15年间，生态赤字继续扩大、自然生态危机及黑色发展危机日益加深。对此，《自然》杂志发文说：“地球生态系统将很快进入不可逆转的崩溃状态。”[②]联合国环境规划署2012年6月6日在北京发布全球环境展望报告中指出，当今世界仍沿着一条不可持续之路加速前行，用中国学者的话说，就是人类仍在继续沿着工业文明黑色发展道路加速前行。因此，从全球范围来看，“目前还没有一个国家真正迈入了‘绿色国家的门槛’”[③]，这是不可否认的客观事实。据报道，今年春季欧洲大面积雾霾污染重返欧洲蓝天，使巴黎咳嗽、伦敦窒息、布鲁塞尔得眼疾……这是今春西欧地区空气污染现状大致勾勒出的一幅形象的画面。这就意味着这些欧洲各城市又重新回到大气危机的黑色轨道上来了，因此，人们发出了西欧“霾害根除”还只是个传说之声。这的确是事实，欧洲遭遇空气污染已经不是新鲜事。2011年9月7日英国《卫报》网站曾报道，欧洲空气质量研究报告称空气污染导致欧洲每年有50万人提前死亡，全欧用于处理空气污染的费用高达每年7 900亿欧元。2014年11月19日西班牙《阿贝赛报》报道，欧洲环境署公布的空气质量年度报告显示空气污染问题造成欧洲每年大约45万人过早死亡，其中约有43万人的死因是生活在充满$PM_{2.5}$的环境中。2014年4月初，英国环境部门监测到伦敦空气污染达10级，是1952年以来最严重的污染，引发全国逾162万人哮喘病发[④]。近年来欧洲大面积雾霾污染事件，击碎了英国、法国、比利时等发达国家是“深绿发展水平国家”的神话。

(3) 一个国家和民族或地区经济社会运行，从生态盈余走向生态赤字并不断扩大的发展道路，就是工业文明的黑色发展道路，其自然生态环境必然是不断恶化的，没有绿色发展可言。与此相反，从生态赤字逐步减少走向生态盈余的发展道路，就是迈向生态文明的绿色发展道路，其自然生态环境不断朝着和谐协调绿色发展的方向前行。因此，逐步实现生态赤字到生态盈余的根本转变，构成判断是不是绿色发展及一个国家和民族及地区是不是“绿色国家”的一个基础根据与根本标准。据此，抛弃工业文明黑色发展模式，坚定不移走绿色发展道路，其根本的、最终的目标与

① 保罗•替肯：《商业生态学》（中译本），上海：上海译文出版社，2001年版，第26页。
② 详见2012年7月28日《参考消息》，第7版。
③ 杨多费、高飞鹏：《绿色发展道路的理论解析》，载《科学管理研究》第24卷第5期，第20～23页。
④ 戴军：《英国：“霾害根除”还只是个传说》，2015年3月22日《光明日报》。

首要任务就是尽快扭转自然生态环境恶化趋势，实现生态赤字到生态盈余的根本转变，达到生态资本存量保持非减性并有所增殖，这是人类生态生存之基、绿色发展之源。

2．开创绿色经济发展新时代的绿色使命与历史任务

当今人类发展已经奏响绿色经济与绿色发展的新乐章。发展绿色经济、推进绿色发展是开创绿色经济发展新时代的绿色使命与历史任务，必将成为人类文明演进与经济社会发展的时代潮流。从全球范围来看，迄今为止，世界上还没有一个国家或地区真正是生态文明的绿色国家或绿色地区，中国也不例外。但是当今世界主要发达国家和发展中国家，已经奏响经济社会发展绿色低碳转型的主旋律，开始朝着建设绿色国家或地区，推进绿色发展的方向前行。在此我们要指出的是，发展绿色经济、推进绿色发展是世界各国的共同目标和绿色使命。2010 年美国学者范·琼斯出版的《绿领经济》一书谈到美国兴起的绿色浪潮时说："不管是蓝色旗帜下的民主党人还是红色旗帜下的共和党人，一夜之间都摇起了绿色的旗帜。"[①]奥巴马政府实行绿色新政，主打绿色大牌，实施绿色经济发展战略，其战略目标是要促进经济社会发展的绿色低碳转型，再造以美国为中心的国际政治经济秩序。以北欧为代表的部分国家如瑞典、丹麦等在实施绿色能源计划方面走在世界前列。日本推进以向低碳经济转型为核心的绿色发展战略总体规划，力图把日本打造成全球第一个绿色低碳国家。韩国制定和实施低碳绿色增进的经济振兴国家战略，使韩国跻身全球"绿色大国"之列。尤其是在绿色新政席卷全球时，不仅美国而且英、德、法等主要发达国家，都企图引领世界绿色潮流。这些事实充分表明发展绿色经济、推进绿色低碳转型、实现绿色发展，是世界发展的新未来、新道路，已成为 21 世纪人类文明进步和经济社会发展的主旋律即绿色发展主旋律，标志着当今人类发展已经开启了迈向绿色经济发展新时代的新航程。

然而，历史发展不是一条直线，而是螺旋式上升的曲线。当今人类历史仍处在资本主义文明及工业文明占主导地位的时代，主要资本主义国家仍有很强的调整生产关系、分配关系和社会关系的能力和活力。因此，主要资本主义国家尤其是西方发达资本主义国家，在工业文明基本框架内对生态环境与绿色经济的认识，制定和实行生态环境保护、治理与生态建设政策、措施和行动，并发展绿色经济，来调节、

① 范·琼斯：《绿领经济》（胡晓姣、罗俏鹃、贾西贝译），北京：中信出版社，2010 年版，第 55 页。

缓解资本主义生态经济社会矛盾，力图走出工业文明发展全面异化危机即黑色发展困境。但是，正如一些学者所指出的，“事实的真相”则是到目前为止，西方发达资本主义国家所实施的绿色经济发展战略和自然生态环境治理与修复的思路与方案，主要是在工业文明基本框架内进行[①]，仍然没有根本触动工业文明也无法超越现存资本主义文明的黑色经济社会体系。这主要表现在两个方面：一是西方发达资本主义国家对内实行绿色资本主义的发展路线。目前西方发达国家主要是在不根本触动资本主义文明及工业文明黑色经济体系与发展模式的前提下，通过单纯的技术路线来治理、修复、改善自然生态环境，寻求自然生态环境和资本主义协调发展，缓解人与自然的尖锐矛盾，并在对高度现代化的工业文明重新塑造的基础上走有限的“生态化或绿色化转型发展道路”，即绿色发展道路，实践已经论证，这是不可能走出工业文明黑色危机的。今春欧洲大面积雾霾污染重返欧洲蓝天就是有力佐证。二是目前西方发达资本主义国家对外实行生态帝国主义政策，主要有3种形式：资源掠夺、污染输出和生态战争，使发达资本主义大多数踏上了生态帝国主义黑色之路，使西方发达国家的黑色发展道路与模式所付出的高昂生态环境成本即发生巨大黑色成本由发展中国家为他们“买单”。因此，我们从现实中可以看到，绿色资本主义和生态帝国主义的路线与实践不仅可以成功地改善资本主义国家国内的自然生态环境，缓解甚至能够度过“生存危机”，而且可以“在承担着创造后工业文明时代资本主义的‘绿色经济增长’和‘绿色政治合法性’新机遇的使命。”[②]

当今人类虽然正在迎来生态文明即绿色文明的黎明，但人类文明发展却是在迂回曲折中前进的。自2008年国际金融危机之后，先是美国实行“再工业化战略”，推进“制造业回归”。随后欧洲发达国家纷纷宣称要“再工业化”，不仅把包括绿色能源战略在内的绿色经济发展战略纳入经济复苏的轨道，而且还针对经济虚拟化、产业空心化，试图通过实施“再工业化战略”和“回归实体经济”，重塑日益衰落的工业文明生态缺位的黑色经济，重新走上工业文明增长的经济发展道路。这是向高度现代化的工业文明发展的回归，阻碍着人类文明发展迈向生态文明绿色经济发展新时代。

按照生态马克思主义经济学哲学观点，在资本主义文明及工业文明框架的范围

① 张孝德：《生态文明模式：中国的使命与抉择》，载《人民论坛》2010年第1期，第24～27页。

② 郇庆治：《“包容互鉴”：全球视野下的“社会主义生态文明”》，载《当代世界与社会主义》2013 年第 2 期，第14～22页。

内，是不可能从根本上走出工业文明发展全面异化危机即黑色危机的深渊。对此，连西方学者也认为：在资本主义文明及工业文明的“基本框架内对经济运行方式、政治体制、技术发展和价值观念所作的任何修补和完善，都只能暂时缓解人类的生存压力，而不可能从根本上解决困扰工业文明的生态危机。”①这就是说，绿色资本主义和生态帝国主义的推行会使全球自然生态、社会生态和人类生态的黑色危机越来越严重。这与20世纪90年代以来世界各国在工业文明框架内实施可持续发展一样，其结果是“20 多年来的可持续发展，并没有有效遏制全球范围的环境与生态危机，危机反而越来越严重，越来越危及人类安全。”②因此，世界人民有理由把更多的目光集聚到社会主义中国，将开创工业文明黑色发展道路与模式转向生态文明绿色发展道路与模式，这一人类共同的绿色使命与历史任务寄托于中国建设社会主义生态文明。2011年在美国召开的生态文明国际论坛上有位美国学者说道：“所有迹象表明，美国政府依然将在错误的道路上越走越远。”“所有目光都聚到了中国。放眼全球，只有中国不仅可以，而且愿意在打破旧的发展模式、建立新的发展模式上有所作为。中国政府将生态文明纳入其发展指导原则中，这是实现生态经济所必需的，并使得其实现变为可能，是一个高瞻远瞩的规划。”③

3．中国在当今世界已经率先拉开超越工业文明的社会主义生态文明绿色经济发展新时代的序幕，引领全人类朝着生态文明绿色经济形态与绿色发展模式的方向发展

我国改革开放以来，始终坚持保护环境和节约资源的基本国策，实施可持续发展战略，一些省市和地区实行“生态立省（市）、环境优先、发展与环境、生态与经济双赢”的战略方针。从发展生态农业、生态工业到建设生态省、生态城市、生态乡村；从坚持走生产发展、生活富裕、生态良好的文明发展道路，建设资源节约型、环境友好型经济社会，到发展绿色经济、循环经济、低碳经济；从大力推进生态文明建设到着力推进绿色发展、循环发展、低碳发展等，都取得了明显进展和积极成效。特别是党的十八大确立了社会主义生态文明科学理论，提出和规定了建设

① 转引自杨通进：《现代文明的生态转向》，重庆：重庆出版社，2007年版，总序第4页。

② 胡鞍钢：《中国：创新绿色发展》，北京：中国人民大学出版社，2012年版，第9页。

③ 《第五届生态文明国际论坛会议论文集（中英文）》，April 28-29，2011，Claremont，CA，USA，Fifth International Forum on Ecological Civilization：toward an Ecological Economics。

中国特色社会主义的两个“五位一体”[①]：建设中国特色社会主义“五位一体”总体目标，使中国特色社会主义道路的基本内涵更加丰富；建设中国特色社会主义“五位一体”总体布局，使中国特色社会主义的基本纲领更加完善。这不仅是奏响我们党“领导人民建设社会主义生态文明”（新党章语）的新乐章，而且标志着全国人民踏上社会主义生态文明绿色发展道路的新征途。因此，党的十八大明确提出“努力建设美丽中国”是社会主义生态文明建设的战略目标，即建设美丽中国首先是建设绿色中国，其中心环节就是走出一条生态文明绿色经济发展道路，构建绿色经济形态与发展模式。据此而言，党的十八大向全党全国人民发出的“努力走向社会主义生态文明新时代”的伟大号召，意味着中国特色社会主义文明发展要努力迈向生态文明绿色经济与绿色发展新时代。为此，《中共中央　国务院关于加快推进生态文明建设的意见》中又提出把经济社会绿色化作为生态文明建设与绿色发展的核心内容与基本途径，从而在当今世界率先开拓了从工业文明黑色发展道路与模式转向生态文明绿色发展道路与模式，使当下中国朝着生态文明绿色经济形态与发展模式的方向发展，努力成为成功走出工业文明的新型工业化道路、真正进入生态文明的绿色化发展道路的榜样国家。

当然，当今中国的客观现实还是一个加速实现工业化的发展中国家，刚走过发达国家100多年所走过的工业文明发展历程，成为以工业文明为主导形态的工业大国。在这几十年间，中国工业化、现代化道路的探索，尽管在一定程度上符合中国国情和实际情况，但仍然走的是工业文明黑色发展与黑色崛起道路，它在本质上是沿袭了西方发达资本主义文明所走过的高碳高熵高代价的工业文明——“先污染后治理、边污染边治理”的黑色发展道路。因此，我们“不得不承认，我们原先走在黑色发展和崛起的征途上，所以尽管我们即使按西方工业文明的标准未达到发展与崛起的程度，但是黑色发展和崛起的一切代价和后果我们都已尝到了。”[②]历史经验教训值得重视，党的十八大之前的20多年里，我们在没有根本触动刚刚形成的工业文明经济社会形态前提下，换言之，在工业文明基本框架内实施可持续发展战略、生态环境治理与修复，建设生态省市，走文明发展道路以及发展绿色经济等，是不可能有效遏制、克服工业文明黑色发展道路与模式的黑色效应，工业文明发展异化

① 刘思华：《生态马克思主义经济学原理》（修订版），北京：人民出版社，2014年版，第561～566页。

② 陈学明：《生态文明论》，重庆：重庆出版社，2008年版，第22页。

危机即黑色危机反而日益严重。它突出体现在3个方面[①]：一是当下中国自然生态恶化状况从总体上看，范围在扩大、程度在加深、危害在加重；二是城乡地区差距不断扩大、分配不公与物质财富占有的贫富悬殊已成常态；三是平民百姓生活质量相对变差等社会生态恶化，公众健康相对变差的国民人体生态恶化等，使得生态经济社会矛盾不断积累与日益突出甚至不同程度的激化，已成为建设美丽中国、全面建成小康社会的重大"瓶颈"，是实现绿色中国梦的最大桎梏。因此，我们必须正视当下中国"自然、人、社会"复合生态系统的客观现实，深刻认识与正确把握当今中国从工业文明黑色发展道路向生态文明绿色发展道路的全面转轨，从工业文明黑色发展模式向生态文明绿色发展模式的全面转型的必要性、迫切性、重要性与艰巨性。事实上，近年来，我国学术界有人为了所谓填补研究空白、标新立异，制造一些伪绿色发展论，不仅把西方主要发达国家说成是"深绿色发展国家"，掩盖当今资本主义国家工业文明发展全面恶化危机即黑色危机的客观现实；而且把处于"十面霾伏"的雾霾污染重灾区的京津冀、长三角、珠三角的一些城市界定为"高绿色城镇化"，这完全不符合客观事实的假命题，否定不了当下中国及城市自然生态危机仍在加深的严峻事实，动摇不了我国以壮士断腕的决心和信心，打好大气、水体、土壤污染的攻坚战和持久战。

所谓攻坚战和持久战，就在于当前国内外事实表明，大气、水体、土壤污染治理与修复已成为世界性的难题。而当今中国大气、水体、土壤污染日益严重，应当说是长期中国工业化、城市化黑色发展积累的必然恶果，是中国工业文明黑色发展道路与模式对自然生态损害的直观展示，是对中国过去GDP至上主义发展的严厉惩罚及严重警示。改革开放30多年，中国经济发展规模迅速扩大，快速成长为工业文明经济大国，这是世所罕见的。然而，它所付出的自然生态环境代价也是世所罕见的。当今世界上很少有国家像中国这样，以如此之高的激情加速折旧自己的生态环境未来，已经是世界头号污染排放大国，正如国内外学者所指出的，中国已经成为世界上最大的"黑猫"，"全球最大的生态'负债国'"[②]。目前中国生态足迹是生物承载力的两倍，生态系统整体生态服务功能不断退化，生态赤字还在扩大。中

① 刘思华：《论新型工业化、城镇化道路的生态化转型发展》，载《毛泽东邓小平理论研究》2013年第7期，第8～13页。

② 卢映西：《出口导向型发展战略已不可持续——全球经济危机背景下的理论反思》，载《海派经济学》2009年第26辑，第81页。

国生态系统的生态负荷已达到临界状态，一些资源与环境容量已达支撑极限，经济社会发展是依靠“环境透支”与“生态赤字”来维持。因而，生态赤字不断扩大，生态（包括资源环境）承载力日益下降，在大中城市尤其是大城市十分突出，如上海市人均生态足迹是人均生态承载力的46倍，广州市为31倍，北京市为26倍。在存在生态赤字的国家中，日本是8倍，其他国家均在2～3倍，中国大城市特大城市普遍存在巨大的生态赤字，都面临比其他国家更为严峻的自然生态危机[①]。由此要进一步指出，目前全国600多个大中城市，特别是大城市，其高速发展不仅正在遭遇各种环境污染，如水、土、气三大污染之困，而且正在遭遇“垃圾围城”之痛，有2/3的城市陷入垃圾的包围之中，有1/4的城市已没有适合场所堆放垃圾，从而加剧了城市生态系统的黑色危机。近日有学者发文认为，“中国城镇化离绿色发展要求的内涵、绿色发展的模式相去甚远”，“中国的绿色发展目标尚未实现”[②]。这就是说，迄今为止，我国还没有一个大中城市真正走入按照社会主义生态文明的本质属性与实践指向所要求的生态文明绿色城市的门槛，这是不容争辩的客观事实。

综上所述，无论当今世界还是今日中国，生态足迹不断增加，生态赤字日益扩大，这是自然生态危机的核心问题与根本表现。而当下中国各类环境污染呈现高发态势，已成民生之患、民心之痛、发展之殇；生态赤字与生态资本短缺仍在加重，使我国进入生态“还债”高发期，良好的自然生态环境已经成为最为短缺的生活要素、生产要素及生存发展要素。这就决定了生态环境问题是严重制约中国生态经济社会有机整体、全面和谐协调可持续发展的最短板，是建设美丽中国、实现绿色中国梦的最大阻碍，是中国绿色发展与绿色崛起面临的最大挑战与绿色压力。因此，我们要直面这一严峻现实，必须也应当摆脱与摒弃过去所走过的工业文明高碳高熵高代价的黑色发展道路，与工业文明黑色发展模式彻底决裂，积极探索生态文明低碳低熵低代价的绿色发展道路及发展模式，使中国特色社会主义文明发展尽早实现从工业文明黑色发展道路与模式向生态文明绿色发展道路与模式的根本转变，成功地建成生态文明绿色强国。

---

① 齐明珠、李月：《北京市城市发展与生态赤字的国内外比较研究》，载《北京社会科学》2013年第3期，第128～134页。

② 庄贵阳、谢海生：《破解资源环境约束的城镇化转型路径研究》，载《中国地质大学学报（社科版）》2015年第2期，第1～10页。

五、关于“绿色经济与绿色发展丛书”的几点说明

“绿色经济与绿色发展丛书”是目前世界和中国规模最大的绿色社会科学研究与出版工程，覆盖数10个社会科学和自然科学，是现代经济理论与发展思想学科群绿色化的开篇，故不得不说明几点：

(1)“丛书”站在中国特色社会主义文明从工业文明走向生态文明的文明形态创新、经济社会形态创新、经济发展模式及发展方式创新的新高度，不仅探讨了中国社会主义经济的发展道路、发展战略、发展模式和发展体制机制等生态变革与绿色创新转型即生态化、绿色化发展，而且提出了从国民经济各部门、各行业到经济社会发展各领域等方面，都要朝着生态化、绿色化方向发展。为建设社会主义生态文明和美丽中国，实现把我国建成绿色经济富国、绿色发展强国的绿色中国梦，提供新的科学依据、理论基础和实践框架及路径。

(2)“丛书”力争出版45部，涉及学科很多、内容广泛，理论与实践问题研究较多，大致可以归纳为4个方面：一是深化生态文明和绿色经济与绿色发展的马克思主义基础理论研究；二是若干重大宏观绿色化问题研究；三是主要领域、重要产业与行业发展绿色化问题研究；四是微观绿色化问题研究。因此，整部“丛书”是以建设生态文明为价值取向，以发展绿色经济为主题，以推进绿色发展为主线，比较全面、系统地探讨生态经济社会及各领域、国民经济各部门、各行业与其微观基础的绿色经济与绿色发展理论和实践问题；向世界发出“中国声音”，展示中国的绿色经济发展理论与实践的双重探索与双重创新。

(3)“丛书”是新兴、交叉学科群绿色化多卷本著作，必然涉及整个经济理论与发展学说和马克思主义的基本原理与重要的基本理论问题，并涉及众多的非常重要的现实的前沿话题，难度很大，有些认识还只能是理论的假设与推理，而作者和主编的多学科知识和理论水平又很有限，因而“丛书”作为学科群绿色化的开篇，很难说是一个十分让人满意的开头，只能是给读者和研究者提供一个学术平台继续深入探讨，共同迎接绿色经济理论与绿色发展学说的繁荣与发展。

(4)“丛书”把西方世界最早研究生态文明的专家——美国的罗伊·莫里森所著的《生态民主》译成中文出版。《生态民主》一书于1995年出版英文版，至今已有20年了，中国学界和出版界却无人做这项引进工作，出版中译本。近几年来，在我国研究生态文明的热潮中，很多论文和著作都提到《生态民主》一书，尤其我

国权威媒体记者多次采访莫里森，使这本书在中国有较大影响。然而，众多研究者介绍本书时都没有具体内容，既没有看英文版原版，又无中译本可读，只是相互转抄、添油加醋，就产生了一些学术误传，不利于正确认识世界生态文明思想发展史，更不能正确认识中国马克思主义生态文明理论发展史。因此，笔者下决心请刘仁胜博士译成中文，由中国环境出版社出版，与中国学者见面。在此，我要强调指出的是莫里森先生所写中译本序言和该书一些基本观点，并不代表我作为“丛书”主编的观点，我们出版中译本是表明学术思想的开放性、包容性，为中国学者深入研究生态文明提供思想资料与学术空间，推动社会主义生态文明理论与实践研究不断创新发展。

(5)“丛书”的作者们在梳理前人和他人一些与本领域有关的思想材料、引用观点时，都尽可能将原文在脚注和参考文献中一一列出，也有可能被遗漏，在此深表歉意，请原著者见谅。在此，我们还要指出的是，“丛书”是“十二五”国家重点图书出版规划项目，多数书稿经历了四五年时间才完稿，有的书稿所引用的观点和材料是符合当时实际的。党的十八大后，党和政府对市场经济发展进程中出现的某些经济社会问题，认真地进行治理并有所好转，但在出版时对书稿中过去的材料未作改动，把它作为历史记录保留在书中，特此说明。总之，“丛书”值得商榷之处一定不少，缺点甚至错误在所难免，故热切盼望得到专家指教和广大读者指正。

刘思华

2015 年 7 月

目 录

Contents

导　论

马克思主义生态伦理与自然的解放

随着生态问题的日益严峻，关于生态伦理的研究渐成显学。形形色色的生态伦理（环境伦理）对人与自然之间的关系做出了与传统伦理学截然不同的阐释。马克思主义作为一种开放的与时俱进的思想体系，当然必须对新的形势做出积极的回应。马克思主义生态伦理是马克思主义基本原理尤其是马克思主义生态思想与伦理思想时代化的结果。在将马克思主义基本原理与生态思想发展为生态伦理的过程中难免会产生各种歧义。为了避免这种歧义的产生，就必须从生态伦理的角度将马克思主义经典著作的相关论述进行思想史的梳理。在思想史梳理的基础上，才能对马克思主义生态伦理进行准确全面的理解。马克思主义时代化、生态化形成生态伦理面临的首要问题是在马克思主义理论体系内，人与自然的生态关系如何转化为伦理关系。生态伦理中普遍涉及自然、环境和生态三个概念。自然既指众多有生命的动植物种类的普遍领域，也指无生命物体的相关过程，例如，地球的大气及地质以及形成那些种类的物质和能量。如果指的是围绕并影响着生物体或其社群的实物、状态与影响力之集合体，一般使用环境一词；如果指的是生物学分支下的生物体及栖地之间的关系与互动，一般使用生态一词。

0.1　马克思主义生态伦理的基本特征

马克思主义生态伦理之中体现了马克思主义基本的方法论和世界观。首先，马克思主义生态伦理采用普遍联系的方法分析了人与人化的自然之间的伦理关系。在对生态伦理关系的分析中，马克思将人、社会、生态、生产力和生产关系等诸多因素看作是普遍联系的完整系统，并没有片面地、孤立地看待人与生态之间的关系。通过普遍联系的系统地分析，马克思发现了生态问题的制度根源——资本主义的生产关系。从而将解决生态伦理的异化与无产阶级的社会主义革命联系起来，赋予生态伦理丰富的政治内涵和明确的阶级性，将马克思主义生态伦理的实现看作是世界无产阶级革命的有机组成部分和必然结果。其次，马克思主义生态伦理体现了马克思主义的唯物史观。马克思主义认为人类有史以来的历史都是物质生产的历史，生产力决定生产关系，经济基础决定上层建筑。生态伦理作为一种意识形态属于上层建筑的范畴，基于特定的经济基础之上。资本主义社会所造成的生态危机以及内在的资本逻辑所产生的畸形的、异化的生态伦理关系是资本主义生产关系的产物。唯物史观使马克思主义生态伦理超越了人类中心主义和自然主义生态伦理之争，将生态伦理与资本主义制度联系起来，找到了解决生态伦理困境实现人与自然和谐发展的正确出路。

马克思主义认为，人类全面发展的各种条件，在资本主义与现代工业发展的历史过程中，不断地被创造出来。在阐述这个历史过程的过程中，马克思提出了考察道德问题的社会历史方法。历史是通过不同阶段的发展而形成的。在每一个历史阶段中，下一个发展阶段的各种必需条件不断成熟。所以，历史的发展阶段不仅是不同社会形态的连续，而且具有发展的进步内涵。这种理论方法为马克思主义生态伦理及其批判方法提供了理论框架。马克思主义并不是以超越历史的标准来谴责资本主义的生态伦理。马克思主义生态伦理批判的尺度是内在的，其标准是相对的、历史的，因而是现实的。对资本主义生态伦理的批判不是基于所谓永恒的普遍标准，而是基于资本主义发展为社会主义的必然趋势。马克思主义生态伦理不是绝对价值基础之上的一种价值观，而是资本主义社会中各种矛盾相互作用的真实产物。

马克思主义生态伦理是一种历史主义的人道主义，它是建立在关于人性的历史探讨的基础之上，它包含着人的自我发展和人的自我实现。马克思主义生态伦理是一种理性的追求，它不仅是一种理想，而且也是人类历史的发展趋势。在生态方面，马克思主义被很多学者批判为生产力主义，否认马克思主义的生态伦理。这实际上曲解了马克思主义的生态伦理。马克思主义认为，人类的生产活动是人类社会和道德进步的根源，是一种潜在的善。马克思主义是一种人道主义，它并不主张为了生产而生产。当人类的经济社会活动破坏了自然环境，也就破坏了我们的整个生活世界。马克思主义生态伦理所要反对的是对于发展引发的环境问题的那种不切实际的反映，即怀疑为了实现人的全面发展而发展生产力的可能性。马克思主义生态伦理反对人为地削减和否定发展，通过回到落后的生产力水平而解决环境问题。

马克思主义通过历史唯物主义的方法对生态伦理进行了分析并得出结论，资本主义的生产方式及其内在的资本逻辑破坏了人与生态之间的固有平衡。资本主义的生产关系将利润作为生产的终极目标，并将生产过程中所产生的部分成本外化于自然之中。人与自然生态伦理关系的扭曲体现了生产过程中人与人之间异化的社会关系。随着资本主义社会中人民群众对环境需求的日益强烈，资本主义国家将污染转嫁到发展中国家，并通过不合理的国际政治经济秩序将不合理的生态利益关系固定化，继而形成了当代的生态帝国主义。人与自然之间的关系所表征的是人与人之间的关系，实现人与自然之间伦理关系的解放首先必须实现人类自身的解放。以社会主义替代资本主义，逐步实现人的自由的全面发展是化解人与自然紧张关系的唯一选择。所以马克思主义生态伦理所体现的是全面发展的人与自然之间的伦理关系，而只有实现社会主义制度，消除现实社会中的人与人之间的不平等的关系才能真正实现这种生态伦理。所以马克思主义生态伦理的正义性来源于社会主义取代资本主义实现人的解放的正义性。

人类的物质生产是一个与自然进行物质变换的过程，这个过程一方面满足人类生存和发展的需要，另一方面也保障了自然本身的生态循环的正常进行。从自然中提取物质资料是人类的权利，而维持自然本身的生态循环则是人类的责任。马克思所提出的物质变换的观点，为生态伦理中的权利和义务奠定了理论前提。在人与自然进行物质变换的过程中人是具有主观能动性的主体，所以承担着生态伦理的全部责任。自然在生态伦理中的主体地位是人赋予的，物质交换必须在两个对等的主体间才能进行，自然是物质交换中的逻辑意义上的主体。因为将自然视为与人类同等的伦理主体是生态伦理成立的基本前提。尊重物质变换规律是马克思主义生态伦理的合理性尺度。

马克思主义的价值论是马克思主义生态伦理的理论基础。价值的特点是属人性，离开人与自然的关系性，自然就无所谓价值。与人的关系性是自然具有价值的基础。价值是人的主体性的体现。价值体现了人的意愿和要求，体现了人的主动性、选择性和目的性。当人把自身的本质当作目的时，人的本质也就成为了自身的价值取向。人作为自足的价值存在物，意味着人能够使用人和物的尺度对自身和他物进行评价。人能够以人和物的尺度对自身进行利己的评价，也可以使用双重的尺度对他物进行利他的评价。而自然不会以任何尺度对自我和他物进行任何评价。价值具有属人性，价值的目的永远指向人本身。但是人的价值的实现是在自然中展开的，所以自然属性也成为了人追求的目标，因而具有了价值。自然只有在与人类的现实的实践关系中，才能通过人体现出自身的价值。自然所体现出来的价值，是自然对人的价值意义。

自然作为一种价值，它首先构成了人类价值追求的物质基础，其次它还反映了人的需求实现的程度。马克思主义反对抽象的、先验的人性论，主张人性是具体的、历史的。人的实践活动就是不断将自然人化，使其具有属人价值特性的过程。自然的价值在于人类的授权，没有人类的授权，自然的价值只是一种可能的潜质。人对于自然的价值判断，决定了人与自然之间的关系。人类与自然之间的伦理关系是价值意义性的标准，而不是功利主义式的实用性标准。所谓价值意义性标准意味着，自然的价值不在于它对人类的功利性的效用，而在于自然对于人性的自我完善和发展的意义。马克思主义生态伦理反对将功利主义的实用性作为标准。因为这样，功利主义的生存论就会成为生态伦理的理论基础。而这种伦理所表达的还是人与人之间的关系，自然只是作为一种索取甚至是掠夺的对象。

马克思主义生态伦理不是功利主义，马克思主义生态伦理也不是一种道义论。马克思主义认为，人是有意识的生命存在物。使自然成为伦理的主体，必须把自然理解为一种和人类一样的活的存在。自在的自然与人类无关，不能成为伦理的主体。而只有使自然人化，才能使自然成为活的存在，才能使自然成为伦理的主体。人的自然性是一种物的尺度，它表达了人类作为生物对于自然的依从。对于人类而言，物的尺度和人的尺度不是机械的结合，而是内在的有机的统一。外在的尺度仅仅在生存论方面具有意义，仅仅规定了人生存的尺度。外在的生存论意义上的尺度能否成为一种道德规范还必须取决于人的价值选择。只有物的尺度内化为人的尺度，成为具有主体性的人的内在要求，才能够具有伦理的内涵。所以从这个角度上讲，自然主义不能成为生态伦理的基础，生态伦理的基础只能是人道主义。

对于人类而言，与自然相关的价值体现在生命价值和生存价值。生存价值所体现的是人类的自然性，而生命价值所体现的是超越生存本能的生命价值。马克思主义生态伦理所表征的是人类的生命价值。对于自然而言，自然同样存在着生存价值和生命价值。自然的生存价值所表征的是自在的自然，这种自然与人类并不发生关系。也就是说，自在的自然对人类并无价值，在这种意义上当然也就不存在生态伦理关系。人化自然使自然具有了生命的特征，是人类创造了自然的生命价值。因为人类将人化的自然视为具有一定人类属性的存在，所以人类和自然产生了生态伦理关系。这种生态伦理关系以人与自然现实的价值性关系为基础，是一种人道主义的生态伦理。将人理解为一种价值生命，而不是单纯的自然生命，将价值论作为基础，才能构建起马克思主义生态伦理学。所以马克思主义生态伦理的理论依据就蕴含在人的本性之中，人与自然关系的完善在于人类不断完善自身。

0.2　马克思主义生态伦理的内在逻辑

马克思主义生态伦理内在逻辑的核心可以理解为劳动与自然的关系，劳动是连接人与自然关系的关键纽带。无论是人的自然化还是自然的人化都是在人类改造自然的社会实践中实现的，劳动是人与自然之间的中介。人类的劳动是有意识的、自由的、能动的实践活动，以劳动为中介，人类确认并实现自身的本质。劳动是人与自然之间的中介，而生产则是人与社会之间的中介。普遍性的人是具有类本质的类存在物，但是人是历史的、具体的人，在现实社会中并不存在普遍抽象的人。在社会中劳动以生产的形式作为社会的人与自然的中介。自然具有相对于人类的先在性，人的产生是人作为生态伦理主体的基本前提。人类开发利用自然的道德合理性通过劳动得以体现。劳动道德意义上的合理性就在于它创造并发展了人，使人成为人。因为劳动在顺应自然规律的前提下满足人的存在和发展的需要。

从劳动创造人本身的意义上讲，劳动是实现人的解放、实现人的自由全面发展的手段，劳动也是实现人性与自然性和谐统一充分体现自然本质的手段。但是随着阶级社会的产生尤其是在资本主义社会中，劳动成为了异化的劳动，劳动的异化造成了人的异化，继而形成人与自然伦理关系的异化。随着劳动分工、私有财产出现以及阶级的产生，劳动对被压迫阶级而言成为了一种异化人性的劳动。劳动的异化造成了生态伦理的异化，生态伦理的异化主要体现在以下四个方面：第一，劳动者与劳动产品的异化所造成的生态伦理异化。第二，劳动者与人化自然过程的异化。第三，异化劳动所造成的自然与劳动者类本质的异化。第四，劳动的异化造成的人与自然生态权利的异化。

资本主义的生产方式造成了人与自然的双重异化，并造成了人与自然之间的物质变换的断裂。马克思认为恢复自然本身的新陈代谢，实现生态的物质交换过程必须改变资本主义的生产方式。生态意义上的劳动条件是合理调节、共同控制，在此条件下劳动才是实现人与自然之间物质变换的生态意义上的劳动，才真正消除了劳动生态意义上的异化。生态意义上劳动的实现是人与自然和谐伦理关系实现的基本前提。劳动是人与自然之间的中介，是人与自然物质变换的关键环节。劳动的目的决定着劳动本身的伦理意义上的合理性。生产使用价值是劳动的普遍形式，而在资本主义生产关系下，劳动的目的不是实现产品的使用价值而是实现产品的交换价值，劳动所产生的不是产品而是商品。当代资本主义社会消费主义的本质是将肉体的需要作为劳动的目的。

劳动的目的决定了劳动道德合理性。马克思主义生态伦理中的劳动是人的本质与自然本质的统一。人类在从自然界获得物质资源的同时必须将废弃物处理到保证自然新陈代谢的正常进行。马克思主义认为人的劳动并不仅仅为了生存，而是为了人的本质的实现，人的自由而全面的发展。人的自由而全面的发展体现了人的本质与自然的本质的统一，对作为能动主体的人而言，是自然的人化与人的自然化的统一。人化自然与人的自然化是一个历史的具体的过程，二者相互影响辩证统一。人化自然是在自然之中体现人的本质，人的自然化是通过人体现自然的本质，人是人与自然生态伦理关系中能动的主体。人与自然本质的统一有赖于人性的发展和完善。劳动是人与自然之间的中介，人性的完善在生态伦理中是通过劳动的完善得以体现的。人类通过体现生态本质的劳动对自然承担道德责任。人对自然的生态伦理责任并不是出于对宇宙万物的仁慈，而是体现人的自然化的人性完善的必然结果。

马克思主义生态伦理中的劳动是自由与必然的辩证统一，必然所体现的是劳动作为人类生存和发展的必然手段，自由所体现的是劳动作为目的性活动相对于自然所获得的解放。劳动的目的是人的自由全面的发展，是相对于自然的解放，而人的解放必然实现自然的解放。人相对于自然的自由是通过劳动实现的。劳动所要克服的障碍就是人外在的自然以及人自身的自然，劳动的本质是人自我实现的手段。只有通过劳动人才会获得在自然面前的自由。马克思主义生态伦理的核心是人的解放，人的解放优先于自然的解放。虽然人与自然是生态伦理的主体，但是二者之中人具有主观能动性。自然的生态伦理主体地位是人赋予价值的逻辑意义上的主体，自然本身并不能从人那里获得自身的解放。奴役自然使其不能充分展示本性的是人，只有人充分认识到人与自然本质和谐统一的道德合理性，才能够通过真正意义上的劳动实现人与自然的双重解放。

人的类本质的特征决定了人与自然从天然的统一到自然的分离，最终会实现向自然的回归实现人与自然的和谐。这种生态伦理的历史性演变是由人的类主体的特性所决定的。自然主义虽然也希望实现人道主义的生态伦理，但是它是通过将人类降格为普通的自然存在物，过于强调人的自然属性。通过消解人的主体性地位来实现人道主义的生态伦理，仅仅是表达了一种生物学意义上的利他主义，并不能真正实现人道主义的生态伦理。自然主义使人不成为人，而人是道德的主体，离开人的主体性就没有伦理。而人性集中体现了人的特征，马克思主义认为人是历史的具体的人，人性也不是抽象的。

马克思主义生态伦理体现了人和物的尺度的统一。马克思主义生态伦理体现了人的类本性、人性、与自然的辩证统一。物的尺度包括相对固定物的尺度和历史发展的物的尺度。人作为自然物的属性是相对固定的物的尺度，这是人作为生物生存和繁衍的基本标准。满足人性不断完善的物质条件则是历史的标准，而人性不断完善的标准则是以人的存在和繁衍为前提的。社会主义能够满足人的发展的物质需求。这与自然本身并不矛盾，因为随着社会的发展和进步，生态的完善也成为了人类必须满足的需求。这种满足归根结底受到生产力发展状况的限制。马克思主义生态伦理是人道主义的生态伦理，人是生态伦理的根本尺度，它体现了生态伦理中人与自然关系之中的能动性、创造性和无限性。而物的尺度则体现了人与自然关系中的条件性、规范性和有限性。总之，马克思主义生态伦理是人与自然能共享能动性与条件性、创造性与规范性、有限性与无限性的辩证统一。在人与自然的关系中，这并不影响人的主体地位，能够辩证地应用人与物双重尺度恰恰表明了人的主体性特征。只有人而不是自然以及其他生物才具有运用双重尺度的能力。动物只能按照自身物种的尺度维持自身的生存和繁衍，这种尺度仅仅是本能生存的体现。其生存领域和方式是由物种提供的，它无法制定道德规范并将其付诸实践。而人类除了以物的尺度，还能够以人的内在的尺度作为准则。人的内在的尺度使人超越了自然界的生存界限而创造了人化的自然，人的尺度使人超越了本能体现了人的实践的主体性。这种主体性使人能够成为道德的主体。

作为类存在物的人类，需要通过人化自然实现作为人的类存在物的自我确认。这种确认就是实现人的本质的过程。而这个过程必须借助于自然。马克思主义生态伦理所反映的是以自然为纽带的人与人之间的关系。马克思认为，人类通过劳动创造了人化的自然，人类通过改造自然获得了人类的存在方式。只有在人的社会性意义上才能解决人与自然的矛盾关系。所以，马克思主义提出的人的本质的对象化以及自然人化的思想，是马克思主义生态伦理的理论基础。在这其中最关键的是人的本质。马克思主义的人性观是马克思主义生态伦理的基本理论。自在的自然与人无关，对人类来说并不存在价值，当然也就不存在人与自然之间的伦理关系。只有通过人化，将自在的自然转变为属人的自然，使自然体现出人的本质，自然才具有人性，人与自然之间才有可能产生伦理关系。当人化的自然进入道德领域而具有伦理学的内涵，人与自然的伦理关系实际上已经转化为与自然有关的社会关系，也就是说在自然基础上产生的人与人、人与自我的关系。人化自然使自然具有了属人性，因而人对自然所产生的任何伦理关系，实际上都体现为一种社会关系。马克思主义生态伦理所要表达的不是人同自在的自然之间的关系，而是作为道德主体的人与人、人与自我的关系。因为人化的自然已经内化为人的组成部分，成为人的本质实现的因素，因而也具有了属人的性质，因而可以成为伦理的主体。否定自然并不等于破坏自然。否定自然是以否定自然的自在性，使自然具有属人的特性，也就是说使自然打上人类的烙印，使其人化。但是人化自然并不仅仅是否定自然，还具有肯定自然的一面。肯定自然不是像动物一样遵从自然。这种肯定是一种否定性的肯定，通过否定自然的自在性而肯定自然的属人性，使自然在人的身上体现了自身的本质。在自然的身上体现了人的本质的不断实现和完善，所以人与自然的伦理关系体现了向善的过程，而不是对自然的粗暴的索取。人与自然伦理关系的关键并不在于对人的实践活动和社会需求进行约束而在于不断地发展人、完善人。从社会实践的角度理解，人具有自然性和超自然性的双重属性。人作为一种生命存在和其他动物一样具有生存界限。对于动物来说，它的存在就是它的本质。除人类以外的生物无法超越自然赋予它的本质。生存尺度表明了人的自然性，表明了人对自然的依存关系。这种依存关系不能产生生态伦理。因为从这个意义上理解人与自然的关系，谈不上保护环境，而是保护作为生命物种的人类。人的超自然性是以人的自然性作为基础的。正是因为人具有实践本性，人才产生了超自然性。具有超自然性的人的生命存在的价值并不仅仅在于维系生命的存在，而是实现生命存在的意义，也就是实现人的本质。马克思主义生态伦理是为了实现人与自然的双重自由，使人与自然同时获得解放的道德思想。

马克思主义生态伦理从社会历史的角度阐述了人与自然之间的伦理关系。离开了人的社会历史活动，自然对于人的先在性只具有逻辑上的意义。自然与人紧张的关系，其背后是人与人、人与社会之间环境利益的紧张关系。马克思主义为生态伦理提供了社会历史的向度，马克思主义对于生态伦理的分析基于特定历史阶段的生产关系。离开与人类主体性关系的自在的自然只是抽象的自然，自然现实化、具体化的途径在于人化。自人类社会产生以来，人类与自然的关系取决于一定的社会生产条件。带有上一代人显著烙印的人化的自然，将成为下一代人无可选择的发展前提。人化的自然是代际之间联系的重要纽带，受到严重破坏的自然同样将会严重扭曲代际之间的关系。立足于社会现实分析生态伦理问题，是马克思主义对于生态伦理的重要贡献。

自然是人生存和发展的前提，而劳动是联系人与自然之间的中介。马克思将自然作为人劳动的对象加以考察，使人与自然的伦理关系具有了坚实的实践论基础。劳动使人与自然的关系成为以实践为中介的主客体关系，使自然具有了价值。劳动是人与自然间产生了物质的交换。社会实践是理解人与自然伦理关系的基本途径。作为主要社会实践手段的劳动是人与自然分别具有了各自相对的独立性并产生了价值关系。自然与人相互之间的影响与包含，使二者产生伦理的关系。马克思并没有因为强调人的主体性而使自然从属于人，将自然仅仅视为一个社会范畴。而是强调了历史观与自然观的统一，主体性与客体性的统一，表达出人与自然相互之间的联系与制约。但是人毕竟是实践的主体，而自然是实践的客体，所以生态伦理的主要方面还是体现在人类是自然界实现了人道主义，即人化的自然。自然主义与人道主义的统一实现了自然与人之间的和谐。在改造自然的同时充分体现人化的自然的特性，将自然作为有生命的存在来对待。也就是说，在实现人道主义的同时，最大限度地体现自然主义，才能实现马克思所讲的自然界的真正复活。而自然与人之间的统一并不取决于自然而取决于社会改造，通过社会改造消除劳动的异化，继而消除人与自然之间的异化。在马克思主义生态伦理之中，人的解放、社会的解放以及自然的解放是互为条件、密不可分的。

0.3 马克思主义生态伦理中自然的优先地位及其现实意义

在人与自然的关系中，马克思承认自然的先在性。在《德意志意识形态》中，马克思明确提出了自然的先在性。人具有自然性，人的思想具有自然性，人的活动同样具有自然性。马克思认为，人的活动是一种自然活动，人的劳动是自然力。劳动作为人与自然之间的中介体现了人与自然之间的伦理关系。人之为人的前提是在保证生存的前提下实现人类的生活，而劳动是这种前提的永恒必然性。人类通过劳动实现人与自然之间的物质变换不是无条件的、随心所欲的，而是以作为有用劳动创造使用价值为标准。劳动成为有用劳动创造有用价值，就是人类开发利用自然的伦理标准，也是人类开发利用自然的道德合理性前提。虽然自然相对于人具有先在性，但是人开发利用自然具有道德的合理性，只有开发利用自然，人才能够存在和发展。开发利用自然，以美的形式表现自然，不仅是人的权利而且是人称之为人的责任。自然既是人的物质的无机界还是精神的无机界，开发利用自然展示自然的本质和美，是人类生活和活动的组成部分。

开发自然所体现的是人化自然的过程，是自然向人生成的过程。但是人与自然的关系是双向的，所体现的不仅是自然向人的生成，还体现了人向自然生成。人向自然生成的过程所体现的是对自然的本体论肯定的过程。人的肉体、观念以及实践都属于自然的自然存在物，人与自然的关系同人与人之间的关系是合二为一的，人的本质与社会的本质是合二为一的。人类开发利用自然，以美表现自然，体现为人化自然的实践，人化自然是人对外界自然的改变和自身自然改变的辩证统一。人对于外界自然的改造体现为自然的社会化。

人具有自然性，和动物一样需要依靠自然界才能生存。自然对于人以及动物的价值首先在于它能够满足人与动物的需要，通过生产重复这一实践过程，人与动物就将可以满足需要的外界物与其他外界区别开来。一方面，人类利用自然的合理性在于自然本身的性质，也就是说人类利用自然所体现的正是自然的自然性；另一方面，自然的价值不是从来就有的，而是人类在进化发展的过程中赋予的。当人类能够将其所需要的自然中的外界物与其他的外界物区分开，并通过概念加以反映，这所反映的正是人类与其他动物所不同的类特性。语言概念等抽象能力所体现的是人类本质的不断发展完善的过程，而这个过程是为了满足人的需要而服务的。对外界自然物的利用是满足人的需要，是人自由全面发展的基本前提，也是生态伦理的基本前提。这所体现的是人类利用自然的道德合理性。马克思认为人类自然的支配是以人类把握自然的知识为前提的，这些知识是人类实践的结果。人类并没有像动物一样仅仅停留在满足大自然的赐予，而是在实践过程中使自然成了人化的自然。人类所认识的自然是被社会化的、人化的自然。人的自身的自然是社会历史的产物，人化自然的过程同样是人性的完善发展过程，人性的发展完善是人化自然的结果。认识能力的形成是人类类本质形成的前提和标志，而这种认识能力是以往全部历史的产物。

马克思主义生态伦理是科学社会主义的有机组成部分，是一种真正可以付诸实践的社会理论，这体现在中国社会主义生态建设的发展之中。新中国成立直至改革开放初期，中国在人与自然的关系上虽然取得了一定的成就，但总体上人与自然的关系是紧张的。因为主要将自然作为开发和索取的对象，并没有将自然作为与人同等的对象来看待，所以并不能认为社会主义制度的建立必然会产生生态伦理。在此期间的紧张关系的主要原因是由于社会主义建设缺乏经验，由于借鉴西方的发展模式而造成的。但是由于社会主义在本质上能够实现人与自然的和谐发展，所以随着科学发展观的提出，人与自然的关系进入到一个新的阶段。党的十六届三中全会通过了《中共中央关于完善社会主义市场经济体制若干问题的决定》，指出："坚持以人为本，树立全面、协调、可持续的发展观，促进经济社会和人的全面发展。"党的十六届五中全会提出：坚定不移地以科学发展观统领经济建设全局，坚持以人为本，转变发展观念，创新发展模式、提高发展质量，把经济社会发展转入全面协调可持续发展的轨道。科学发展观的第一要义是发展，核心是以人为本，基本要求是全面可持续，根本方法是统筹兼顾。社会主义已经解决了制度的问题，在本质上与马克思主义生态伦理是相一致的。科学发展观突破了传统的发展观，追求质的发展，强调在保护和合理利用自然的前提下实现经济发展。科学发展观标志着中国共产党对中国特色生态伦理的认识达到了新的高度。科学发展观强调和谐发展、全面发展，从根本上扬弃了向自然开战的斗争的自然观。

科学发展观对中国特色马克思主义生态伦理的贡献体现在发展方式的转变。科学发展观强调以人为本，坚持统筹兼顾实现经济社会协调发展。以人为本体现了马克思主义生态伦理的本质内涵，即人的本质的真正实现。以人为本也充分体现了马克思主义生态伦理的一致性。生态伦理的背后是社会各阶级、各阶层之间的利益冲突。科学发展观强调统筹个人利益与集体利益、局部利益与整体利益、当前利益与长远利益，从而确保了人与自然和谐的伦理关系的实现。以人为本更体现了中国特色马克思主义生态伦理的本质，而统筹兼顾实现了生态伦理的利益和谐。生态文明的提出标志着中国特色马克思主义生态伦理的形成。生态文明是人类遵循人、自然、社会系统和谐发展这一客观规律而取得的物质与精神成果的总和，是以人与自然、人与人、人与社会和谐共生、良性循环、全面发展、持续繁荣为基本宗旨的文化伦理形态。生态文明的提出，不仅充分体现了马克思主义生态伦理的内涵，而且创造性地发展了马克思主义生态伦理并将其上升为文明的高度。党的十七大报告中提出建设生态文明的发展战略。建设生态文明实质上就是要建设以资源环境承载力为基础，以自然规律为准则、以可持续发展为目标的资源节约型、环境友好型社会。生态文明从根本上解决了自新中国成立以来造成人与自然之间关系，影响人与自然和谐关系形成的发展方式问题。2009 年，中央工作会议将社会主义经济建设、政治建设、文化建设、社会建设与生态文明并列提出，从而形成了社会主义建设“五位一体”的新格局。生态文明在尊重自然的前提下，强调人与人、人与自然、人与社会的和谐共生，强调可持续的发展方式和消费方式，最终充分满足社会主义社会所创造出来的新需求，充分实现人的本质。

0.4 三元结构模式下马克思主义生态伦理的实现路径

社会主义制度下所产生的与资本主义类似的生态问题，并不是社会主义制度自身的问题，而是在探索社会主义发展道路时借鉴西方发展模式所带来的问题。社会主义市场经济发展初期所引发的生态问题与马克思主义生态伦理的缺位有着密切的关系。而马克思主义生态伦理的实现，需要完善社会主义市场经济体制，构建马克思主义生态伦理、市场机制以及政府干预监管三者并用、互动互补的三元机制机构模式。

传统的工业化发展模式主要强调经济社会系统内部的物质资料的生产、交换、分配、消费等因素。而马克思主义生态伦理所要实现的是人的全面发展，社会主义社会能够满足其自身所创造出来的合理需求。随着中国特色社会主义事业的不断发展，广大人民群众不断增长的不仅包括物质需求、精神需求、文化需求还包括生态需求。在社会主义制度下，人的全面发展的需求是经济社会发展的强大动力。体现马克思主义生态伦理的经济发展不仅包括人自身的再生产、物质资料的再生产还包括自然生态的再生产和精神文化产品的再生产。社会主义制度下经济的发展体现了马克思主义生态伦理的丰富内涵，其实质是经济社会系统与自然生态系统辩证统一的互动过程。以人为本作为科学发展观的核心，同样体现在社会主义经济发展过程中。人是经济社会系统的主体，是生态系统的控制者，同时也是生态系统的协调者，是生态系统以人化的方式实现自身本质的推动者。

生产方式的生态化是马克思主义生态伦理的必然要求。为了满足广大人民群众不断增长的生态需求，党和政府对经济增长方式进行了调整，逐步探索出一条有中国特色的生态经济发展之路。社会主义从本质上讲能够满足其自身所产生的各种合理需求，而不是通过压抑人的需求而维持稳定，更不是通过畸形的过度需求而刺激生产。马克思主义生态伦理所要实现的是人的自由的全面发展，通过人的全面发展实现人化的自然的价值，最终实现人与自然的和谐统一。一般来说，市场经济所固有的资本逻辑会造成人的异化继而造成生态的异化。在市场经济中，在利益的驱动下，生产中的诸多要素均被市场化和资本化。为了攫取超额利润，无序竞争、资源浪费、过度消费、掠夺式开采等破坏生态的现象频繁发生，这是资本逻辑的必然结果。为了解决这种矛盾，就必须确保市场经济的社会主义性质，以社会主义市场经济扭转人与生态之间异化的伦理关系。社会主义的本质是解放生产力、发展生产力，消灭剥削、消除两极分化最终实现共同富裕。社会主义共同富裕的目标保证了社会主义市场经济能够最大限度地削减生态异化的产生。社会主义伦理道德的核心是集体主义的价值观，集体主义的伦理保证了在道德方面能够最大限度地实现人与人之间的和谐，继而保证了人与生态之间和谐关系的实现。资本主义的生态伦理异化是由于其生产方式以及内在的资本逻辑造成的。而社会主义社会中生态伦理问题是由于发展方式造成的，社会主义市场经济体制下的发展方式是多元化的，与生态文明的发展目标是不矛盾的。生态伦理异化的原因是多方面的，除了发展方式之外，异化的过度消费也是重要的原因。资本主义制度下的过度消费是资本主义制度的产物，资本主义的生产方式通过倡导过度消费以刺激消费，继而刺激生产攫取利润。而社会主义核心价值观则反对奢侈浪费的消费观，社会主义道德提倡健康生态的消费观，有利于创造践行马克思主义生态伦理的社会氛围。

在市场经济条件下的生态伦理的背后是各阶级阶层和社会集团对于生态利益的博弈。资本主义市场经济制度下提倡自由竞争以及个人主义的价值观使国家和社会对生态利益难以进行有效的管控。自由竞争的社会主义市场经济使资本主义市场经济难以普遍满足其自身所创造出的普遍的生态需求。而在社会主义市场经济制度下，党代表了各族人民群众的根本利益，各族人民的根本利益是一致的。其中也包括了生态利益，这就有利于从长远性和整体性方面对生态利益进行整体的规划。生态伦理所体现的不是局部的生态问题，而是一个涉及社会方方面面的整体性问题。生态伦理问题既涉及政治、经济、文化等方面，也涉及全人类的共同利益。马克思主义生态伦理与社会主义制度是内在统一的，社会主义市场经济制度下的生态伦理建设为世界生态道德建设树立了样板，社会主义国家在世界生态政治中的主张代表了全人类的根本利益。

马克思主义生态伦理作为工业化时代的产物，对于资本主义生态伦理的批判是深刻的，至今仍然具有强大的生命力。在资本主义社会中，市场经济作为资本主义生产方式的有机组成部分，是产生生态伦理异化的根源之一。在中国的社会主义建设初期，按照马克思主义经典作家的设想，实行了高度的计划经济。但是在建设过程中仍然出现了比较严重的生态问题，产生了比较严重的生态伦理问题。实践证明，计划经济并不是解决生态伦理问题的灵丹妙药，苏联高度计划经济体制下生态的恶化也证明了这一点。随着社会主义中国的改革开放尤其是邓小平南方谈话之后，中国重新选择了市场经济体制并将其与社会主义制度相结合，形成了独具中国特色的社会主义市场经济体制。实践证明，市场经济是配置生产要素的最佳方式。马克思主义生态伦理可以在社会主义市场经济的条件下有效地调节人与自然之间的关系。邓小平同志在南方谈话中指出，资本主义也有计划，社会主义也有市场，计划和市场都是配置生产要素的手段。在资本主义制度下，因为私有制和自由主义的价值观，市场经济仅仅是实现个人权利和自由的手段。资本主义制度是造成人与自然关系异化的总根源。而在社会主义制度下，市场经济是解放生产力、发展生产力，消灭剥削、消除两极分化的手段。而且社会主义道德是以集体主义为价值的社会主义核心价值体系，从伦理角度保证了人与人之间和谐的社会关系。所以社会主义制度的性质决定了社会主义市场经济与马克思主义生态伦理是根本一致的。

在意识形态之中，社会主义道德集中体现为社会主义核心价值体系，集体主义为核心的道德原则为人与人和谐关系的形成营造了良好的社会氛围。有利于马克思主义生态伦理的实践在日常生活中形成健康生态的消费习惯，并反作用于生产环节，形成生态建设的良性循环。

社会主义的生产关系与马克思主义生态伦理是根本一致的。社会主义社会中的生态问题主要是由生产力因素所引起的，其中最重要的因素是为了发展生产力而对发展方式的选择。在对中国特色社会主义的探索过程中，中国选择了社会主义市场经济的模式。社会主义市场经济实现了生产要素配置的效率最优，为满足广大人民群众日益增长的物质需求创造了条件。在社会主义制度下，市场经济只是一种资源配置方式，与资本主义制度下的市场经济有着本质的区别。虽然市场经济在发展过程中不可避免地会带来贫富分化、生态破坏、拜金主义等不良现象，但在社会主义制度下，这些弊端都可以被控制在一定的程度内。社会主义国家会通过国家机器以及意识形态等多种手段，对市场经济进行利用、限制和改造，使其最大限度地为社会主义的发展目标服务。社会主义市场经济体制与马克思主义生态伦理的一致性体现在社会主义市场经济模式与生态文明发展目标的结合。

0.5　马克思主义生态伦理的时代化与中国化

虽然马克思主义经典作家为马克思主义生态伦理奠定了理论基础，并对他们所处时代的生态伦理问题进行了论述。但毕竟在马克思和恩格斯所处的时代，生态问题并没有成为他们所关注的主要问题。随着当代生态问题的日益严峻，生态伦理也日益成为学术界乃至公众所关注的问题。这就需要对马克思主义经典著作进行重新的解读，这个过程就是马克思主义生态伦理思想时代化的过程。最早对马克思主义生态思想进行时代化诠释的是西方马克思主义者和生态社会主义者。但是他们所提出的社会改良方案既不符合历史的发展规律，更不符合科学社会主义的基本原理，当然也就更不可能获得成功。西方马克思主义和生态社会主义的生态伦理作为对资本主义道德体系的批判，在一定程度上超越了资本主义道德，具有历史的进步性，但是由于其理论与实践的内在缺陷，其精心设计的生态伦理注定是一朵不结果的花。

马克思主义生态伦理中国化的过程中分别受到了中国传统生态思想、进化论生态伦理以及互助论生态伦理的影响，其中以经严复改造的进化论伦理学的影响为最大。马克思主义生态伦理的中国化与马克思主义中国化的过程不是同步的，其形成过程就是逐步消除进化论伦理学影响的过程。生态建设思想不等于生态伦理。生态伦理的基本特征是将自然生态看作具有属人性特征的与人同等的道德主体，即像对待具有生命特征的人类一样对待生态。像对待人一样对待生态，而不是像对待物一样对待自然，是生态伦理的基本特征。新中国成立之初，中国共产党和新中国的领导人将自然作为满足社会需要的开发对象。也就是将自然看作物，并没有自觉地承认自然的伦理主体地位。马克思主义生态伦理的中国化是在探索中国特色社会主义发展道路的过程中历经曲折探索逐步形成的。

马克思主义生态伦理的中国化和时代化最终形成了中国特色的社会主义生态伦理。中国特色社会主义生态伦理是社会主义核心价值观的有机组成部分，是生态文明建设的道德基础。实践中国特色社会主义生态伦理必须以马克思主义生态伦理为指导，以马克思主义生态伦理中国化、时代化的最新理论武装全党、教育人民，巩固全党全国各族人民共同奋斗的道德基础。实践中国特色社会主义生态伦理是构建社会主义和谐社会、实现生态文明的重要条件。中国特色社会主义生态伦理以伦理为主导，统领道德、精神、理想等不同层面，辩证统一相辅相成。中国特色社会主义生态伦理的建立，有利于坚定马克思主义的理想信念，有利于建立生态道德规范，有利于提高全民的道德水准为社会主义和谐社会建设提供良好的生态环境，充分满足广大人民群众日益增长的生态需求。中国特色社会主义生态伦理是马克思主义中国化、时代化过程中提出的一个全新的科学命题。中国特色社会主义生态伦理是一个完整的价值体系，它包含着四个方面基本的内容：马克思主义生态伦理指导思想、社会主义和谐社会的共同理想、生态文明的建设目标以及注入生态伦理内涵的社会主义生态道德规范。中国特色社会主义生态伦理的四个组成部分是相互联系的辩证统一的有机整体。构建中国特色社会主义伦理，必须坚持马克思主义生态伦理的指导地位，牢牢把握社会主义道德的性质和发展方向，在借鉴传统生态伦理的同时积极借鉴西方生态伦理中的优秀成果，为建设社会主义生态文明奠定坚实的思想道德基础，为生态和谐的生活方式提供强有力的精神动力和道德支持。中国特色社会主义生态伦理涵盖了社会主义、集体主义、人道主义、生态主义等多重内涵，充分体现了马克思主义生态伦理中国化、时代化的要求，充分反映了社会主义世界观、价值观、人生观、生态观，明确了当代中国最基本的生态价值取向和生态行为准则，是马克思主义道德在生态问题方面的精辟概括，是新时期社会主义道德的具体体现，是社会主义生态文明建设的道德基础。

第1章 马克思主义生态伦理基本原理

劳动是马克思主义生态伦理的核心观念，也从根本上决定了马克思主义生态伦理的基本原则。马克思主义认为劳动的本质是人与自然之间的物质变换，劳动是实现人与自然之间物质变换的主要手段，承担物质变换的劳动是一个双向的过程：一方面，人类以劳动为手段从自然中获取生活资料和生产资料；另一方面，又将废弃物以及劳动过程中产生的物质以及能量反馈给自然。生态意义上的劳动不仅体现了自然的本质、也体现了人的本质的不断完善，是人性与自然性的和谐统一。马克思主义生态伦理的基本原则包括阶级性原则、实践的生态性原则、实践的正当性原则、代际平等原则以及科技的工具性原则。

1.1 马克思主义生态伦理的方法论基础

马克思主义生态伦理之中体现了马克思主义基本的方法论和世界观。首先，马克思主义生态伦理采用普遍联系的方法分析了人与人化的自然之间的伦理关系。在对生态伦理关系的分析中，马克思将人、社会、生态、生产力和生产关系等诸多因素看作是普遍联系的完整系统，并没有片面地、孤立地看待人与生态之间的关系。通过普遍联系的系统地分析，马克思发现了生态问题的制度根源——资本主义的生产关系。从而将解决生态伦理的异化与无产阶级的社会主义革命联系起来，赋予生态伦理丰富的政治内涵和明确的阶级性，将马克思主义生态伦理的实现看作是世界无产阶级革命的有机组成部分和必然结果。其次，马克思主义生态伦理之中体现了辩证法。在马克思主义生态伦理关系之中，人与生态是对立统一的关系。人是自然的有机组成部分，人以社会的组织形式与自然发生关系；人赋予自然价值使自然具有了属人性，使自然成为了人化的自然。人与自然相互作用、相互制约，是对立统一的辩证关系。马克思主义生态伦理的辩证法超越了绝对的人类中心主义和自然主义的生态伦理。再次，马克思主义生态伦理体现了马克思主义的唯物史观。马克思主义认为人类有史以来的历史都是物质生产的历史，生产力决定生产关系，经济基础决定上层建筑。生态伦理作为一种意识形态属于上层建筑的范畴，基于特定的经济基础之上。资本主义社会所造成的生态危机以及其内在的资本逻辑所产生的畸形的异化的生态伦理关系是资本主义生产关系的产物。唯物史观使马克思主义生态伦理超越了人类中心主义和自然主义生态伦理之争，将生态伦理与资本主义制度联系起来，找到了解决生态伦理困境实现人与自然和谐的正确出路。马克思和恩格斯虽然并没有系统地论述马克思主义生态伦理，但是他们为马克思主义生态伦理提供基本的方法论，并提供了替代资本主义生态伦理的社会模式，为当代马克思主义生态伦理的深化研究奠定了坚实的基础。

马克思关于自然的概念当前学术界一般从三个层面理解：第一层面是作为一切存在物的物质总和。这是对于自然的最广义的理解。第二个层面是指作为人的环境的自然条件的总和。第三个层面是指人类活动的自然条件和环境。在马克思恩格斯的著作中，没有关于生态伦理的直接论述，马克思主义所提供的是马克思主义生态伦理的基本观点和方法。当这些基本的原理和方法应用于解决分析现实问题，就形成了马克思主义生态原理。在人与自然的关系中，马克思承认自然的先在性。在《德意志意识形态》中，马克思明确提出了自然的先在性。马克思指出："当然，在这种情况下外部自然界的优先地位仍然保存着。"①而人服从自然是"对自然界的一种纯粹动物式的意识（自然宗教）"。②在《资本论》中，马克思指出："现在劳动过程中，也仍然有这样的生产资料，它们是天然存在的，不是自然物质和人类劳动的结合"。③但是马克思并没有对自在的先在性的自然进行过多的阐述。马克思将自在的先在性的自然视为自然科学的范畴。马克思指出："自然史，即所谓自然科学，我

①《马克思恩格斯全集》第3卷，人民出版社，1960年版，第50页。

②《马克思恩格斯全集》第3卷，人民出版社，1960年版，第35页。

③《马克思恩格斯全集》第23卷，人民出版社，1972年版，第208页。

们在这里不谈；我们所需要研究的是人类史”。[①]马克思在论述人与自然关系的过程中始终将人作为价值的中心。马克思认为人与自然的关系是：“个人的肉体组织，以及受肉体组织制约的他们与自然的关系”。[②]人类自身的生理特性及自然条件制约着“人们最初的、自然产生的肉体组织，特别是他们种族之间的差别，而且直到如今还制约肉体组织的整个进一步发达或不发达”。[③]在《1844 年经济学哲学手稿》中，马克思指出：“没有自然界，没有感性的外部世界，工人就什么都不能创造。自然界一方面在这样的意义上给劳动提供生活资料……另一方面，自然界也在更狭隘的意义上提供生活资料，即提供工人本身的肉体生存所需要的资料。”[④] “人靠自然界生活，人是自然界的一部分。”[⑤]

恩格斯对马克思主义的自然观进行了系统的阐释。在《劳动在从猿到人的转变过程中的作用》一文中，恩格斯阐释了人与自然的分化、人与动物的本质区别、人与自然的矛盾及其协调路径。恩格斯认为自然首先具有历史性。恩格斯所说的自然的历史性是指自然在生命意义上时间的顺序。恩格斯在《自然辩证法》导言之中指出：“在一些原生生物中，有一些渐次分化为最初的植物，另一些渐次分化为无数的纲、目、科、属、种的动物，最后在这些脊柱动物中，又发展出这样一种脊椎动物，在它身上自然界达到了自我意识，这就是人。”[⑥]在人的身上自然界达到了自我意识，将自然界视为具有自我意识的存在物，因而自然可以成为生态伦理的主体。不仅人的肉体，人的观念同样受到自然的制约“这些个人所产生的观念，是他们同自然界的关系，或者是关于他们之间的关系，或者是关于他们的肉体组织的观念”。[⑦]“思维本身的要素，思想的生命表现的要素，即语言，是感性的自然界”。[⑧]“人的感觉、激情等等不只是在狭隘的意义上人本学的规定，而是对本质（自然）的本体论肯定。”[⑨]

人具有自然性，人的思想具有自然性，人的活动同样具有自然性。马克思认为，

---

①《马克思恩格斯全集》第 3 卷，人民出版社，1960 年版，第 35 页。
②《马克思恩格斯全集》第 42 卷，人民出版社，1979 年版，第 23 页。
③《马克思恩格斯全集》第 3 卷，人民出版社，1960 年版，第 23 页。
④《马克思恩格斯全集》第 42 卷，人民出版社，1979 年版，第 92 页。
⑤《马克思恩格斯全集》第 42 卷，人民出版社，1979 年版，第 95 页。
⑥《马克思恩格斯选集》第 3 卷，人民出版社，2012 年版，第 858 页。
⑦《马克思恩格斯全集》第 3 卷，人民出版社，1960 年版，第 23 页。
⑧《马克思恩格斯全集》第 3 卷，人民出版社，1960 年版，第 29 页。
⑨《马克思恩格斯全集》第 42 卷，人民出版社，1979 年版，150 页。

人的活动是一种自然活动，人的劳动是自然力。“我们把劳动力或劳动能力，理解为人的身体即活的人体中存在的、每当人生产某种使用价值时就运用的体力和智力的总和。”①劳动作为人与自然的中介体现了人与自然之间的伦理关系。人之为人的前提是在保证生存的前提下实现人类的生活，而劳动是这种前提的永恒必然性。人类通过劳动实现人与自然之间的物质变换不是无条件的、随心所欲的，而是以有用劳动创造使用价值为标准。劳动成为有用劳动创造有用价值，就是人类开发利用自然的伦理标准，也是人类开发利用自然的道德合理性前提。“人在生产中只能像自然本身那样发挥作用，也就是说，只能改变物质的形态。”②虽然自然相对于人具有先在性，但是人开发利用自然具有道德的合理性，只有开发利用自然人才能够存在和发展。开发利用自然，以美表现自然，不仅是人的权利而且是人称之为人的责任。自然既是人的物质的无机界还是精神的无机界，开发利用自然展示自然的本质和美，是人类生活和活动的组成部分。马克思指出：“从理论领域说来，植物、动物、石头、空气、光等等，一方面作为自然科学的对象，另一方面作为艺术的对象，都是人的意识的一部分，是人的精神的无机界，是人必须实现进行加工以便享用和消化的精神食粮；同样，从实践领域来说，这些东西也是人的生活和人的活动的一部分。”③

开发自然所体现的是人化自然的过程，是自然向人生成的过程。但是人与自然的关系是双向的，所体现的不仅是自然向人的生成，还体现了人向自然生成。人向自然生成的过程所体现的是对自然的本体论肯定的过程。人与自然的关系同人与人之间的关系是合二为一的。“人同自然的关系直接就是人与人之间的关系，而人和人之间的关系直接就是人同自然的关系，就是他自己的自然的规定。”④人类开发利用自然以美表现自然体现为人化自然的实践，人化自然是人对外界自然的改变和自身自然改变的辩证统一。人对于外界自然的改造体现为自然的社会化。

人具有自然性，和动物一样需要依靠自然界才能生存。自然对于人以及动物的价值首先在于它能够满足人与动物的需要，通过生产重复这一实践过程，人与动物就将可以满足需要的外界物与其他外界区别开来。马克思阐释了生态伦理的两个问

① 《马克思恩格斯全集》第23卷，人民出版社，1972年版，第190页。

② 《马克思恩格斯全集》第23卷，人民出版社，1972年版，第56页。

③ 《马克思恩格斯全集》第42卷，人民出版社，1979年版，第119页。

④ 同上。

题：首先，人类利用自然的合理性在于自然本身的性质，也就是说人类利用自然所体现的正是自然的自然性；其次，自然的价值不是从来就有的，而是人类在进化发展的过程中赋予的。“实践的即以活动为基础的关系，”[①]“正如任何动物一样，他们首先是要吃、喝等等，也就是说，并不处在某一种关系中，而是积极地活动，通过活动取得一定的外界物，从而满足自己的需要。（因而，他们是从生产开始的）出于这一过程的重复，这些物是人们满足需要这一属性，就铭记在他们的头脑中了，人和野兽就学会从理论上把能满足他们需要的外界物同一切其他的外界物区别开来。”[②]当人类能够将其所需要的自然中的外界物与其他的外界物区分开，并通过概念加以反映，这所反映的正是人类与其他动物所不同类的特性。语言概念等抽象能力所体现的是人类本质的不断发展完善的过程，而这个过程是为了满足人的需要而服务的。对外界自然物的利用是满足人的需要，是人自由全面发展的基本前提，也是生态伦理的基本前提。这所体现的是人类利用自然的道德合理性。“在进一步发展到一定水平后，在人们的需要和人们借以获得满足的活动形式增加了，同时在进一步发展了以后，人们对这些根据经验已经同其他外界物区别开来的外界物，按照类别给以各个名称。这必然会发生，因为他们在生产过程中，即在占有这些物的过程中，经常相互之间和同这些物之间保持着劳动的联系，并且也很快必须为了这些物而同其他的人进行斗争。但是这种语言上的名称，只是作为概念反映出那种通过不断重复的活动变成经验的东西，也就是反映出一定的外界物是为了满足已经生活在一定的社会联系中的人（这是从存在语言这一点必然得出的假设）的需要服务的。”[③]马克思认为人类自然的支配是以人类把握自然的知识为前提的，这些知识是人类实践的结果。人与动物同样具有自然规定性，但是人类“劳动过程结束时得到的结果，在这个过程开始时就已经在劳动者的表象中存在着，即已经观念地存在着。他不仅使自然物发生形式变化，同时他还在自然物中实现自己的目的，这个目的是他所知道的，是作为规律决定着他的活动的方式和方法的。”[④]人类并没有像动物一样仅仅停留在满足大自然的赐予，而是在实践过程中规定了自然的性质，使自然成了人化的自然。人类所认识的自然是被社会化的、人化的自然。人类不断从理论和

① 《马克思恩格斯全集》第 19 卷，人民出版社，1963 年版，第 405～406 页。

② 同上。

③ 同上。

④ 《马克思恩格斯全集》第 23 卷，人民出版社，1972 年版，第 202 页。

实践两方面规定自然，人化自然，最终形成了社会。

人的自身的自然是社会历史的产物，人化自然的过程同样是人性的完善发展过程，人性的发展完善是人化自然的结果。认识能力的形成是人类类本质形成的前提和标志，而这种认识能力是以往全部历史的产物，马克思在人与自然伦理关系上表现出彻底的唯物主义观点。马克思指出，当人类“作用于他身外的自然并改变自然时，也就同时改变他自身的自然。”[①] “人的感觉、感觉的人性，都只是由于它的对象的存在，由于人化的自然界，才产生出来。五官感觉的形成是以往全部世界历史的产物。”[②]马克思指出，人的认识能力“绝不是处于直观和表象之外或驾于其上而思维着的、自我产生的概念。”[③]在探讨人与自然的关系方面，马克思始终将人置于中心地位。马克思认为历史“不过是追求着自己目的的人的活动而已。”[④]马克思恩格斯认识到了自然史与人类史的界限。“我们仅仅知道一门唯一的科学，即历史科学。历史可以从两方面来考察，可以把它划分为自然史和人类史。”[⑤] “人类史和自然史的区别在于人类史是我们自己创造的，而自然史不是我们创造的。”[⑥]因为自然史不是人类创造的，自然史中的自然不具有价值，因为价值是由人类赋予的。人与自然的关系属于人类史的范畴。

马克思明确指出在分析人与自然关系的过程中，充分体现了唯物主义。“因为工艺学会揭示出人对自然的能动关系，人的生活的直接生产过程，以及人的社会生活条件和由此产生的精神观念的直接生产过程。甚至所有抽象掉这个物质基础的宗教史都是非批判的。事实上，通过分析来寻找宗教幻象的世俗核心，比反过来从当时的现实生活关系中引出它的天国形式要容易得多。后面这种方法是唯一的唯物主义方法，因而也是唯一科学的方法。那种排除历史过程、抽象的自然科学的唯物主义的缺点，每当它的代表越出自己的专业范围时，就在他们的抽象的和唯心主义的观念中立刻显露出来。”[⑦]马克思主义为生态伦理提供了基本的方法，马克思主义必须基于整个历史的世俗基础，从现实的历史的人的生存出发去分析生态伦理。

---

①《马克思恩格斯全集》第 23 卷，人民出版社，1972 年版，第 202 页。
②《马克思恩格斯全集》第 42 卷，人民出版社，1979 年版，第 126 页。
③《马克思恩格斯全集》第 42 卷，人民出版社，1979 年版，第 39 页。
④《马克思恩格斯全集》第 2 卷，人民出版社，1972 年版，第 118 页。
⑤《马克思恩格斯全集》第 3 卷，人民出版社，1960 年版，第 20 页。
⑥《马克思恩格斯全集》第 23 卷，人民出版社，1972 年版，第 409 页。
⑦《马克思恩格斯全集》第 23 卷，人民出版社，1972 年版，第 410 页。

现代化大生产对于生态伦理的发展具有双重的影响。马克思在著作中描绘了工业化对社会所造成的破坏性的影响。马克思揭示出在资本主义初期，市场如何与自治和自给自足的农村社会发生冲突，继而把这种生产方式和与其相关的社会纽带一起清除。随着传统生产关系的消失，传统的生态伦理当然也随着消失。人与自然之间的直接联系被切断。随着市场经济通过竞争建立起以金钱为媒介的联系，人与自然也以金钱为媒介建立起间接的联系。工厂化的劳动意味着人与自然自主性联系的终结，因为在工厂化的劳动中每个人的工作都是一种社会合作性活动，都必须经过广泛的协调并受到广泛的限制。每个人都丧失了与自然的直接联系，他们并不能亲身体会到自己的生产对生态所造成的直接和间接的后果。但是马克思同样意识到这种生产方式的积极方面。资本主义社会化大生产的生产方式替代了独立农户自给自足的生产方式，使农民被迫脱离了相对隔绝的孤立状态，使他们从土地上解放出来。农民从封建的枷锁中得以解脱，从封建主的奴役性劳动中获得了解放。这种生产方式为创立现代意义上的生态伦理关系奠定了基础。社会化大生产意味着新的广泛联系的社会关系的建立。人们集中于城市通过广泛的社会交往，普通的工人群众进入了社会化的世界，并最终登上了政治舞台。恩格斯指出，资本主义工业的主要产物是现代工人阶级。马克思主义所阐释的是工人阶级的生态伦理，生态伦理作为意识形态具有明确的阶级属性。社会化的大生产使普通的劳动人民登上了政治舞台，恩格斯指出：它将“最后的一些还对人类的共同利益漠不关心的阶级卷入了历史的巨流。”[①]生态问题就是人类的共同利益，而资产阶级对其漠不关心，将被无产阶级所替代。无产阶级是解决生态问题的阶级力量。按照马克思主义的观点，资本主义的制度及其生产方式对生态有着积极和消极的双重影响。如果资本主义生产方式对生态仅仅具有破坏性的影响，那么这种制度在生态系统中也不太可能存在和发展。超越资本主义生态伦理的因素，就孕育在资本主义体系之中。从这个意义上讲，虽然资本主义的生产方式给生态带来屈辱和苦难，但是这种生产方式也会转换成为生态进步和解放的力量。在资本主义发展的初期，拥有生产知识并控制生产流程的工匠被终生从事同一工序的操作工所替代。资本家成为生产的组织者和管理者。在这个时期，生产工艺和生产工具并没有太大的变化，只是劳动的组织和分工发生了变化。在这个时期，技术和劳动者相分离。劳动者与技术的分离，在生态上的结果是形成

---

①《马克思恩格斯全集》第 2 卷，人民出版社，1972 年版，第 284 页。

了劳动者与自然之间的畸形的片面的联系。劳动者丧失了改造自然的全面手段，也不清楚自己劳动对自然带来的后果。在生态伦理中，自然是人化的自然，畸形发展的人所面对的一定是畸形发展的自然。资产阶级及其生产方式统治了自然。从工业革命开始，生产过程本身注入了新的因素。一方面，机器生产代替了繁重的体力劳动。另一方面，产生了新的技术领域以及相关的技术专家。在以往生产统治自然的基础上，又出现了技术对自然的统治。资本主义对生态的影响是双方面的：一方面，资本主义只有通过剥削和异化才能存在和发展，这导致了生态的异化；另一方面，这种异化又是生态获得解放的不可或缺的阶段。异化和不和谐的状态是生态发展和自我实现过程中的必经阶段。

马克思主义并没有为生态伦理制定现成的标准。“在这种情况下，我们就不是以空论家的姿态，手中拿了一套现成的新原理向世界喝道：真理在这里，向它跪拜吧！我们是从世界本身的原理中为世界阐发新原理。我们并不向世界说：停止斗争吧，你的全部斗争都是无谓之举。而是给它一个真正的斗争口号。”[①]马克思主义认为作为观念的生态伦理是自然和历史发展的结果。生态伦理作为道德的组成部分，是真实存在的客观社会关系的主观反映，是社会的产物。马克思以社会现实作为依据阐述作为上层建筑的伦理。生态伦理作为一种道德观念，是社会历史的产物。对资本主义生态伦理的批判并不需要从外部引入先在的标准，资本主义社会本身已经包含着否定、批判这种思想的力量，但是对资本主义生态伦理的批判并不只是存在于思想观念之中，而是首先存在于社会事实之中。马克思并没有指责资本主义在生态方面违背了预先设定的伦理信条，实际上马克思也根本没有预先建立这样一套生态伦理体系。马克思主义对生态伦理提供了一种科学的批判方法。

马克思主义并不是单纯从道德角度批判社会，或者为社会提供一套理想模式的观念。马克思主义把包括生态伦理在内的道德看作是一种社会历史现象，看作是意识形态的一种形式。他把包括生态伦理在内的不同历史发展阶段的道德看成是不同社会历史环境的产物。马克思把道德观念看作特定阶级利益和愿望的反映。生态伦理具有明确的阶级性。马克思指出：“共产党人的理论原则，绝不是以这个或那个世界改革家所发明或发现的思想、原则为依据的。这些原理不过是现存的阶级斗争、

① 《马克思恩格斯全集》第 1 卷，人民出版社，1972 年版，第 417 页。

我们眼前的历史运动的真实关系的一般表述。”[①]马克思主义反对分析历史的道德方法，而是采用分析道德的历史方法。它并没有提出普遍的生态伦理，而是将生态伦理看作是一种社会历史现象，一切以往的道德论归根结底都是当时的社会经济状况的产物。

任何社会都不是单体的同质的结构，而是充满矛盾和斗争。任何社会不仅包含着维护它的力量，而且包含否定它的力量。对于生态伦理也是如此。任何社会都是一个矛盾的统一体。对现存社会否定和批判的因素产生于该社会的内部。所以没有必然在现存社会秩序之外寻求一个超验的生态伦理标准。马克思主义认为历史的发展包含着进步的内涵。基于不同社会形态的生态伦理当然也同样具有进步的内涵。历史的发展过程因生产方式不同而分为不同的阶段。每个历史阶段都是在前一阶段的基础上，而且处于相对于前一阶段更高历史阶段。每个发展阶段都是人类历史发展的不可缺少的过程，都曾经具有历史的合理性和进步意义。对于每个特定的历史阶段而言，其自身都充满矛盾和斗争。导致历史发展的各种因素就在矛盾的冲突中而形成。随着各种对立因素的成熟，现存的生产方式就成为了历史发展的束缚。

对于生态伦理而言，所有历史阶段的生态伦理都是相对的，因为它是特定的生产关系的产物。但在特定的历史阶段生态伦理又是绝对的、真实的。因为在每个历史阶段，人的本质都得到了一定程度的实现，都体现了人与生态关系的进步。每一个特定历史阶段的生态伦理相对于那个发展阶段而言都是合理的。不能超越历史的发展阶段提出绝对的生态伦理准则。

马克思并没有以绝对的普遍的原则对资本主义的生态伦理进行批判，而是以历史的相对的方式对此问题进行了阐释。相对于封建主义而言，资本主义是一种历史进步。在资本主义形成和发展的过程中，存在着人与生态之间的激烈对抗。但马克思认为资本主义的发展同样具备进步的一面。在资本主义发展的过程中，劳动人民从土地和封建的束缚中解放出来，同时也切断了传统的人与自然的联系。这种隔绝一方面产生了人的异化继而导致了人与自然之间关系的异化，另一方面也为人与自然现代意义上的新型伦理关系创造了前提。农民变成了工人，汇集到城市和工厂，社会意识和社会联系也随之增强。产业工人最终登上了政治舞台。这是新型的生态伦理的阶级基础。资本主义制度，不知不觉中创造了其自身消亡的物质条件，同时

①《马克思恩格斯选集》第1卷，人民出版社，2012年版，第413页。

也创造了执行这一任务的替代者——它自己的掘墓人。而这些同样是新型的生态伦理的物质基础和阶级基础。

马克思和恩格斯没有普遍的一般原则对未来的资本主义生态伦理做出绝对的超时空的描绘，而是把社会主义生态伦理看作是现实资本主义内部否定因素发展的必然结果。马克思的著作主要集中于对其所处时代资本主义的分析和批判，他并没有对社会主义社会中的各种细节进行预言。马克思强调他的社会主义观念不是基于某种道德理想："我们这里所说的是这样的共产主义社会，它不是在它自身基础上已经发展了的，恰恰相反，是刚刚从资本主义社会中产生出来的，因此它在各方面，在经济、道德和精神方面都还带着它脱胎出来的那个旧社会的痕迹。"[①]社会主义生态伦理自然也带着它所脱胎的资本主义生态伦理的痕迹。马克思主义对于生态伦理的描述是历史的，而不是道德的。它没有被描绘成一种超时代的道德理想，而是被视为各种历史条件下可以预见的一种发展趋势。马克思反对提出一种超越历史发展阶段的思想或道德伦理信条。马克思主义生态伦理就是在资产阶级社会中孕育的新社会的因素，它需要无产阶级将它从母体中解放出来。

马克思并没有以绝对的公正的标准批判资本主义体系。马克思批判私有制，但不是从绝对的道德标准来批判私有制，而是以历史的相对的方法进行的批判。马克思指出："甚至整个社会，一个民族，以致一切同时存在的社会加在一起，都不是土地的所有者。他们只是土地的占有者，土地的受益者，并且他们应当作为好家长把经过改良的土地传给后代。"[②]马克思认为以私有权为依据对生产资源进行控制，没有任何道德的合理性。马克思认为，私有权不是永恒的自然权利，而是社会关系的产物。总之，私有权不是占有自然统治自然的合法性理由，开发自然的合法性的理由只能是人的自由和解放。每一代人也都没有占有自然并将由子孙继承的权利。每一代人都没有占有自然的权利，这是一种平等的权利，是生态代际平等的前提。社会主义生态伦理诞生的条件和实现它的阶级力量，都产生于资本主义内部，并且是资本主义自身矛盾发展的产物。马克思主义将自然理解为一种多维度的自然：辩证唯物主义的自然观、实践唯物主义的自然观、历史唯物主义的自然观。马克思主义生态伦理具有辩证唯物主义、实践唯物主义、历史唯物主义的多重特征。这是马克思主义生态伦理有别于其他生态伦理的本质特征。

---

① 《马克思恩格斯选集》第 3 卷，人民出版社，2012 年版，第 363 页。

② 《马克思恩格斯全集》第 2 卷，人民出版社，1972 年版，第 46 页。

1.2 马克思主义生态伦理的人性论基础

对于马克思主义的人性理论，学术界有两种代表性的观点。一种代表性观点认为马克思将人性归结为“社会关系”。马克思在《关于费尔巴哈的提纲》中说：“人的本质不是单个人所固有的抽象物，在其现实性上，它是一切社会关系的总和。”[①]这种观点可以被称为“社会关系本质论”。另一种代表性观点认为马克思将归结为“自由的自觉的活动”，即劳动或实践。比如，马克思说：“一个种的全部特性、种的类特性就在于生命活动的性质，而人的类特性恰恰就是自由的自觉的活动。”[②]。这种观点可以被称为“劳动本质论”或“实践本质论”。这两种观点并不矛盾，而是从不同角度对马克思主义的人性观进行了诠释。当马克思主义阐释人的社会性的时候，往往将人性归结为社会关系的总和。而强调人作为类存在物的属性的时候，往往将人性归结为劳动的本质。

1.2.1 社会本质人性论与生态伦理

马克思把人的历史生成过程分为三个阶段：第一阶段是人的依赖关系；第二阶段是以物的依赖性为基础的人的独立性；第三阶段是建立在个人全面发展和他们共同的社会生产能力成为他们的社会财富这一基础上的自由个性的形态。[③]第一阶段，人的依赖关系是人与自然的初始形态。在这一时期，由于人的能力不足以对抗自然力，甚至需要与其他动物进行生存竞争，所以只能依靠群体的力量以求得生存。在这个时期，人与自然的关系是群体与自然的关系。因为生产力水平的低下，人的依赖关系实际上就是人对自然的依赖关系。也就是人的群体对自然界的依赖关系。在此阶段，人以牺牲独立性为代价实现了对自然界的简单和谐。第二阶段是以物的依赖性为基础的人的独立性。在这种形态下，才形成普遍的社会物质交换，全面的关系，多方面的需求以及全面能力的体现。

马克思主义哲学的特征是把人的本质看作是生产性的存在物，把劳动和工作看

① 《马克思恩格斯选集》第 1 卷，人民出版社，2012 年版，第 135 页。

② 《马克思恩格斯全集》第 42 卷，人民出版社，1979 年版，第 96 页。

③ 《马克思恩格斯全集》第 46 卷上，人民出版社，1980 年版，第 104 页。

作是实现自我解放和自我实现的活动。人的基本需求、基本权利和基本能力是人性的内涵，它不是固定不变的，而是随着社会历史的发展而不断发展变化的。这种变化过程不是偶然的，而是受历史的必然规律支配的。不可否认存在着普遍的相对不变的人类特征，如人所具有的生物性特征，对事物、水以及性的普遍的需求，但是这种生物的普遍性只是最一般的方面。人性在社会理论和道德思想中具有根本性的作用，对于生态伦理而言自然也不例外。马克思主义否认普遍人性，但并不否认人性的存在。生态伦理也是这样，要探究生态伦理，首先也必然探究人性。马克思主义主张的人性是对人类需求与能力的一种历史与社会的考察，是对人性发展的人道主义的历史考察。马克思主义认为，人是积极的社会生产者，他们通过自己的生产劳动改变了自然界，改变了生产关系，更改变了人类自身的本质。人类同时具有社会生产主客体的双重属性，人类的历史就是人类自我创造的历史。

马克思主义的人性观为人类自我满足和实现提供了现实而具体的理论基础。马克思主义认为，人的全面发展既包括体力劳动也包括脑力劳动，人的满足是指人类所有能力的全面运用与发展。马克思主义认为，人类全面发展的各种条件，在资本主义与现代工业发展的历史过程中，不断地被创造出来。在阐述这个历史过程的过程中，马克思提出了考察道德问题的社会历史方法。历史是通过不同阶段的发展而形成的。在每一个历史阶段中，下一个发展阶段的各种必须条件不断成熟。所以历史的发展阶段不仅是不同社会形态的连续，而且具有发展的进步内涵。马克思主义并不是以超越历史的标准来谴责资本主义的生态伦理。马克思主义生态伦理批判的尺度是内在的，其标准是相对的、历史的，因而是现实的。对资本主义生态伦理的批判不是基于所谓永恒的普遍标准，而是基于资本主义发展为社会主义的必然趋势。马克思主义生态伦理不是绝对价值基础之上的一种价值观，而是资本主义社会中各种矛盾相互作用的真实产物。

马克思主义生态伦理是一种道德自然主义。马克思主义的生态伦理思想及其对进步意义的阐释，既具有叙述性的事实意义也具有评价意义。马克思主义的这种道德自然主义既不会导致相对主义，更不会导致怀疑主义。马克思主义生态伦理是一种历史主义的人道主义，它是建立在关于人性的历史探讨的基础之上，它包含着人的自我发展和人的自我实现。马克思主义生态伦理是一种理性的追求，它不仅是一种理想，而且也是人类历史的发展趋势。

在生态方面，马克思主义被很多学者批判为生产力主义，否认马克思主义的生态伦理。这实际上曲解了马克思主义的生态伦理。马克思主义认为，人类的生产活动是人类社会和道德进步的根源，是一种潜在的善。马克思主义是一种人道主义，它并不主张为了生产而生产。当人类的经济社会活动破坏了自然环境，也就破坏了我们的整个生活世界。

1.2.2 劳动本质人性论与生态伦理

当人作为类存在物与自然发生关系时，人性可以归结为劳动（实践）。劳动不仅改造着自然界，同时也改造着人本身。社会存在会随着实践不断发生变化，社会存在所决定的人的本性也就必然随之变化。所以人性是历史范畴，人是历史的、具体的、实践的、现实的、发展变化的人。所以从这个角度上讲，生态伦理关系也可以理解为劳动与自然的关系。

劳动是人与自然的中介，劳动本质上是自然力的一种表现形式。马克思主义生态伦理所关注的是使用价值，而自然界和劳动共同构成了使用价值的源泉。马克思指出："劳动不是一切财富的源泉。自然界和劳动一样也是使用价值（而物质财富就是由使用价值构成的）的源泉，劳动本身不过是一种自然力的表现，即人的劳动力的表现。"①人与自然最初的关系是人对自然价值的发现，这种价值首先体现为使用价值。作为自然产物的人类发现了自然界作为储藏库的价值，并把自己的身体器官作为最初的生产资料，而使用这种生产资料的过程就是劳动。石头等作为人类最初产品的初级形式成为了人类的劳动资料。这是劳动作为人与自然中介的最初形式。在不同的生产方式和不同历史发展阶段以及不同行业中，劳动与人和自然的关系从特定的视角表征着人与自然的生态伦理关系。就农业而言，土地是劳动资料，但土地并不能自发地成为劳动资料，必须以其他劳动资料的使用和创造以及劳动力的发展作为前提。

人类的劳动资料最初体现为土地、石头等自然物，而生产越发展技术越复杂，劳动过程所需要的劳动条件也就越多。但是离开了这些必要条件，劳动就不能进行，所以这些条件也成为了必要的劳动资料。随着社会发展和生产力的进步，中介者人与自然的劳动必须在特定的劳动条件下才能完成，而这些条件同样是劳动的产物。

---

①《马克思恩格斯全集》第 19 卷，人民出版社，1975 年版，第 15 页。

生产越发达，人在生态伦理关系中就占有越来越重要的地位。这通过人和自然对劳动所产生的不同影响体现出来。人类的劳动必须从根本上服从于自然规律，劳动不是产生使用价值的唯一源泉，自然界和劳动一起构成了使用价值的源泉。恩格斯指出："政治经济学家说，劳动是一切财富的源泉。其实劳动和自然界一起才是一切财富的源泉，自然界为劳动提供材料，劳动把材料变为财富。"①

马克思主义认为作为历史的具体的人具有三方面的特征：人的主体性、人的实践性、人的社会性。人的主体性在于"积极实现自己的本质过程中创造、生产人的社会联系、社会本质。"②人具有动物所没有的认识世界和改造世界的主体性和理性的思维能力。认识自然和社会的规律，实现对自然和社会的改造，将主体性和客观规律结合起来的中介就是实践。马克思把人的活动看作是一种革命的实践批判性的活动。随着社会化大生产的发展，人类认识和改造自然和社会的能力迅速提高，为人类改造自然和社会创造了前提。马克思将人理解为社会关系的总和。生产实践使人类获得"他们所需要的生活资料"，与此同时人类"自己的活动创造出来的物质条件"构成了人类生存和发展的物质环境。在生产的过程中，无论是通过劳动的自身生活的生产还是通过生育的他人生活的生产都是遵循特定的生产方式。"这种共同活动方式本身就是生产力"。③生产实践是人类主体的内在规定性，而人"是一切社会关系的总和。"④一切社会关系包括人在特定历史阶段所处的经济关系、政治关系、阶级关系、伦理关系、血缘关系、文化关系等等多重社会关系。通过生产实践人类使自己的本质现实化，而经过人改造的自然也成为独立于人类的客观存在。马克思使用生产范畴表征了人与自然的互动，而实践体现了人类改造自然历史的过程。现实的具体的人首先是自然界的一部分。但是"自然界，无论是客观的还是主观的，都不是直接地同人的存在物相适应的。"⑤在人与自然的对象性关系中，人对于自然的依赖取决于人的需要。而需求的满足则需要进行物质的生产。"一当人们开始生产他们所必需的生活资料的时候（这一步是由他们的肉体组织所决定），他们就开始把自己和动物区别开来。"⑥ "动物只生产它自己或它的动物仔所直接需

①《马克思恩格斯全集》第20卷，人民出版社，1979年版，第509页。
②《马克思恩格斯全集》第42卷，人民出版社，1979年版，第24页。
③《马克思恩格斯全集》第3卷，人民出版社，1960年版，第33页。
④《马克思恩格斯全集》第3卷，人民出版社，1960年版，第7页。
⑤《马克思恩格斯全集》第3卷，人民出版社，1960年版，第20页。
⑥《马克思恩格斯全集》第3卷，人民出版社，1960年版，第24页。

要的东西；动物的生产是片面的，而人的生产是全面的；动物只是在肉体需要的支配下生产，而人甚至不受肉体需要的支配也能生产，并且只有不受这种需要的支配时才进行真正的生产；动物只生产自身，而人再生产整个自然界；动物的产品直接同它的肉体相联系，而人则自由地对待自己的产品。动物只是按照它所属的那个尺度和需要来建造，而人却懂得按照任何一个种的尺度来生产，并且懂得怎样处处把内在的尺度运用到对象上去；因此，人也按照美的规律来建造。”①人与动物都受到外部自然条件的限制，但人能够在不以自己意志为转移的条件下，有选择地、能动地满足自己的需要。“劳动过程结束时得到的结果，在这个过程开始时就已经在劳动者的表象中存在着，即已观念地存在着。他不仅使自然物发生形式变化，同时他还在自然物中实现自己的目的，这个目的是他所知道的，是作为规律决定着他的活动的方式和方法的，他必须使他的意志服从这个目的。……除了从事劳动的那些器官紧张之外，在整个劳动时间内还需要有作为注意力表现出来的有目的的意志。”②生态伦理对于生产具有反作用。

劳动是连接人与自然关系的关键纽带。马克思认为劳动创造了人本身，劳动是合乎人性的体现。“劳动是劳动者的直接的生活来源，但同时也是他个人存在的积极实现。”③劳动是“自由的生命表现”和“生活的乐趣”④劳动是人的本质得以彰显的途径，但是异化劳动却成为了奴役控制人的手段，它“是一种被迫的劳动”“仅仅是由外在的、偶然的需要，而不是由于内在的所必然的需要。”⑤

无论是人的自然化还是自然的人化都是在人类改造自然的社会实践中实现的，劳动是连接人与自然的中介。“有意识的生命活动把人同动物的生命活动直接区别开来。正是由于这一点，人才是类存在物。或者说，正因为人是类存在物，他才是有意识的存在物，就是说，他自己的生活对他来说是对象。仅仅由于这一点，他的活动才是自由的活动。”⑥人类的劳动是有意识的、自由的、能动的实践活动，以劳动为中介人类确认并实现自身的本质。劳动是人与自然之间的中介，而生产则是人与社会之间的中介。“个人怎样表现自己的生活，他们自己就是怎样。因此，他们

①《马克思恩格斯全集》第42卷，人民出版社，1979年版，第96～97页。
②《马克思恩格斯全集》第42卷，人民出版社，1979年版，第202页。
③《马克思恩格斯全集》第42卷，人民出版社，1979年版，第46页。
④《马克思恩格斯全集》第42卷，人民出版社，1979年版，第38页。
⑤《马克思恩格斯全集》第42卷，人民出版社，1979年版，第28页。
⑥《1844年经济学哲学手稿》，人民出版社，2000版，第57页。

是什么样的，这同他们的生产是一致的——既和他们生产什么一致，又和他们怎样生产一致。因而，个人是什么样的取决于他们进行生产的物质条件。”[①]普遍性的人是具有类本质的类存在物，但是人是历史的具体的人，在现实社会中并不存在着普遍抽象的人。在社会中劳动以生产的形式作为社会的人与自然的中介。“一切人类生活的第一个基本条件，而且达到这样的程度，以致我们在某种意义上不得不说：劳动创造了人本身。”[②]自然具有相对于人类的先在性，人的产生是人作为生态伦理的主体的基本前提。人类开发利用自然的道德合理性通过劳动得以体现。“人自身作为一种自然力与自然物质相对立。为了在对自身生活有用的形式上占有自然物质，人就使他身上的自然力——臂和腿、头和手运动起来。当他通过这种运动作用于他身外的自然并改变自然时，也就同时改变了他自身的自然。”[③]劳动道德意义上的合理性就在于它创造并发展了人，使人成为人。人类通过劳动利用自然其中包括捕食其他动物，具有道德和生态的合理性，因为这种劳动在顺应自然规律的前提下满足人的存在和发展的需要。

从劳动创造人本身的意义上讲，劳动是实现人的解放实现人的自由全面发展的手段，劳动也是实现人性与自然性和谐统一充分体现自然本质的手段。但是随着阶级社会的产生尤其是在资本主义社会中，劳动成为了异化的劳动，劳动的异化造成了人的异化，继而形成人与自然伦理关系的异化。随着劳动分工、私有财产出现以及阶级的产生，劳动对被压迫阶级而言成为了一种异化人性的劳动。而这种异化的劳动则丧失了人性的表征而成为了阶级压迫的手段。“产品作为价值，作为交换价值，作为等价物来生产的，不再是为了它同生产者直接的个人关系而生产的。生产是多方面的，也就是说，一方面，需要越是多方面的；另一方面，生产者完成的制品越是单方面的，他的劳动就越是陷入谋生的劳动的范畴，直到最后他的劳动的意义仅仅归于谋生的劳动并成为完全偶然的和非本质的，而不论生产者同他的产品是否直接消费和个人需要的关系，也不论他的活动、劳动本身对他来说是不是他个人的自我享受，是不是他的天然禀赋和精神目的的实现。”[④] “以劳动为原则的国民

---

①《马克思恩格斯选集》第1卷，人民出版社，2012年版，第147页。

②《马克思恩格斯选集》第3卷，人民出版社，2012年版，第988页。

③《资本论》第1卷，人民出版社，1975年版，第202页。

④《马克思恩格斯全集》第42卷，人民出版社，1979年版，第28页。

经济学，在承认人的假象下，毋宁说不过是彻底实现对人的否定而已。”[①]“这种生产力好像具有一种物的形式，并且对个人本身来说他们已经不是个人的力量，而是私有制的力量，因此生产力只有在个人成为私有者的情况下才是个人的力量。”[②]在私有制和社会分工的情况下，劳动虽然是劳动者与生产力之间联系的纽带，但是以一种异化的形式彻底否定人的自主活动，否定人的本质。资本主义生产力的发展为这种理想的实现创造了条件。资本主义既创造出相对发达的生产力总和，也创造出了无产阶级。这就为无产阶级占有生产力总和创造了条件。只有无产阶级占有了生产力总和，实现了人的本质，才会实现人与自然之间的真正和谐。

劳动的异化造成了生态伦理的异化，生态伦理的异化主要体现在以下四个方面：

（1）劳动者与劳动产品的异化所造成的生态伦理异化。劳动是人与自然的中介，人类通过劳动从自然取得劳动产品，作为劳动产品的自然是劳动者劳动的对象化。劳动者通过劳动占有并利用自然，实现自身的自由全面发展具有生态伦理的合理性。劳动的异化造成了人与自然关系的异化，马克思对于资本主义社会中异化劳动的批判都包含着马克思主义生态伦理的应然内涵。马克思指出：“工人生产的财富越多，他的产品的力量和数量越大，他就越贫穷。工人创造的商品越多，他就越变成廉价的商品。物的世界的增值同人的世界的贬值成正比。”[③]在异化的劳动中，劳动者的生产过程是被迫的，而劳动的产品即人化的自然也成为异化的自然。异化劳动造成的劳动者与劳动产品的对立也造成了人与自然的对立。马克思指出：“劳动所生产的对象，即劳动的产品，作为一种异己的存在物，作为不依赖于生产者的力量，同劳动相对立。”[④]工人同劳动的产物即人化的自然的关系是异己的对象的关系。人类在人化自然的过程中劳动越多，他所创造的反对其自身的异己的自然也就越强大。

（2）劳动者与人化自然过程的异化。劳动是人化自然的过程，作为人化自然结果的产品的异化所体现的是人化自然的过程即劳动过程的异化。马克思指出：

① 《马克思恩格斯全集》第 42 卷，人民出版社，1979 年版，第 113 页。

② 《马克思恩格斯全集》第 3 卷，人民出版社，1960 年版，第 75 页。

③ 《1844 年经济学哲学手稿》，人民出版社，2000 年版，第 51 页。

④ 《1844 年经济学哲学手稿》，人民出版社，2000 年版，第 52 页。

"在劳动对象的异化中不过总结了劳动活动本身的异化、外化。"[①]劳动者与人化自然过程的异化是生产过程的异化，人的劳动所体现的应该是劳动的本质，在生产的过程中劳动者应该获得自由全面的发展。但是在资本主义社会中，劳动者"在自己的劳动中不是肯定自己，而是否定自己，不是感到幸福，而是感到不幸，不是自由发挥自己的体力和智力，而是使自己的肉体受折磨，精神受摧残。因此，工人只有在劳动之外才感到自由，而在劳动中则感到不自在，他在不劳动时感到舒畅，而在劳动时就觉得不舒畅。"[②]马克思对资本主义生产过程的批判也表达出丰富的生态伦理内涵。马克思主义生态伦理认为，人化自然的过程与人的自由发展的过程是统一的。

（3）异化劳动所造成的自然与劳动者类本质的异化。马克思认为，人是类存在物。人同动物的区别在于人具有有意识的生命活动，人的类本质实现了人相对于自然的自由，实现使用价值的有用的劳动是实现这种自由的手段。"正因为人是类存在物，他才是有意识的存在物，就是说，他自己的生活对他来说是对象。仅仅由于这一点，他的活动才是自由的活动。异化劳动把这种关系颠倒过来，以致人正因为是有意识的存在物，才把自己的生命活动、自己的本质变成仅仅维持自己生存的手段。"[③]人的类本质体现了人相对于自然界的自由，而人相对于自然的自由是生态伦理的基本前提。但是异化劳动使劳动从获得自由的手段变为谋生的手段，造成了自然与劳动者类本质的异化。马克思指出："异化劳动导致：人的类本质——无论是自然界，还是人的精神的类能力——变成对人来说是异己的本质，变成维持他个人的生存的手段。异化劳动是人自己的身体，同样使在他之外的自然界、使他的精神本质、他的人的本质同人相异化。"[④]

（4）劳动的异化造成人与自然生态权利的异化。异化的劳动剥夺了劳动者支配自然的权利以及在支配自然过程中所应享有的相关生态权利。"正像它把自己的生产变成了自己的非现实化，变成对自己的处罚一样，他也生产出不生产的人对生产和产品的支配。"[⑤]虽然资本家支配了产品，但是由于资本家不生产所以资本家也同

①《1844年经济学哲学手稿》，人民出版社，2000年版，第54页。
②《1844年经济学哲学手稿》，人民出版社，2000年版，第54页。
③《1844年经济学哲学手稿》，人民出版社，2000年版，第57页。
④《1844年经济学哲学手稿》，人民出版社，2000年版，第58页。
⑤《1844年经济学哲学手稿》，人民出版社，2000年版，第61页。

自然异化，也没有实现人性与自然性的统一。“作为资本家，他只是人格化的资本。他的灵魂就是资本的灵魂。”[①]异化的劳动剥夺了人与自然相统一的权利，丧失了其本质中所应固有的生态权。而自然也被剥夺了展现其本质的权利，而成为了商品，和劳动者一样成为被资本剥削的对象。劳动实现了自然的价值，实现了人的生态权；异化的劳动则扭曲的自然的价值，剥夺了人的生态权。

自然界作为劳动的对象是劳动的基本前提。自然一方面为劳动提供劳动对象，另一方面为劳动者提供生存资料。满足人的生存和发展的需要是自然对人的义务，也是人对于自然的权利。自然通过人的劳动履行对人的义务，而人通过劳动顺应自然规律实现人的生态权利。违背自然规律的劳动会受到自然的惩罚，这是自然的权利，自然的本质是对人的权利和义务的统一。劳动的异化必然会导致人与自然关系的异化，劳动对生态造成的异化是指异化的劳动所造成的人与自然之间的分裂，异化的劳动使自然成为了与劳动者相对立的异己力量。资本通过异化劳动实现了对人和自然的统治。“第一，感性的外部世界越来越不成为属于他的劳动的对象，不成为他的劳动的生活资料；第二，感性的外部世界越来越不给他提供直接意义的生活资料，即维持工人的肉体生存的手段。因此，工人在这两个方面成为自己的对象的奴隶。”[②]自然为劳动提供劳动对象，工人成为对象的奴隶当然也就成为了自然的奴隶，马克思描述了异化劳动条件下人与自然的这种扭曲的关系：“这种关系同时也是工人对感性的外部世界、对自然对象—异己的与他敌对的世界的关系。”[③]异化的劳动割裂了人的本质与自然的本质的统一：一方面，异化劳动使劳动丧失了实现类本质的自由，使人不能在人化自然的同时外化于自然；另一方面，资本以异化劳动为手段同样实现了对自然的奴役，使自然丧失了通过人的劳动展现价值和本质的机会。异化劳动使人丧失了相对于自然的主动性，资本通过异化劳动实现了对人和自然的双重奴役。马克思指出：“异化劳动从人那里夺去了他的生产的对象，也就从人那里夺去了他的类生活，即他的现实的类对象性，把人对动物所具有的优点变成缺点，因为，从人那里夺走了他的无机的身体即自然。”[④]

在《资本论》之中，马克思使用了物质变换这一术语。商品的交换过程是一种

---

①《1844 年经济学哲学手稿》，人民出版社，2000 年版，第 61 页。
②《1844 年经济学哲学手稿》，人民出版社，2000 年版，第 53 页。
③《1844 年经济学哲学手稿》，人民出版社，2000 年版，第 55 页。
④《1844 年经济学哲学手稿》，人民出版社，2000 版，第 58 页。

社会的物质变换，在资本主义生产方式下，自然仅仅作为人的对象而存在。对于自然规律的探索，仅仅是为了使自然服从于人类的需要。资本主义第一次使自然科学直接服务于生产，而生产又为征服自然提供了新的手段。科学的使命成为生产财富的手段，成为致富的手段。人的劳动成为了物化的劳动。资本主义的生产方式打破了人与自然之间进行物质变换的统一，并结束了其对于自然界的占有。劳动成为了商品，成为了一种消费对象。在资本主义生产方式下，资本的购买力导致无穷的欲望，而欲望与资本更加紧密的结合进一步导致了自然和人的异化。继而加剧了对于自然的榨取。异化劳动造成了自然的异化和人的异化，继而造成了二者关系的异化。劳动解放也不仅仅意味着人的解放，也意味着自然的解放，更意味着和谐的生态伦理的形成。马克思认为生态意义上的劳动解放就是实现人与自然之间的物质变换，恢复生态自身的新陈代谢。马克思指出："劳动首先是人和自然之间的过程，是人以自身的活动来引起、调整和控制人和自然之间的物质变换的过程。"①从生态意义上讲，劳动的本质是人与自然之间的物质变换，劳动是实现人与自然之间物质变换的主要手段，劳动的性质决定了这种物质变换的手段。马克思主义认为承担物质变换的劳动是一个双向的过程：一方面，人类以劳动为手段从自然中获取生活资料和生产资料；另一方面，又将废弃物以及劳动过程中产生的物质以及能量反馈给自然。这种生态意义上的劳动是一个循环往复的动态过程。生态意义上的劳动不仅体现了自然的本质也体现了人的本质的不断完善，是人性与自然性的和谐统一。

资本主义的生产方式造成了人与自然的双重异化，并造成了人与自然之间的物质交换的断裂。马克思认为恢复自然本身的新陈代谢，实现生态的物质交换过程必须改变资本主义的生产方式。马克思指出："自由王国只是在有必需和外在目的规定要做的劳动终止的地方才开始；因而按照事物的本性来说，它存在于真正物质生产领域的彼岸。像野蛮人为了满足自己的需要，为了维持和再生产自己的生命，必须与自然进行斗争一样，文明人也必须这样做；而且在一切社会形态中，在一切可能的生产方式中，他都必须这样做。这个自然必然性的王国会随着人的发展而扩大，因为需要会扩大；但是，满足这种需要的生产力同时也会扩大。这个领域内的自由只能是：社会化的人，联合起来的劳动者，将合理地调节他们和自然之间的物质变

①《资本论》第1卷，人民出版社，1975年版，第201页。

换，把它置于他们的共同控制之下，而不让作为盲目的力量来统治自己；靠消耗最小的力量，在最无愧于和最适合于他们的人类本性的条件下来进行这种物质变换。”[①]生态意义上的劳动的条件是合理调节、共同控制，在此条件下劳动才是实现人与自然之间物质变换的生态意义上的劳动，才真正消除了劳动生态意义上的异化。生态意义上劳动的实现是人与自然和谐伦理关系实现的基本前提。劳动是人与自然之间的中介，是人与自然物质变换的关键环节。马克思指出：“劳动过程，就我们在上面把它描述为它的简单的抽象的要素来说，是制造有价值的目的的活动，是为了人类的需要而占有自然物，是人和自然之间的物质变换的一般条件，是人类生活的永恒的自然条件，因此，它不以人类生活的任何形式为转移，倒不如说，它是人类生活的一切社会形式所共有的。”[②]

劳动的目的决定着劳动本身的伦理意义上的合理性。生产使用价值是劳动的普遍形式，而在资本主义生产关系下，劳动的目的不是实现产品的使用价值而是实现产品的交换价值，劳动所产生的不是产品而是商品。当代资本主义社会消费主义的本质是将肉体的需要作为劳动的目的，这是一种异化的奴隶状态。马克思指出：“人（工人）只有在运用自己的动物机能——吃、喝、生殖、至多还有居住、装饰等等的时候，才觉得自己在自由活动，而在运用人的机能时，觉得自己只不过是动物。动物的东西成为人的东西，而人的东西成为动物的东西。”[③]使用价值的生产是物质变换实现过程中劳动的一般形态，劳动的目的最终决定了劳动的性质，而劳动的性质决定着劳动道德的合理性。劳动体现了人的本质与自然本质的统一，保障生态物质变换的进行。而异化劳动中断了自然的物质变换，继而造成了人与自然的异化，资本逻辑并不是导致生态异化的唯一因素。即使扬弃了资本逻辑，在社会主义建设初期单纯以满足人的需要忽视自然中断自然物质变换过程的劳动虽然不是生产关系的异化，但同样是一种生态异化的劳动。“吃、喝、生殖等等，固然也是真正的人的机能。但是，如果加以抽象，使这些机能脱离人的其他活动领域并成为最后的和唯一的终极目的，那它们就是动物的机能。”[④]动物只是自身的生产，其在生产的过程中并不能主动地意识到自然需要。马克思认为真正意义上的劳动应该是实

---

①《资本论》第3卷，人民出版社，1975年版，第926～927页。

②《资本论》第1卷，人民出版社，1975年版，第208～209页。

③《1844年经济学哲学手稿》，人民出版社，2000版，第53页。

④《1844年经济学哲学手稿》，人民出版社，2000版，第53页。

现人与自然之间物质变换保障生态新陈代谢的正常进行。真正意义上的劳动是充分满足自然生态需求的劳动，这种劳动应该具备以下因素。“通过实践创造对象世界，改造无机界，人证明自己是有意识的类存在物，就是说是这样一种存在物，它把类看作自己的本质，或者说把自身看作类存在物。……动物只生产自身，而人再生产整个自然界；动物的产品直接属于它的肉体，而人则自由地面对自己的产品。”[①]马克思所阐述的真正意义上的生产为劳动提供了生态标准，体现了劳动的生态性。

劳动的目的决定了劳动道德合理性。马克思主义生态伦理中的劳动是人的本质与自然本质的统一。人类在从自然界获得物质资源的同时必须将废弃物处理好以保证自然新陈代谢的正常进行。马克思主义认为人的劳动并不仅仅为了生存，而是为了人的本质的实现，人的自由而全面的发展。人的自由而全面的发展体现了人的本质与自然的本质的统一，对作为能动主体的人而言，是自然的人化与人的自然化的统一。人化自然与人的自然化是一个历史的具体的过程，二者相互影响辩证统一。人化自然是在自然之中体现人的本质，是通过人体现自然的本质，人是人与自然生态伦理关系中能动的主体。人与自然本质的统一有赖于人性的发展和完善。劳动是人与自然之间的中介，人性的完善在生态伦理中是通过劳动的完善得以体现的。人类通过体现生态本质的劳动对自然承担道德责任。人对自然的生态伦理责任并不是出于对宇宙万物的仁慈，而是体现人的自然化的人性完善的必然结果。

马克思主义生态伦理中的劳动是自由与必然的辩证统一，必然所体现的是劳动作为人类生存和发展的必然手段，自由所体现的是劳动作为目的性活动相对于自然所获得的解放。劳动的目的是人的自由全面的发展，是相对于自然的解放，而人的解放必然实现自然的解放。人相对于自然的自由是通过劳动实现的。劳动所要克服的障碍就是人外在的自然以及人自身的自然，劳动的本质是人自我实现的手段。只有通过劳动人才会获得在自然面前的自由。虽然人与自然是生态伦理的主体，但是二者之中人具有主观能动性。自然的生态伦理主体地位是人赋予价值的逻辑意义上的主体，自然本身并不能从人那里获得自身的解放。奴役自然使其不能充分展示本性的是人，只有人充分认识到人与自然本质和谐统一的道德合理性，才能够通过真正意义上的劳动实现人与自然的双重解放。

① 《1844 年经济学哲学手稿》，人民出版社，2000 版，第 57～58 页。

马克思认为："事实上，自由王国只是在由必需和外在目的规定要做的劳动终止的地方才开始；因而按照事物的本性来说，它存在于真正物质生产领域的彼岸。像野蛮人为了满足自己的需要，为了维持和再生产自己的生命，必须与自然进行斗争一样，文明人也必须这样做；而且在一切社会形态中，在一切可能的生产方式中，他都必须这样做。这个自然必然性的王国会随着人的发展而扩大，因为需要会扩大；但是，满足这种需要的生产力也会扩大。这个领域内的自由只能是：社会化的人，联合起来的生产者，将合理地调节他们和自然之间的物质变换，把它置于他们的共同控制之下，而不让它作为盲目的力量来统治自己；靠消耗最小的力量，在最无愧于和最适合于他们的人类本性的条件下来进行物质变换。但是不管怎样，这个领域始终是一个必然王国。在这个必然王国的彼岸，作为目的本身的人类能力的发展，真正的自由王国，就开始了。但是，这个自由的王国只有建立在必然王国的基础上，才能繁荣起来。"①恩格斯指出："一旦社会占有了生产资料，商品生产就被消除，而产品对生产者的统治也将随之消除。社会生产内部的无政府状态将为有计划的自觉的组织所代替，生存斗争停止了。于是，人才在一定的意义上最终脱离了动物界，从动物的生存条件进入真正人的生存条件。人们周围的、至今统治着人们的生活条件，现在却受到人们支配和控制，人们第一次成为自然界的自觉的和真正的主人，因为他们已经成为自己的社会结合的主人了。像人们自己的社会行动的规律一样，与人们相对立的规律，那时将被人们熟练地运用起来，因而将服从他们的统治。人们自己的社会结合一直作为自然界和历史强加给他们的东西同他们相对立，现在则变成了他们自己的行动了。一直统治着历史的客观的异己的力量，现在则处于人们自己的控制之下了。只是从这个时候起……由于人们使之作用的社会原因才在主要方面和日益增长的程度上达到他们所预期的结果。这是人类从必然王国进入自由王国的飞跃。"②

劳动在人类社会之中以生产的形式得以体现。马克思主义认为生产分为人的自身的生产、物质的生产以及意识和精神的生产。生育是人的自身的生产即种的繁衍，马克思将生育称之为他人生活的生产。这种人自身的生产所体现的是人作为自然物自身的自然。作为自身生产的生育是人类存在并进行生产的基本前提条件。人的自身的生产既具有自然性也具有社会性，既体现了人与自然的关系也体现了人与人之

①《马克思恩格斯全集》第25卷，人民出版社，1971年版，第926页。

②《马克思恩格斯全集》第20卷，人民出版社，1957年版，第307～308页。

间的关系。单纯的人的生育所体现的是种的繁衍，所体现的是人的自然属性；而人为地对生育进行控制则体现的是生育活动的社会性。物质生产是为了满足人的需要，人类不仅能够有选择地满足自己的需要，而且还不断地创造出新的需要。“已经得到满足的第一个需要本身、满足需要的活动和已经获得地位满足需要用的工具又引起了新的需要。这种新的需要的产生是第一个历史活动。”①不断产生的新需要促使人类不断在深度和广度上使自在的自然转化为人化的自然。马克思认为还存在着意识和精神的生产，精神生产也是人的需要的产物。这种生产“只是由于需要，由于和他人交往的迫切需要才产生的。”②就意识的产生而言，马克思认为最初意识只是“处于开始意识到自身的个人以外的其他任何其他物的狭隘联系的一种意识。”③最初人类对于自然是一种动物式的服从，人的精神还不能正确地反映人与自然，人与他人之间的关系。人与自然的关系体现为一种自然宗教。意识代替了本能，人才开始认识到并开始形成与自然之间的伦理关系。“意识才能真实地这样想象：它同对现存实践的意识不同的某种其他的东西；它不想象某种真实的东西而能够真实地想象某种东西。从这时候起，意识才能摆脱世界而去构造纯粹的理论、神学、哲学、道德等等。”④ “思想、观念、意识的生产最初是直接与人们的物质活动、与人们的物质交往，与现实生活的语言交织在一起。人们想象、思维、精神交往在这里还是人们物质行动的直接产物。表现在某一民族的政治、法律、道德、宗教、形而上学等的语言中的精神生产也是这样。”⑤生态伦理的形成不仅受到物质生产方式的影响，而且也受到民族传统的影响，具有各自的民族特色。

人的自身的生产、物质生产与意识和精神的生产不是相互孤立存在的，而是在生产力基础上的普遍联系的辩证统一。马克思指出：“这样，生命的生产……就立即表现为双重关系：一方面是自然关系，另一方面是社会关系……由此可见，一定的生产方式或一定的工业阶段始终是与一定的共同生活方式或一定的社会阶段相联系的，而这种共同生活方式本身就是生产力。”⑥马克思通过社会生产的理论解释了人与自然以及人与人之间的关系。“人们在生产中，不仅仅影响自然界，也相互

① 《马克思恩格斯全集》第3卷，人民出版社，1960年版，第32页。
② 《马克思恩格斯全集》第3卷，人民出版社，1960年版，第34页。
③ 《马克思恩格斯全集》第3卷，人民出版社，1960年版，第35页。
④ 《马克思恩格斯全集》第3卷，人民出版社，1960年版，第35页。
⑤ 《马克思恩格斯全集》第3卷，人民出版社，1960年版，第29页。
⑥ 《马克思恩格斯全集》第3卷，人民出版社，1960年版，第33页。

影响。他们只有以一定的方式共同生活和互相交换其活动，才能进行生产。为了进行生产，人们相互之间便发生一定的联系和关系，只有在这些社会联系和社会关系的范围内，才会有他们对自然界的影响，才会有生产。”①马克思主义认为劳动并不仅仅是人与自然之间的工具性关系。物质生产、精神生产以及人自身的生产普遍地、内在地辩证统一的交织在一起。这就意味着生态伦理并不仅仅表征着人与自然的关系，而且是以三者的生产作为基础和前提。

1.3 马克思主义生态伦理的基本原则

1.3.1 马克思主义生态伦理的阶级性原则

马克思通过历史唯物主义的方法对生态伦理进行了分析并得出结论，资本主义的生产方式及其内在的资本逻辑破坏了人与生态之间的固有平衡。资本主义的生产关系将利润作为生产的终极目标，并将生产过程中所产生的部分成本外化于自然之中。人与自然生态伦理关系的扭曲体现了在生产过程中人与人之间异化的社会关系。随着资本主义社会中人民群众对环境需求的日益强烈，资本主义国家将污染转嫁到发展中国家，并通过不合理的国际政治经济秩序将不合理的生态利益关系固定化，继而形成了当代的生态帝国主义。人与自然之间的关系所表征的是人与人之间的关系，实现人与自然之间伦理关系的解放首先必须实现人类自身的解放。以社会主义替代资本主义，逐步实现人的自由的全面发展是化解人与自然紧张关系的唯一选择。所以马克思主义生态伦理所体现的是全面发展的人与自然之间的伦理关系，而只有实现社会主义制度，消除现实社会中的人与人之间的不平等关系才能真正实现这种生态伦理。所以马克思主义生态伦理的正义性来源于社会主义取代资本主义实现人的解放的正义性。

马克思主义生态伦理的阶级基础是无产阶级。无产阶级不占有生产资料具有坚定的革命性，无产阶级通过无产阶级革命消除了由资本逻辑所造成的人与人之间的异化的同时，人与自然之间的异化随之消除。当无产阶级取得政权上升为统治阶级，

① 《马克思恩格斯全集》第 3 卷，人民出版社，1960 年版，第 69 页。

以公有制为主体的生产关系从制度上为马克思主义生态伦理的实现创造了条件。虽然在社会主义社会也可能会产生生态问题，产生人与自然之间生态伦理关系的扭曲。但是社会主义的生态问题与资本主义生态问题所产生的根源是不一样的。生态伦理关系所表征的是在生产过程中人与人之间的关系，资本主义制度下由私有制所造成的人与人之间的剥削关系是不可能根本克服的，其所产生的危机只能通过科学技术的发展缓解或通过不合理的生态帝国主义手段加以转嫁。而社会主义制度下由公有制所产生的人与人之间的关系是平等的，其所产生的生态问题可以通过社会主义制度的自我完善加以解决。同时无产阶级与社会化大生产的生产方式相联系，高度发展的生产力水平和高度的组织纪律性使无产阶级能够接受马克思主义生态伦理的基本原则并将其付诸实施。总之，无产阶级的先进性和阶级性保证了马克思主义生态伦理的先进性与现实性。

马克思和恩格斯赋予了生态伦理丰富的政治内涵，并将生态伦理的实现与共产主义制度的确立联系起来，因而马克思主义生态伦理的实现过程必然作为国际共产主义运动的一部分而存在。共产主义运动的终极目标是实现人的本质，即人的自由而全面的发展。资本主义的生产方式造成了人与自然关系的异化，从根本上阻碍了人的本质的实现。只有通过无产阶级革命以社会主义制度替代资本主义制度才能为马克思主义生态伦理的实现创造基本的制度前提。人的本质在社会实践中表现为人的“类本质”，“正是在改造对象世界中，人才真正地证明自己是类存在物。这种生产是人的能动的类生活。通过这种生产，自然界才表现为他的作品和他的现实。”[①]但是资本主义及其内在的资本逻辑所产生的异化劳动异化消费等社会异化严重阻碍了人的类本质的实现，继而也阻碍了体现类本质的人化的自然的实现。“人的类本质——无论是自然界，还是人的精神的类能力——变成人的异己的本质，变成维持他的个人生存的手段。异化劳动使人的自己的身体，以及在他之外的自然界，他的精神本质，他的人的本质同人相异化。”[②]资本主义制度从根本上产生了阻碍人与自然和谐伦理关系实现的诸多异化因素，取代资本主义制度成为了实现马克思主义生态伦理的前提，因而马克思主义生态伦理也就与无产阶级革命紧密地联系起来。共产主义是马克思主义生态伦理实现的制度前提，而社会主义作为共产主义的初级阶段将是马克思主义生态伦理逐步实现的过程。这是一个不以人的主观意志为转移

① 《马克思恩格斯全集》第 42 卷，人民出版社，1979 年版，第 96 页。

② 《马克思恩格斯全集》第 42 卷，人民出版社，1979 年版，第 97 页。

的历史过程。人与自然之间曾经存在过的异化关系不是被废除的，而是自然消除的。随着剥削的消灭、国家的消除，对人的管理被对物的管理所取代，一切阻碍人与自然和谐的伦理关系的因素都自然地消除了。人与自然实现了真正的统一。“共产主义，作为完成了的自然主义，等于人道主义，而作为完成了的人道主义，等于自然主义，它是人和自然界之间、人和人之间的矛盾的真正解决，是存在和本质、对象化和自我确认、自由和必然、个体和类之间斗争的真正解决。[①]马克思主义生态伦理作为无产阶级意识形态的有机组成部分，是世界无产阶级革命的必然结果。社会主义替代资本主义制度是不可避免的历史发展规律，马克思主义基于对人类历史的科学分析和展望总结出这一基本原理。尽管当今资本主义世界仍然保持着生命力，但是其内部所暴露出来的重重危机，已经昭示了资产阶级必然灭亡和无产阶级必然胜利的历史铁律。基于这一历史的铁律，马克思主义生态伦理的实现是历史的必然。

1.3.2 马克思主义生态伦理中实践的生态性原则

人类的物质生产是一个与自然进行物质变换的过程，这个过程一方面满足人类生存和发展的需要，另一方面也保障了自然本身的生态循环的正常进行。从自然中提取物质资料是人类的权利，而维持自然本身的生态循环则是人类的责任。马克思所提出的物质变换的观点，为生态伦理中的权利和义务奠定了理论前提。在人与自然进行物质变换的过程中人是具有主观能动性的主体，所以承担着生态伦理的全部责任。自然在生态伦理中的主体地位是人赋予的，物质交换必须在两个对等的主体间才能进行，自然是物质交换中的逻辑意义上的主体。因为将自然视为与人类同等的伦理主体是生态伦理成立的基本前提。尊重物质变换规律是马克思主义生态伦理的合理性尺度。

在人与自然进行物质变换的过程中体现了人类必须履行的生态伦理责任及其享有的生态权利。人类享有从自然界获得物质资料的权利，但是物质资料的获取是以消除劳动的异化为生态伦理合理性的前提，消除异化的劳动是从自然获得物质资料的道德前提。人类的生态义务是指人类有义务将生产和消费废弃物重新进入生态

① 《马克思恩格斯全集》第 42 卷，人民出版社，1979 年版，第 120 页。

新陈代谢的循环过程，人类对于自然的索取应该以生态的自然修复为限度，异化劳动的消除并不能自发地履行人对于自然的义务，人类生态义务的实现有赖于人的本质的充分实现。

自然在生态伦理之中虽然只是逻辑上的道德主体，但是一旦假定自然是与人类同等的伦理主体，自然就享有真实的权利并承担真实的义务，只不过自然的权利和义务必须通过人类来行使。自然的权利和义务与人的权利和义务是相对的，人的权利是自然的义务，而人的义务则是自然的权利。自然界有义务满足人类以非异化手段获取资源的权利，自然界也有权要求人类不断完善自己的本质以维护自然本身的特性。人与自然的生态权利和义务还具有量的内涵，也就是说人类生态权利增加获得更多的自然资源，就必须承担更大的生态义务；自然履行了向人类提供更多的自然资源的义务，就应该享有人类更多的保护和关爱。马克思主义生态伦理所体现的是人与自然之间权利和义务的统一。人与自然生态权利和义务的实现是通过非异化的劳动在物质变换的过程中体现的。

人与自然本质统一的目的是为了实现人的自由而全面的发展即人的解放，人与自然的统一消解了人与自然的对立也就使人获得了在自然面前的自由。人的自由的实现是马克思主义生态伦理的合法性依据。人的自由既体现为人在社会之中的自由，也体现为在生态之中的自由。人与自然生态权利与义务的实现是人类获得生态自由的基本前提，因为人的权利与义务和自然的义务与权利是相互对应的，所以人的自由的实现是自然自由实现的前提条件。这样就实现了生态伦理从自然向人的回归，马克思主义生态伦理并不是人为自然立法更不是自然为人立法，而是人为自身进行生态立法。马克思主义生态伦理就是为了实现人的自由和全面发展而确立的对待自然的伦理法则。人的自由作为马克思主义生态伦理的核心，体现了自由在生态伦理之中的绝对性和自主自律性。自由在生态伦理中的绝对性意味着人在自然面前有无限选择的可能性，人在生态伦理之中所体现的是一种真实的自愿的选择，这种选择通过劳动得以实现。异化的劳动是一种压迫，并不是人自愿的选择，所以被异化的劳动者并不应该对异化劳动承担生态伦理责任。责任是自由选择的结果，自由的选择产生生态伦理责任。而生态伦理责任必然要求对人的行为进行道德的约束，这也就产生了生态伦理的自主自律性。

人的生态伦理责任集中地体现为，合乎人的本质地利用和改造自然。人类之所以改造自然是因为原生态的自然虽然能够满足作为动物形态的人的需求，却不能满足作为人的自由发展的需要。人类对于自然的改造利用是一种目的性的创造活动，是人类自由自觉的活动，是人类从自然中逐步获得解放的过程。马克思指出："劳动过程结束时得到的结果，在这个过程开始时就已经在劳动者表象中存在着，即已经观念地存在着。他不仅使自然物发生形式变化，同时他还在自然物中实现自己的目的，这个目的是他所知道的，是作为规律决定着他的活动的方式和方法的，他必须使他的意志服从于这个目的"[①]马克思认为人类的劳动是一种目的性的活动，劳动是否具有伦理上的合理性与劳动的目的具有直接的关系。劳动目的的合理性是劳动道德合理性的基本前提。因为人化自然的劳动是人类自由自愿的选择，所以人类当然要为这种选择承担责任，这就构成了生态伦理之中生态责任的合法性来源。

劳动的目的决定着人类生态伦理的合理性。马克思明确反对将劳动的目的仅仅设定为人类的生存需要："吃、喝、生殖等等，固然也是真正的人的机能。但是，如果加以抽象，使这些机能脱离人的其他活动领域并成为最后的和唯一的终极目的，那它们就是动物的机能。"[②]如果人的生存是人类劳动的唯一目的，人的本质就与动物没有区别，劳动必然会蜕变为异化的劳动。马克思认为人类"通过实践创造对象世界，改造无机界，人证明自己是有意识的存在物……"[③]人通过劳动展示自己的本质，在劳动中实现了人类不同于动物的目的性选择。劳动的根本目的是为了实现人的本质，实现人的自由全面的发展。

改造自然界是为了实现人的本质，人化自然的过程就是人的本质对象化的过程。马克思指出："一方面为了使人的感觉成为人的，另一方面为了创造同人的本质和自然的本质的全部丰富性相适应的人的感受，无论从理论方面还是从实践方面来说，人的本质的对象化都是必要的。"[④]只有最合乎人的本质的实践才会对象化出一个体现人与自然本质和谐统一的美好的自然。异化的劳动造成了扭曲的人性，扭曲的人性又以异化的劳动作为手段造成了生态的异化，消解劳动的异化是马克思主义生态伦理实现的首要路径。

合乎人的本质的生态伦理指导下的劳动体现出真善美的内涵。在改造自然的实践中，必须以合乎自然本质的规律来进行，而对自然本质的认识是一个对客观真理

① 《资本论》第 1 卷，人民出版社，1995 年版，第 202 页。

② 《1844 年经济学哲学手稿》，人民出版社，2000 年版，第 55 页。

③ 《1844 年经济学哲学手稿》，人民出版社，2000 年版，第 55 页。

④ 《1844 年经济学哲学手稿》，人民出版社，2000 年版，第 88 页。

不断追求的过程，这体现出马克思主义生态伦理“真”的内涵。马克思主义生态伦理还体现“善”的内涵。马克思主义反对抽象的不变的人性，认为人是社会关系的总和，是一个发展的历史的具体的过程。所以可以认为一切推动了人的本质的实现有利于人的自由而全面发展的实践就是善，反之就是恶。实现人的本质的对象化，就是在人化自然的过程中体现出善的内涵。马克思对人的本质的理解并没有脱离外界的自然因素，马克思将自然理解为人的无机的身体。人的本质是社会关系的总和，人与自然的关系同人的社会关系是相互表征的，从这个角度上讲人的本质和自然的本质是内在统一的。人的本质同自然的本质的统一就是马克思主义生态伦理中的“善”，这种善的实现是人的本质完善的必然结果，而这种“善”实现的社会条件就是共产主义社会。马克思指出：“共产主义……是通过人并且为了人而对人的本质的真正占有……这种共产主义，作为完成了的自然主义=人道主义，而作为完成了的人道主义=自然主义，它是人与自然之间、人和人之间的矛盾的真正解决。”①马克思明确指出人的本质的实现具有人道主义和自然主义的双重内涵。马克思主义生态伦理还体现出 “美”的内涵。马克思指出：“人懂得……把内在的尺度运用到对象上去；因此，人也按照美的规律来构造。”②马克思主义的美学思想具有鲜明的实践性，实践中美的实现必须消解劳动的异化超越功利主义的生产和消费。美是对自然的欣赏体现了人的本质与自然本质的统一，而不是对自然贪婪地占有。同时只有将人从自然的必然性盲目支配下解放出来获得自由，生态伦理中美的内涵才能真正实现。美超越动物性，是对人的本质的不懈追求的实现。马克思主义生态伦理主张改造利用自然必须与人的本质相一致，主张以真善美的内涵实现人与自然的和谐统一。

1.3.3 马克思主义生态伦理中实践的正当性原则

人对于生态的需求是历史的、具体的，而不是普遍的、抽象的。人的生态需求包括：人的生存需求、发展需求、审美需求等。这些生态需求都必须依赖自然而存在。“像野蛮人为了满足自己的需要，为了维持和再生产自己的生命，必然与自然进行斗争一样，文明人也必须这样做；而且在一切社会形态中，在一切可能的生产

① 《1844年经济学哲学手稿》，人民出版社，2000年版，第81页。

② 《1844年经济学哲学手稿》，人民出版社，2000年版，第58页。

方式中，他都必须这样做。”[①] 个人的存在需要“各种自然条件——地质条件、地理条件、气候条件以及人们所遇到的其他条件。”[②]劳动创造了人本身，而自然是劳动的基本前提。一方面自然提供了人生存需要的资料，另一方面自然为劳动创造了基本前提，使人不断地产生出新的需要并创造出满足这种需要的手段。“没有自然界，没有感性的外部世界，工人就什么也不能创造。它是工人用来实现自己的劳动，在其中展开劳动活动，由其中生产出和借以生产出自己的产品的材料。但是自然界一方面在这样的意义上给劳动提供生活资料，即没有劳动加工的对象，劳动就不能存在。另一方面，自然界也在更狭隘的意义上提供生活资料，即工人本身的肉体生存所需的资料。”[③]

人类的生态需求具有道德和生态意义上的合理性。一方面，人作为具有生命力、自然力和能动性的自然存在物，其生命力和自然力能动地表现为天赋和才能，而这些天赋和才能必然地形成人的欲望。人和动植物一样具有受动性，他的欲望是其自身之外的不取决于其主观愿望的客观存在。所以人的需求是能动而有限的，但是这种有限性因为能动性又体现为具体的和历史的特征。也就是说，随着生产力的发展和社会的发展会不断涌现出新的需求，而人的能动性又会不断地制造出满足这些需求的手段和工具。马克思指出：“人直接地是自然存在物。人作为自然存在物，而且作为有生命的自然存在物，一方面具有自然力、生命力、是能动的自然存在物；这些力量作为天赋和才能，作为欲望存在于人身上；另一方面，人作为自然的、肉体的、感性的、对象性的存在物，和动植物一样，是受动的、受制约的和受限制的存在物，也就是说，他的欲望的对象是作为不依赖于他的对象而存在于他之外的；但这些对象是他的需要的对象。”[④]但是人类需求的满足并不是无限的，人类最终一定被迫地服从自然发展的规律，这也是人作为自然物不以意志为转移的客观规律。

人需要的满足是在人与自然的新陈代谢的过程中实现的，新陈代谢过程体现了人与自然作为生态伦理主体的物质交换过程，这个过程是通过人的能动性以劳动为中介完成的。人相对于动物具有普遍性，所谓普遍性是指更加普遍地适应自然、利用自然的特性，而这种普遍性的基础就是劳动。以劳动为中介，人与自然的新陈代

①《马克思恩格斯全集》25卷，人民出版社，1972年版，第926页。
②《马克思恩格斯全集》第3卷，人民出版社，1960年版，第23页。
③《马克思恩格斯全集》第42卷，人民出版社，1979年版，第92页。
④《马克思恩格斯全集》第42卷，人民出版社，1979年版，167页。

谢一方面体现在人类内化自然，也就是将直接利用自然作为生活资料满足生存的基本需要；另一方面是外化自然也就是人化自然，将自然作为人的无机的身体，满足人类更高层次的需要。只要在不破坏这种新陈代谢的前提下满足人的需求，就具有生态伦理的正当性。马克思指出，“无论是在人那里还是在动物那里，类生活从肉体方面来说就在于人（和动物一样）靠无机界生活，而人比动物越有普遍性，人赖以生活的无机界的范围就越广阔。从实践领域来说，（植物、动物、石头、光等等）这些东西也是人的生活和人的生活的一部分。人在肉体上只靠这些自然产品才能生活，不管这些产品是以食物、燃料、衣着的形式还是以住房等等的形式表现出来。在实践上，人的普遍性表现在把整个自然界——首先作为人的直接的生活资料，其次作为人的生命活动的材料、对象和工具——变成人的无机的身体。自然界，就它本身不是人的身体而言，是人的无机的身体。人靠自然界生活。也就是说，自然界是人为了不致死亡而必须与之不断交往的人的身体。”①

资本主义生产方式及其制度不具有生态伦理的正当性是因为一方面它没有满足广大无产阶级的正当需要，甚至剥夺了工人阶级最基本的生态需求；另一方面，资本主义的生产方式造成了严重的污染，破坏了人与自然之间正常的新陈代谢。所以马克思认为资本主义的生产方式违背自然性的同时丧失了道德的合理性。马克思指出：“……光、空气等等，甚至动物的最简单的爱清洁习性，都不再成为人的需要了。肮脏，人的这种腐化堕落，文明的阴沟，成了工人的生活要素。完全违反自然的荒芜，日益腐败的自然界成了他的生活要素。”②造成生态伦理扭曲的不仅是资本主义的生产方式，而且还包括无处不在的资本逻辑，资产阶级的经济学充分体现了资本逻辑。“国民经济学这门关于财富的科学，同时又是关于克制、穷困和节约的科学，而实际上它甚至要人们把对新鲜空气或身体运动的需要都节省下来……”。③资本主义具有内在的反生态性。

马克思明确指出，受肉体需要支配的生产所满足的是人生存的基本需求，而不受基本生存资料局限的生产才是真正的生产。人的生产是全面的，可以不受肉体需要的支配地再生整个自然界。美是人类生产的规律，这种美所体现的是超越生存资料生产的物质和精神创造。以美为规律的生产当然也赋予了自然美的内涵，也使人

① 《马克思恩格斯全集》第 42 卷，人民出版社，1979 年版，第 95 页。
② 《马克思恩格斯全集》第 42 卷，人民出版社，1979 年版，第 133 页。
③ 《马克思恩格斯全集》第 42 卷，人民出版社，1979 年版，第 135 页。

类对自然产生了审美的需要。马克思指出："诚然，动物也生产。它也为自己营造巢穴或住所，如蜜蜂、海狸、蚂蚁等。但是动物只生产它自己或它的幼仔所直接需要的东西；动物的生产是片面的，而人的生产是全面的；动物只是在直接的肉体的需要的支配下生产，而人甚至不受肉体需要的支配也进行生产，并且只有不受这种需要的支配时才进行真正的生产；动物只生产自身，而人再生整个自然界……动物只是按照它所属的那个种的尺度来进行生产，而人却懂得按照任何一个种的尺度来进行生产，并且懂得怎样处处都把内在的尺度运用到对象上去；因此人也按照美的规律来生产。"①

自然是艺术的对象，是以美的规律进行创造的素材，是人类的精神食粮。马克思用"人的精神的无机界"来形容作为人类审美对象的自然界。马克思指出："从理论领域说来，植物、动物、石头、空气、阳光等等，一方面作为自然科学的对象，一方面作为艺术的对象，都是人的意识的一部分，是人的精神的无机界，是人必须实现进行加工以便享用和消化的精神食粮。"②经典作家本人也亲身地感受到自然的美，并乐于享受这种美，自然美所体现的是自然的审美价值和人类审美需求的结合。恩格斯写道："大自然是宏伟壮观的，为了从历史的运动中脱身休息一下，我总是满心爱慕地奔向大自然。"③自然具有审美价值，人类同样也具有审美的需求，审美是自然和人类共同的本质的体现。而在现实中，异化的阶级关系和劳动造成了人的审美能力的缺失，也阻碍了自然的美的本质的体现。所以必须在自然中实现人的本质，自然的人化过程一方面恢复了被异化所遮蔽的人的审美能力，另一方面进行体现自然本质的与人的本质相一致的美的创造。马克思指出："忧心忡忡的穷人甚至对最美丽的景色都没有什么感觉；贩卖矿物的商人只看到矿物的商业价值，而看不到矿物的美和特性；他没有矿物学的感觉。因此，一方面为了使人的感觉成为人的，另一方面为了创造同人的本质和自然界的本质的全部丰富性相适应的人的感觉，无论从理论还是从实践方面来说，人的本质的对象化都是必然的。"④

---

①《马克思恩格斯全集》第 42 卷，人民出版社，1979 年版，第 97 页。

②《马克思恩格斯全集》第 42 卷，人民出版社，1979 年，第 95 页。

③《马克思恩格斯全集》第 39 卷，人民出版社，1979 年版，第 63 页。

④《马克思恩格斯全集》第 42 卷，人民出版社，1979 年版，第 126 页。

1.3.4 马克思主义生态伦理中的代际平等原则

劳动是人与自然的中介，这种中介不承认阶级差别，也不承认代际差别。在排除自然因素的前提下，以同样的劳动方式、同样的强度进行同样时间的劳动，应当从自然界获得同样的劳动产品。这体现为以劳动为中介的代际的生态平等。这是马克思主义生态伦理中代际平等的重要理论来源。“生产者的权利是和他们提供的劳动成比例的；平等就在于以同一的尺度——劳动来计量。但是，如果一个人在体力或智力上胜过另一个人，以此在同样时间内提供较多的劳动，或者能够劳动较长的时间；而劳动，为了要使它能够成为一种尺度，就必须按照它的时间或强度来确定，不然它就不成其为尺度了。这种平等的权利，对不同等的劳动来说是不平等的权利。它不承认任何阶级差别，因为每个人都像其他人一样只是劳动者。”①马克思主义认为矛盾是普遍存在的，人类的历史在矛盾中存在和发展。“一切历史冲突都根源于生产力和交往形式之间的矛盾。”② “历史不外是各个时代的更替。每一时代都利用以前各代遗留下来的材料、资金和生产力；由于这个缘故，每一代一方面在完全改变了的条件下继续从事先辈的活动，另一方面又通过完全改变了的活动来改变旧的条件。”③任何历史的发展阶段，人类都会面对上一代所遗留的生产力、资金和环境作为发展的客观条件。“预先规定新一代的生活条件，使它得到一定的发展和具有特殊的性质。”④

生产方式是社会发展的决定性力量。在任何一代人的发展中，特定的社会物质环境，其中包含经过人的实践改造的自然环境以及社会环境和思想文化等构成了的特定历史阶段的人的发展的物质基础。所以每一代人都具有充分实现人的本质，实现人的自由全面发展的权利。而人化的自然是最重要、最具有决定性的物质基础。在人与自然的生态伦理关系中，人具有主体性。“生产力与交往形式的关系就是交往形式与个人的行动或活动的关系（这种活动的基本形式当然是物质活动，它决定

① 《马克思恩格斯选集》第 3 卷，人民出版社，2012 年版，第 364 页。
② 《马克思恩格斯全集》第 3 卷，人民出版社，1960 年版，第 83 页。
③ 《马克思恩格斯全集》第 3 卷，人民出版社，1960 年版，第 51 页。
④ 《马克思恩格斯全集》第 3 卷，人民出版社，1960 年版，第 43 页。

一切其他的活动。”[①]“交往形式的联系就在于：已成为桎梏的旧交往形式被适应于比较发达的生产力，因而也适应于更进步的个人自主活动方式的新交往形式所代替；新的交往形式又会成为桎梏，然后又为别的交往形式所代替。”[②]每一代人的自主活动所形成的人化的自然又成为下一代人所必须承受的生产力及环境。打破旧有桎梏的动力之中包含着人对更高的自主活动，更高层次满足的追求。个人对人的本质的实现体现在以革命的方式，对生产力总和的占有。马克思主义认为：“只有完全失去了自主活动的现代无产者，才能够获得自己充分的、不受限制的自主活动，这种自主活动就是对生产力总和的占有以及由此而来的才能总和的发挥。”[③]只有无产阶级才能够彻底摆脱以往生态伦理的局限性，实现人与自然之间和谐的生态伦理关系。

人类史从某种意义上讲，也可以认为是代际传承的历史。人类史与自然史相互制约也就决定了生态伦理必然会涉及代际关系。“历史可以从两方面来考察，可以把它划分为自然史和人类史。但是这两方面是密切相连的；只要有人存在，自然史和人类史就彼此互相制约。”[④]马克思、恩格斯对费尔巴哈的客观自然主义进行了批判，通过批判表达马克思主义视野中的代际关系。马克思主义认为人类的感性世界是社会发展、工业和商业往来的结果，前一代的工业和交往方式是下一代发展的基础。人与自然的关系所体现出的是一种代际传承的关系。“（费尔巴哈）没有看到，他周围的感性世界绝不是某种开天辟地以来就直接存在的、始终如一的东西，而是工业和社会状况的产物，是历史的产物，是世世代代的结果，其中每一代都在前一代所达到的基础上继续发展前一代的工业和交往方式，并随着需要的改变而改变它的社会制度。甚至连最简单的感性确定性的对象也是由于社会发展、由于工业和商业往来才提供给他的。大家知道，樱桃树和几乎所有的果树一样，只是数世纪以前依靠商业的结果才在我们这个地区出现。”[⑤]人的需要具有代际传承的历史性，人对于自然的开发利用也具有代际传承的历史性。每一代人因为所处的发展阶段不同对生态的需求是不同的，而自然因为所处的发展阶段不同对每一代人的影响也有所不

① 《马克思恩格斯全集》第 3 卷，人民出版社，1960 年版，第 80 页。
② 《马克思恩格斯全集》第 3 卷，人民出版社，1960 年版，第 81 页。
③ 《马克思恩格斯全集》第 3 卷，人民出版社，1960 年版，第 76 页。
④ 《马克思恩格斯全集》第 3 卷，人民出版社，1960 年版，第 20 页。
⑤ 《马克思恩格斯全集》第 3 卷，人民出版社，1960 年版，第 48 页。

同。每一代人都为下一代人提供了满足其需要的条件，这体现为特定的生产力的总和，它规定了下一代发展的基础和性质。“历史的每一阶段都遇到有一定的物质结果、一定数量的生产力总和，人和自然以及人与人之间在历史上形成的关系，都遇到有前一代传给后一代的大量生产力、资金和环境，尽管一方面这些规定新的一代的生活条件，使它得到一定的发展和具有特殊的性质。”①

1.3.5 马克思主义生态伦理中科技的工具性原则

在马克思主义生态伦理之中，科技具有明确的工具属性。也就是说，科技本身并不是生态伦理的主体，而科技所属的阶级或人才是科技正义与否的决定性因素。马克思对资本主义制度下科技对于生态影响的评价，实际上是对资本主义的生产方式以及资产阶级的生态伦理评价。资本主义制度其本身内在的反生态性决定了资本主义生产方式下科技的反生态性。而共产主义制度以及共产主义制度下人的自由全面发展，则从根本上保障了科技的生态性。而在共产主义制度实现之前，科技应用的伦理底线是不破坏生态本身的新陈代谢，尊重自然规律维护生态平衡。新陈代谢理论是马克思主义生态伦理的重要内容，马克思认为人类的生产就是与自然进行物质交换的过程。生产的过程是人化自然的过程，也是人在生产中体现自然本质的过程。所以人在生产的过程中充分地体现自然性，人的生产才具有生态伦理的合理性。马克思认为既然人的生产是一个与自然新陈代谢的过程，那么生产的过程中就不应该产生污染自然的废物，所产生的应该是能够被自然界重新分解利用的排泄物。生产所产生的排泄物，正如人和动物所产生的排泄物一样是自然新陈代谢的必要环节。马克思指出：“我们指的是生产排泄物，即所谓的生产废料在转化为同一个产业部门或另一个产业部门的新的生产要素；这是这样一个过程，通过这个过程，这种所谓排泄物就在回到生产从而消费（生产消费或个人消费）的循环中。”②

马克思将人所产生的排泄物分为人的排泄物和消费品的残留，而生产排泄物是指工业和农业的废料。资本主义的生产方式造成了自然的新陈代谢过程的断裂，继而造成了严重的污染和浪费。马克思指出，“我们所说的生产排泄物，是指工业和农业的废料；消费排泄物则部分地指人的自然的新陈代谢所产生的排泄物，部分地

①《马克思恩格斯全集》第3卷，人民出版社，1960年版，第43页。

②《马克思恩格斯全集》第25卷，人民出版社，1974年版，第95页。

指消费品消费以后残留下来的东西。因此，化学工业在小规模生产时损失掉的副产品，制造机器时废弃的但又作为原料进入铁的生产的铁屑等等，是生产排泄物。人的自然排泄物和破衣碎布等等，是消费的排泄物。消费排泄物对农业来说最为重要。在利用这些排泄物方面资本主义经济浪费最大，如 450 万人的粪便，就没有什么好的处理方法，只好花很多钱来污染泰晤士河。”[①]

科学技术的进步和机器的改良有助于发现生产和消费性废物新的有用的性质和利用形式，继而真正将生产和消费残余废物变为生产的排泄物，使生产和消费的过程成为自然新陈代谢的有机组成部分。马克思指出，“机器的改良，使那些在原有形式上本来不能利用的物质，获得一种在新的生产中可以利用的形式：科学的进步，特别是化学的进步，发现了那些废物的有用性质。”[②]马克思充分肯定科学技术在人与自然关系中的作用，自然科学以异化的形式成为了人类生活的基础。在马克思生活的时代工业是科技的集中体现，马克思认为工业是人的本质的展示。也就是说虽然以异化的形式，但是工业有力地推动了人化自然的过程，对人类而言现实的自然是人类社会产生过程中的自然，是人化的自然。即使存在着异化的形式，科学技术在人与自然关系中仍然具有十分重要的地位。

科学技术的发展本身有助于生态伦理的和谐。新科技的应用有助于节约劳动，使劳动者有时间实现自身的自由发展；新科技的应用还有助于节约能源和资源，在满足人类需求的同时减少对资源能源的消耗和对生态的破坏。马克思指出：“近十五年来，特别是近四年来，冷凝式蒸汽机的操作方式已经有了一些极为重要的改变……结果是……同样的机器可以完成大得多的工作量，而煤耗量却显著减少。”[③]“总之，有了完整的工厂设备和改良的机器，我少算些，也节省了百分之十的劳动，并且还大大节省了动力、煤炭、机油、油脂、传送轴、皮带等等。”[④]虽然科学技术的应用有助于和谐的生态伦理关系的实现，对科学技术的最终控制的是资本。科学技术的使用并不是为了更好地满足人的合理需求以及在生产的同时实现人与自然的和谐。资本的最终目的是攫取利润，当科学技术成为资本的工具的时候，它必然会带有明确的资本属性，继而具有明确的反生态性。

---

① 《马克思恩格斯全集》第 25 卷，人民出版社，1974 年版，第 117 页。

② 同上。

③ 《马克思恩格斯全集》第 25 卷，人民出版社，1971 年版，第 113 页。

④ 《马克思恩格斯全集》第 25 卷，人民出版社，1971 年版，第 116 页。

马克思认为科学技术本身有助于生态和谐。但是当科学技术处于资本的控制之下的时候，科学技术的发展仅仅是掠夺自然和劳动者技巧的进步而已。资本主义生产方式造成了自然与劳动者的双重压迫，造成了人与自然生态伦理关系的紧张。人与自然异化的伦理关系根本原因不是劳动者与自然的关系，而是资本主义的生产方式。马克思以农业为例分析了资本主义生产方式——科技所造成的异化的生态伦理。资本主义小土地所有制造成了劳动的异化，大土地所有制对农业科技的应用造成了自然的异化，而工商业资本的介入与科技相结合更进一步加剧了人与自然关系的异化过程。马克思指出：资本主义生产方式的小土地所有制和大土地所有制"前者更多地滥用和破坏劳动力，即人类的自然力；而后者更直接地滥用和破坏土地的自然力，那么，在以后的发展过程中，二者会携手并进，因为农村的产业制度也使劳动者精力衰竭，而工业和商业则为农业提供各种手段，使土地日益贫瘠。"①恩格斯指出了资本主义制度下科技应用所造成的人与自然扭曲的伦理关系在生态方面的表现：地力耗损、森林消失、气候变化等。"惊人的经济变化必然带来一些现象：地力耗损——如在美国；森林消失——如在英国和法国；目前在德国和美国也是如此；气候变化，江河淤浅在俄国大概比其他任何地方都厉害。"②北美洲"南部的大地主用他们的奴隶和掠夺性的耕作制度耗尽了地力。"③

马克思主义认为资本主义制度下科技的创新与应用完全服从于资本的需要。马克思以林业为例，分析了资本主义生产方式与马克思主义生态伦理不能兼容的根本原因。林业所体现的自然性与资本属性是相悖的，资本的目标是在尽可能短的周转期内取得尽可能的利润，而林业需要漫长的资本周期。资本主义生产关系中异化的生态伦理关系没有体现自然性，并使这种自然性在人的发展中得以充分的体现，因而是扭曲的。马克思指出："生产过程需要很长的时间，它超出了私人经营的计划范围，又是甚至超出了人的寿命期限。……漫长的生产时间（只包括比较短的劳动时间），从而漫长的资本周转期间，使造林不适合私人经营，因而也不适合资本主义经营。资本主义经营本质上就是私人经营，即使有联合的资本家代替单个资本家，也是如此。文明和产业的整个发展，对森林的破坏从来就起很大的作用，对比之下，

① 《马克思恩格斯全集》第 25 卷，人民出版社，1974 年版，第 917 页。

② 《马克思恩格斯全集》第 38 卷，人民出版社，1974 年版，第 365 页。

③ 《马克思恩格斯全集》第 20 卷，人民出版社，1971 年版，第 192 页。

对森林的护养和生产，简直不起作用。”[①]因为无利可图当然资本家也就不会对林业科技进行开发和推广。而对于资本主义制度下大规模的农业生产必须借助于工业化的科技手段，而无政府化的生产使科技的应用助长了生态的灾难。对于农业而言，资本主义生产方式下生产资料私人占有所造成的生产无政府化，必然造成土地的荒芜。马克思指出：“耕作如果自发地进行，而不是有意识地加以控制……接踵而来的就是土地荒芜，像波斯、美索不达米亚等地以及希腊那样……资产者当然想不到这一点。”[②]在马克思所处的时代，资本主义在拓展其势力范围的过程中，自然资源是丰富而且可以无偿掠夺的。所以自然资源不是资本的价值要素。资本主义的生产方式通过加强对劳动者的剥削程度来加强对自然的掠夺。对自然的掠夺是资本的直接需求也是资本本性的充分体现，资本主义发展的历史证明科技在开发自然方面创新和推广最为迅速。

实现科技生态伦理化的前提是消除生产的无政府状态，实现有计划的生产。有计划的生产能够合理调节人与自然之间关系，将自然置于生产者联合组成的社会的控制之下，在与自然物质交换的过程中充分体现人的本质。马克思指出：“社会化的人，联合起来的生产者，将合理地调节他们和自然之间的物质变换，把它置于他们共同的控制之下，而不让它作为盲目的力量来统治自己；靠消耗最小的力量，在最无愧于和适于他们的人类本性的条件下进行这种物质变换。”[③]共产主义制度以及全面发展的人才能实现科技与生态的和谐。

①《马克思恩格斯全集》第24卷，人民出版社，1960年版，第272页。

②《马克思恩格斯全集》第32卷，人民出版社，1974年版，第530页。

③《马克思恩格斯全集》第25卷，人民出版社，1974年版，第926页。

第 2 章
马克思主义相关经典论述的思想史解读

马克思和恩格斯并没有论述生态伦理的专门作品，他们的生态伦理思想主要是在对人与自然的关系以及对道德等问题的论述中得以表达。断章取义的截取和解释无助于科学全面地理解马克思主义生态伦理。要科学全面准确地理解马克思主义生态思想首先必须对相关论述进行全面的思想史的系统梳理。只有通过对马克思主义经典著作中所体现的生态伦理思想进行系统全面的思想史解读，才能够科学地构建马克思主义生态伦理。

2.1 自然辩证法中相关经典论述的生态伦理解读

恩格斯在《自然辩证法·导言》之中并没有仅仅把自然看作是人类所利用的物质资源，而是将人视为自然的一部分从整体上探讨了自然的属性。恩格斯首先明确指出，自然的本质特征是运动，这是自然性的基本特征。“新的自然观的基本点是完备了：一切僵硬的东西融化了，一切固定的东西消散了，一切被当作永久存在的特殊东西变成了转瞬即逝的东西，整个自然界被证明是在永恒的流动和循环中运动着。”[①]恩格斯指出包括人类在内的自然不是从来就有的，也不是永恒存在的，这一切都是物质在一定条件下运动的结果。恩格斯从科学的角度为人与自然之间的关系

① 《马克思恩格斯选集》第 3 卷，人民出版社，2012 年版，第 856 页。

奠定了唯物主义的基石。“拉普拉斯以一种至今还没有人超过的方式详细地证明了，一个太阳系如何从一个单独的气团中发展起来……当行星有了一层硬壳并且在它的表面上有了积水的时候……它的大气层变成我们现在所理解的意义下的气象现象的活动场所，它的表面成为地质变化的活动场所，在这些地质变化中，大气层的雨雪所起的淤积作用，比起从炽热流动的地心出来的慢慢减弱的作用就愈来愈占优势。”①如果作为物质的自然界能够成为生态伦理的主体，就必须假定自然界和人类一样具有自我意识，而自然界自我意识的内容就是自然性。恩格斯明确指出自然界可以具有自我意识，这种自我意识通过人类得以表达。“最后，如果温度降低到至少在相当大的一部分地面上不高过能使蛋白质生存的限度，那么在其他适当的化学先决条件下，有生命的原生质便形成了。也许经过了多少万年，才造成了可以进一步发展的条件，这种没有定型的蛋白质能够由于核与膜的形成而产生第一个细胞。但是，随着这第一个细胞的产生，整个有机界的形态的基础也产生了……从最初的动物中，主要由于进一步的分化而发展出无数的纲、目、科、属、种的动物，最后发展出神经系统获得最充分发展的那种形态，即脊椎动物的形态，而最后在这些脊椎动物中，又发展出这样一种脊椎动物，在它的身上自然界达到了自我意识，这就是人。”②

因为人能够认识并应用自然规律，所以自然的本性通过人得以表达。而违背自然规律，则是违背了自然的自我意识，则受到惩罚。恩格斯描述了人类从单细胞进化为人类的过程，人类进化过程中的每一步都充分地体现出自然界的规律。人成为人的过程，就是自然界在人的每一步发展中展现自身的过程。恩格斯指出：“经过多少万年之久的努力，手和脚的分化，直立行走，终于确定下来了，于是人就和猿区别开来，于是音节分明的语言的发展和头脑的巨大发展的基础就奠定了，这就使得人和猿之间的鸿沟从此成为不可逾越的了。手的专门化意味着工具的出现，而工具意味着人所特有的活动，意味着人对自然界进行改造的反作用，意味着生产。狭义的动物也有工具，然而这只是它们的躯体的四肢，蚂蚁、蜜蜂、海狸就是这样；动物也进行生产，但是它们的生产对周围自然界的作用在自然界面前只等于零。只有人才给自然界打上自己的印记，因为他们不仅变更了植物和动物的位置，而且也改变了他们所居住的地方的面貌、气候、他们甚至还改变了植物和动物本身，使他

①《马克思恩格斯选集》第 3 卷，人民出版社，2012 年版，第 857 页。

②《马克思恩格斯选集》第 3 卷，人民出版社，2012 年版，第 858 页。

们活动的结果只能和地球的普遍死亡一起消失……正因为是工具，归根结底还是要依靠手。但是随着手的发展，头脑也一步一步发展起来，首先产生了对个别实际效益的条件的意识，而后来在处境较好的民族中间，则由此产生了制约着这些效益的自然规律的理解。随着对自然规律的知识的迅速增加，人对自然界施加反作用的手段也增加了；如果人的脑不随手，不和手一起，不部分地借助于手相应地发展起来的话，那么单靠手是永远造不出蒸汽机的。”①

恩格斯对人与自然关系的分析不仅是唯物的，而且是辩证的。人在进化过程中自然充分展示了自身的意识，人的进化过程是人性与自然性的统一。但是人类不仅仅反映自然性，而且具有社会性。人是社会关系的总和，基于不同生产关系的社会关系对人性与自然性之间的关系产生不同的影响。恩格斯认为资本主义的生产关系造成了人与自然的异化，使自然不能在人身上体现出自然性，也使人不能通过自然实现自身的本性。资本主义的生产关系将自然状态下动物进化过程中的生存斗争引入了人类社会。恩格斯指出：“有了人，我们就开始有了历史。动物也有一部历史，即动物的起源和逐步发展到现在这个样子的历史。但是这部历史是人替它们创造的，如果说它们自己也参与了创造，这也不是它们所知道和希望的。相反地，人离开狭义的动物愈远，就愈是有意识地自己创造自己的历史，不能预见的作用、不能控制的力量对这一历史的影响就愈小，历史的结果和预订的目的就愈加符合。但是，如果用这个尺度来衡量人类的历史，即使衡量现代最发达的民族的历史，我们就会发现：在这里，预订的目的和达到的结果之间还总是存在着非常大的出入，不能预见的作用占了优势，不能控制的力量比有计划发动的力量强得多。只要人的最重要的历史活动，使人从动物界上升到人类并构成人的其他一切活动的物质基础的历史活动，满足人的生活所需要的生产，即今天的社会生产，还被不可控制的力量的无意识的作用所左右，只要人所希望的目的只是作为例外才能实现，而且往往得到恰恰相反的结果，那么上述情形是不能不如此的。我们在最先进的工业国家中已经降服了自然力，迫使它为人民服务；这样我们就无限地增加了生产，使得一个小孩在今天所生产的东西，比以前100个成年人所生产的还要多。而结果又怎样呢？过度劳动日益增加，群众日益贫困，每十年一次大崩溃。达尔文并不知道，当他证明经济学家当做最高历史成就加以颂扬的自由竞争、生存斗争是动物界正常状态的时

①《马克思恩格斯选集》第3卷，人民出版社，2012年版，第859页。

候，他对人们特别是他的本国人做了多么辛辣的讽刺。”[①]

恩格斯认为共产主义的社会生产能够在社会关系方面将人从其他动物中提升出来，也就是使人成为人，实现人的本质。恩格斯提出了影响生态伦理的两个关键因素，那就是一般生产和社会生产。一般生产是人在物种关系方面成为人，而社会生产使人在社会关系方面成为人。恩格斯指出：“只有一种能够有计划地生产和分配的自觉的社会生产组织，才能在社会关系方面把人从其余的动物中提升出来，正像一般生产曾经在物种关系方面把人从其余的动物中提升出来一样。历史的发展使这种社会生产的组织日益成为必要，也日益成为可能。一个新的历史时期将从这种社会生产组织开始，在新的历史时期中，人们自身以及他们的活动的一切方面，包括自然科学在内，都将突飞猛进，使以往的一切都大大地相形见绌。”[②]

恩格斯认为生态伦理体现了自然性和人性的辩证统一，这种统一通过一般生产和社会生产得以实现。人类对自然资源的合理利用体现了自然性，在利用自然的过程中也体现了人的本质的逐步完善。但从根本上讲，人作为自然的有机组成部分，人性不能脱离并超越自然性。人与自然的和谐并不是体现在人对自然界的臣服，人性与自然性的统一归根结底是服从自然性前提之下的统一。一切都是暂时的，永恒的只有自然性。恩格斯指出：“这是物质运动的一个永恒的循环，这个循环只有在我们的地球年代不足以作为量度单位的时间内才能完成它的轨道，在这个循环中，最高发展的实践，有机生命的时间，尤其是意识到自身和自然界生物的生命时间，正如生命和自我意识在其中发生作用的空间一样，是非常狭小短促的；在这个循环中，物质的任何有限的存在方式，不论是太阳或星云，个别的动物或动物种属，化学的化合或分解，都同样是暂时的，而且除永恒变化着、永恒运动着的物质以及这一物质运动和变化所依据的规律外，再没有什么永恒的东西。”[③]

虽然恩格斯认为，地球人的灭亡与其产生一样是自然性的必然体现，但能量守恒物质不变的定律决定了具有认识自然性思维能力的人类产生同样是必然性的体现。自然性从根本上决定了人性，认识并顺应自然规律是人成为人的基本前提也是永恒的使命。恩格斯指出：“但是，不论这个循环在时间和空间中如何经常地和如何无情地完成着，不论有多少百万个太阳和地球产生和灭亡，不论要经历多长时间

① 《马克思恩格斯选集》第 3 卷，人民出版社，2012 年版，第 860 页。

② 同上。

③ 《马克思恩格斯选集》第 3 卷，人民出版社，2012 年版，第 864 页。

才能在一个太阳系内而且只在一个行星上造成有机生命的条件，不论有无数的有机物一定产生和灭亡，然后具有能思维的脑子的动物界才从它们中间发展出来，在一个短时间内找到适于生活的条件，然后又残酷地被消灭，我们还是确信：物质在它的一切变化中永远是同一的，它的任何一个属性都永远不会丧失，因此，它虽然在某个时候一定以铁的必然性毁灭自己在地球上的最美的花朵——思维着的精神，而在另外的某个地方和某个时候一定又以同样铁的必然性把它重新产生出来。”[①]

生命观是生态伦理的重要内涵。生态伦理将自然作为与人同等的伦理主体，这就涉及人类与其他有生命生物的关系，也就是说，就生命本身而言是否人类与其他生命有所差异。作为自然的人而言，生命观的重要内涵是生死观。恩格斯认为生命是自然的一部分，必然要体现自然性，也就是必然要服从自然规律。生命是暂时的，而消亡是必然的，恩格斯彻底否定了一切灵魂不死的观点，从而彻底破除了生态伦理的宗教基础。恩格斯将生态伦理构建于辩证唯物主义的生命观之上。恩格斯指出：“生和死。今天不把死亡看作生命的重要因素、不了解生命的否定实质上包含在生命自身之中的生理学，已经不被认为是科学的了，以此，生命总是和它的必然结果，即始终作为种子存在于生命中的死亡联系起来考虑。辩证的生命观无非就是这样。但是，无论什么人一旦懂得了这一点，便会摒弃关于灵魂不死的任何说法。死亡或者是有机体的解体，除了组成有机体尸体的各种化学因素，什么东西也没有留下；或者还留下某种生命的本源，即某种或多或少地和灵魂相同的东西，这种本源不仅比人而且比一切活的有机体都活得更久。因此，在这里只要借助于辩证法简单地说明生和死的性质，就足以破除自古以来的迷信。生就意味着死。”[②]

生态伦理将自然与人类视为同等的道德主体，广义的生态伦理就不仅仅涉及人与自然，而是自然之中所有生物之间以及生物与生态之间的关系。恩格斯对以往片面的斗争观与合作观进行了批判，他认为斗争与合作的关系在自然之中是普遍存在的。恩格斯指出：“自然界中死的物体的相互作用包括和谐和冲突；活的物体的相互作用则既包括有意识的和无意识的合作，也包含有意识和无意识的斗争。因此，自然界中绝不允许单单标榜片面的斗争。但是想把历史的发展和错综复杂的全部多种多样的内容都总括在贫乏而片面的公式生存斗争中，这是十足的童稚之见。这简

① 《马克思恩格斯选集》第 3 卷，人民出版社，2012 年版，第 864 页。

② 《马克思恩格斯选集》第 3 卷，人民出版社，2012 年版，第 985 页。

直是什么也没有说。”[①]

恩格斯反对将达尔文生存斗争的学说作为生态伦理的准则，更反对将这一学说适用于人类社会。无论是生存斗争学说，还是社会达尔文主义都不是社会的永恒的自然规律，更不能作为生态伦理的基本准则。恩格斯指出：“达尔文的全部生存斗争学说，不过是把霍布斯一切人反对一切人的战争的学说和资产阶级经济学的竞争学说以及马尔萨斯的人口论从社会搬到生物界而已。变完这个戏法以后，要把这些理论从自然界的历史再搬回社会的历史，那是很容易的；而断定这样一来便证明这些论断是社会的永恒的自然规律，那就过于天真了。”[②]恩格斯随后阐述了达尔文生存斗争学说与社会达尔文主义不适用于人类社会的依据。人不同于动物，人能够社会地进行生产，而且这种生产与动物具有不同的目的，因而也就与自然发展了不同的关系。资本主义的生产方式以破坏和浪费自然的手段维持生产的平衡。恩格斯对资本主义的生产方式进行了生态伦理的批判，同时指出阶级社会发展的规律是阶级斗争，而解决危机的根本途径是社会主义革命。恩格斯指出：“但是为了分析论据，我们暂且承认生存斗争这个公式。动物所能做到的最多是搜集，而人则是从事生产，它制造最广义的生活资料，这是自然界离开了人便不能生产出来的。因此，把动物社会的生活规律直接搬到人类社会中来是不行的。一有了生产，所谓生存斗争便不再围绕着单纯的生存资料进行，而要围绕着享受资料和发展资料进行。在这里——在社会地生产发展资料的情况下——从动物界来的范畴完全不能应用了。最后，在资本主义生产方式下，生产达到这样的高度，以致社会不再能消费所生产出来的生活资料、享受资料和发展资料了，因为绝大多数生产者都被人为地和强制地同这些资料隔绝起来；因此，十年一次的危机不但毁灭生产出来的生活资料、享受资料和发展资料，而且毁灭生产力本身的一大部分，来求得平衡的恢复；因此，所谓生存斗争就采取了如下的形式；必须保护资产阶级的资本主义社会所产生出来的产品和生产力，使它们不受这个资本主义社会制度本身的毁灭性的破坏作用的影响，办法是从不能办到这一点的资本家统治阶级手中夺取社会生产和社会分配的领导权，并把它转交给群众——而这就是社会主义革命。把历史看作是一系列的阶级斗争，比起把历史单单归结为生存斗争的差异极少的阶段，就更有内容和更深刻得多了。”[③]

---

① 《马克思恩格斯选集》第 3 卷，人民出版社，2012 年版，第 986 页。

② 《马克思恩格斯选集》第 3 卷，人民出版社，2012 年版，第 987 页。

③ 同上。

2.2 人类进化进程相关经典论述的生态伦理解读

恩格斯详细论述了从猿到人的转变过程中，人与自然之间的关系是如何形成的，以人类学为基础、以历史唯物主义为方法，阐释了生态伦理的最初形态。作为还没有进化为人类的猿类同自然的关系与其他动物没有太大的区别，恩格斯写道："有些猿类用手在树林中筑巢，或者像黑猩猩一样在树枝间搭棚以避风雨。"①还没有进化为人类的猿对自然只是利用，猿类对自然的利用过程中猿与自然是不平等的，所体现的完全是对自然的顺从。手的发展和劳动开始了人与自然关系的全新阶段。"随着手的发展，随着劳动而开始的人对自然的统治，在每一个新的进展中扩大了人的眼界。他们在自然对象中不断发现新的、以往不知道的属性。"②劳动使猿进化为人，使人逐步摆脱了兽性，具有了人性，而且在劳动的过程中产生了语言。劳动不仅改变了人性而且改造了自然性，这种改变可以视为生态伦理的自然的历史的源头。恩格斯这样写道："语言是从劳动中并和劳动一起产生出来的。""在自然状态中，没有一种动物感觉到不能说话或不能听懂人的语言是一种缺陷。如果它们经过人的驯养，情形就完全不同了。狗和马在和人的接触中所养成的对于分音节的语言的听懂是这样的敏锐，以致它们在自己想象所及的范围内，能够容易地学会任何一种语言。此外，它们还获得了如对人的依恋、感谢等表现感情的能力，这种能力是它们以前所没有的。"③

劳动使猿进化为人，进而改变了生态的本性。在人类产生之前，动物处于生存斗争的需要会对其周边生态造成一定的甚至是毁灭性的破坏，但是这种破坏只是生态自我的循环过程能够自我修复恢复生态平衡。在人类介入之前，这种生态破坏性的循环与道德无关。这种可恢复性的破坏因为是自然生态规律的体现，可以看作是人类未干预之前自然的本性。但是动物对生态的破坏和对于资源的滥用促进了猿类身体结构的变化，为猿向人的进化创造了条件。在自然进化的过程中并不能认为对生态的破坏和资源的滥用是一种天然的善或天然的恶，因为在人类真正地成为人之前，这一切都与人类无关，自然也与伦理无关。恩格斯指出："人类社会区别于猿

①《马克思恩格斯选集》第3卷，人民出版社，2012年版，第989页。
②《马克思恩格斯选集》第3卷，人民出版社，2012年版，第991页。
③《马克思恩格斯选集》第3卷，人民出版社，2012年版，第991页。

群的特征又是什么呢？是劳动。猿群满足于把它们由于地理位置或由于抗拒了附近的猿群而分得的地区内的食物吃光。它们为了获取新的食物地区而进行迁徙和斗争，但是除了无意识地用自己的粪便来施肥，它们没有能力从这块食物地区得到比自然界所提供的更多的东西。一旦所有可能占据的食物地区都被占据了，猿类就不能再扩大繁殖了，动物的数目最多只能和往常一样。但是一切动物对食物都是非常浪费的，并且常常摧毁还在胚胎状态中的食物……毫无疑义，这种滥用资源有力地促进了我们的祖先转变成人。在智力和适应能力都比其他一切猿类高得多的一种猿那里，这种滥用资源必然造成的结果，是食料植物的数目越来越增大，食料植物中可食用的部分也越来越加多，总之，就是食物越来越复杂，因而输入身体内的材料也越来越复杂，而这些材料就是这种猿类变成人的化学条件。”①

随着生态破坏所造成的猿类自身化学条件的变化以及劳动所产生的打猎和捕鱼等新的生产方式，猿类在吃植物的同时也吃曾经作为自然界同等成员的其他生物，并使其他动物成为自己的仆役。但是恩格斯并没有从众生平等的道德角度对过渡过程中的半猿半人进行谴责，而是着重强调了吃肉对于人类进化和解放的重要作用。恩格斯指出：“但是打猎和捕鱼的前提，是从只吃植物转变到同时也吃肉，而这又是转变到人的重要一步。肉类食物几乎是现成地包含着为身体新陈代谢所必需的最重要的材料；它缩短了消化过程以及身体内其他植物性的即与植物生活相适应的过程的时间，因此赢得了更多的时间，更多的材料和更多的精力来过真正动物的生活。这种在形成中的人离植物界越远，他超出于动物界也就越高。正如既吃肉也吃植物的习惯，使野猫和野狗变成人的奴仆一样，既吃植物也吃肉的习惯，大大地促成了正在形成中的人的体力和独立性。”②

肉类食物导致了火的使用和动物的驯养，新的生产方式进一步造成了对于其他动物的猎取和役使。这种新的生产方式进一步造成了人类与其他生物的不平等地位，但是恩格斯将这种差异视为人的解放的新手段。恩格斯提出了人与自然关系的生态伦理的核心标准——人的解放。恩格斯写道：“肉类食物引起了两种新的有决定性意义的进步，即火的使用和动物的驯养。前者更加缩短了消化过程，因为它为口提供了可说是已经半消化了的食物；后者使肉类食物更加丰富起来，因为它和打猎一起开辟了新的更经常的食品来源，除此以外还提供了就养分来说至少和肉相等

①《马克思恩格斯选集》第 3 卷，人民出版社，2012 年版，第 993 页。

②《马克思恩格斯选集》第 3 卷，人民出版社，2012 年版，第 994 页。

的像牛乳及乳制品一类的新的食物。这样，这两种进步就直接成为人的新的解放手段。”①

人逐步从猿转变为人的过程，是人类逐步脱离兽性形成人性的过程。恩格斯从历史唯物主义的观点分析了这种转变，在这种转变中体现了人与生态之间的原始的关系，这是马克思主义生态伦理的逻辑起点。在恩格斯看来，生态伦理最原始的历史起点应该是动物的本能导致生态破坏，猿类被迫食用从未使用过的食物并造成体内化学成分变化的那一刻。人类首先是自然进化过程中的产物，自然相对于人类而言具有无可争议的先在性。在人类通过劳动改变并适应自然之后，人类人性增长的途径主要就不是自然进化，而是人类后天的生产方式。人类生产方式越发达，人类离开动物也就越远。人类的发展实际上是与其他动物越来越不平等的过程。恩格斯指出：“正如学会了吃一切可以吃的东西一样，人也学会了在任何气候下生活。人分布在所有可以居住的地面上，人是唯一能独立自主地这样做的动物。其他的动物，虽然也习惯于各种气候，但不是独立自主地，而正是跟着人学会这样做的，例如家畜和寄生虫就是这样。从原来居住的总是一样炎热的地带，迁徙到比较冷的，在意见中分成冬夏两季的地带后，就产生了新的需要；需要有住房和衣服来抵御寒冷和潮湿，需要有新的劳动领域以及由此而来的活动，这就使人离开动物越来越远了。”②

人与其他生物的关系是生态伦理的重要内涵。恩格斯承认自然进化过程中以及人类发展过程中所形成的人与其他动物的不平等地位。改变自然界是所有生物的共性，但并不是人与其他动物平等的逻辑基础。恩格斯指出：“正如我们已经指出的，动物通过它们的活动也改变外部自然界，虽然在程度上不如人所做的那样。我们也看到：由动物改变了的环境，又反过来作用于原先改变环境的动物，使它们变化。”③但是人与动物影响自然界最大的区别在于人具有经过思考的、有计划的主观能动性，而动物则不具备这些。恩格斯指出：“如果说动物不断地影响它周围的环境，那么，这是无意地发生的，而且对于动物本身来说是偶然的事情。但是人离开动物愈远，他们对自然界的作用就愈带有经过思考的、有计划的、向着一定的和事先知道的目标前进的特征。动物在消灭某一地方的植物时，并不知道它们是在干什

① 《马克思恩格斯选集》第3卷，人民出版社，2012年版，第994～995页。

② 《马克思恩格斯选集》第3卷，人民出版社，2012年版，第995页。

③ 《马克思恩格斯选集》第3卷，人民出版社，2012年版，第996页。

么。人消灭植物，是为了在这块腾出来的土地上播种五谷、过着种植树木和葡萄，因为他们知道这样可以得到多倍的收获。”[①]恩格斯在上文提到，某些动物在与人的接触中随着语言的产生也逐步产生了与人类类似的感情，而且他也不否认某些哺乳动物有与人类类似的思考能力。但是动物仅仅是通过利用自然界而改变自然界，而人类是通过改造自然而支配自然。作为人类雏形的猿类与其他动物是平等的，而人类与其他动物则不具备平等的理由。恩格斯指出：“我们并不想否认，动物是具有从事计划的、经过思考的行动的能力的。相反地，凡是有原生质和有生命的蛋白质存在和其反应，即完成某种即使是由外面的一定刺激所引起的极简单运动的地方，这种有计划的行动，就已经以萌芽的形式存在着。这种反应甚至在还没有细胞的地方，就已经存在着。食虫植物捕食食物的方法，虽然完全是无意识的，但在某一方面也表现出是有计划的。动物从事有计划的行动的能力和神经系统的发展相应地发展起来了。而在哺乳动物那里则达到了已经相当高的阶段。在英国猎狐的时候，每天都可以观察到狐是怎样正确地运用它关于地形的丰富知识来躲避它的追踪者，怎样出色地知道和利用一切有利的地势来中断它的踪迹。在我们的那些由于和人类相处而又比较高度的发展的家畜中间，我们每天都可以观察到一些和小孩的行动具有同等程度的机灵的行动。……但是一切动物的一切有计划的行动，都不能在自然界打下它们的意志的印记。这一点只有人才能做到。”[②]“一句话，动物仅仅利用外部自然界，单纯地以自己的存在来使自然界改变；而人则通过他所做出的改变来使自然界为自己的目的服务，来支配自然。这便是人同其他动物的最后的本质的区别，而造成这一区别的还是劳动。”[③]劳动创造了人本身，劳动也最终改变了人与动物之间的关系，使动物成为了人类支配利用的对象。这具有历史发展的合理性。恩格斯强调了人与动物之间的差异并不是为人类肆意践踏动物的权利制造合法性理由，而是为了强调人是高于自然界中的其他生物，人能够认识自然规律，因而对自然必须承担道德责任。其他的动物不能认识自然规律，因而他们对其破坏生态的行为不负道德责任。

---

①《马克思恩格斯选集》第 3 卷，人民出版社，2012 年版，第 996 页。

②《马克思恩格斯选集》第 3 卷，人民出版社，2012 年版，第 997 页。

③《马克思恩格斯选集》第 3 卷，人民出版社，2012 年版，第 998 页。

2.3 人类社会发展相关经典论述的生态伦理解读

恩格斯在《家庭私有制和国家起源》一文中全面系统地以人类学的史料论证了人类社会从野蛮时代到文明时代的发展。在对这一过程的描绘中，系统地体现了马克思主义经典作家对人与自然关系及其伦理内涵的基本观点。马克思主义认为人是现实的、历史的、具体的人，将自然纳入到整个人类历史的实践活动中去。"……全部历史是为了使人成为感性认识的对象和使人成为人的需要成为(自然的、感性的)需要而做准备的发展史。历史本身是自然史的即自然界成为人这一过程的一个现实部分。自然科学往后将包括人的科学，正像关于人的科学包括自然科学一样：这将是一门科学。人是自然科学的直接对象。"①"人也有自己的产生活动即历史，但历史是在人的意识中反映出来的，因而它作为产生活动是一种有意识地扬弃自身的产生活动。历史是人的真正的自然史。"②

2.3.1 蒙昧时代人与自然的生态伦理关系

恩格斯从人类蒙昧时代的低级阶段开始，首先论述了从猿到人过渡状态期间初具人类生理特征的原始人与自然的关系。在此阶段这种过渡阶段的猿人主要是从事搜集，而不是生产，语言也刚刚处于萌芽的状态。所以这种猿人严格意义上讲，并不是人，因为它们还没有制造出哪怕是最简单的石器。这种原始的猿人还谈不上生态伦理，因为它们并不是真正意义上的人，它们就是自然。它们体现出的是自然性，而不是人性。在人类真正产生之前，自然对于人类不具有意义，自然也就不具有道德内涵。恩格斯指出："这是人类的童年。人还住在自己最初居住的地方，即住在热带的或亚热带的森林中。他们至少是部分地住在树上，只有这样才可以说明，为什么他们在大猛兽中间还能生存。他们以果实、坚果、根茎作为食物；分节语的产生是这一时期的主要成就。在有史时期所知道的一切民族中，已经没有一个是处在这种原始状态的了。虽然这一状态大概延续了好几千年之久，但我们却不能根据直接的证据去证明它；不过，既然我们承认人是起源于动物界的，那么，我们就不能

① 《马克思恩格斯全集》第42卷，人民出版社，1979年版，第128页。

② 《马克思恩格斯全集》第42卷，人民出版社，1979年版，第362页。

不承认这种过渡状态了。”①

在蒙昧时代的低级阶段，因为过渡时期的猿人仍然没有完全脱离动物界，所以在某种程度上仍然像动物一样完全顺从自然。正在过渡为人的猿人此时具有完全的自然性，它本身就是无意识的自然的体现。在自然进化的过程中猿人逐渐具备了人初始的生理特征，这是自然选择的产物。也就是说，自然使猿成为具备自然性的生理的人。当这种生理人制造出最初的最粗陋的打制石器的时候，他们就开始逐步脱离自然界，逐步形成人性。自然性是人性的物质基础，人的社会性逐步的发展完善也正是人性逐步发展完善的过程。人类逐步脱离自然界，但是永远不能脱离自然性，人是自然性与人性的辩证统一。人类的发展过程正是逐步认识并实践自然性的过程。恩格斯指出在蒙昧时代的中级阶段，人类逐步掌握了用火和石器制造，人类开始了从搜集转变为生产的过程。恩格斯认为人类具有主观的能动性，具有探索自然的欲望同时生产工具发展又使人类具备了探索自然的能力。劳动成为中介人类与自然的媒介，劳动使人类逐步脱离了自然界。恩格斯指出：“从采用鱼类（虾类、贝壳类及其他水栖动物都包括在内）作为食物和使用火开始。这两者是互相联系着的，因为鱼类食物，只有用火才能做成完全可吃的东西。而自从有了这种新的食物以后，人们便不受气候和地域的限制了；他们沿着河流和海岸，甚至在蒙昧状态中也可以散布在大部分地面上。石器时代早期的粗制的、未加磨制的石器，即所谓旧石器时代的石器（这些石器完全属于或大部分属于这一阶段）遍布于一切大陆上，这就是这一移居的证据。新移居的地带，以及不断的活跃的探索欲，加上掌握了摩擦取火的本领，就提供了新的食物：在热灰和烧穴（地灶）中煨烤的淀粉质的根茎和根块，以及随着最初武器即棍棒和标枪的发明而间或取得的附加食物——猎物。像书籍中所描写的纯粹的打猎民族，即专靠打猎为生的民族，是从未有过的；靠猎物来维持生活，是极其靠不住的。由于食物来源经常没有保证，在这个阶段上大概发生了食人之风，这种风气，后来保持颇久。”②

人类与自然这种伦理意义上的关系从人类产生就一直存在，但这个时期的人类很显然并不具有伦理观念。恩格斯提到这个时期的食人之风，这种习俗说明人类并没有完全形成自我的观念，甚至将同类视为可以食用的同伴而已。人在这时还并不具有完全意义上的人性，人性真正意义上的形成始于社会萌芽的出现。社会萌芽的

①《马克思恩格斯选集》第 4 卷，人民出版社，2012 年版，第 30 页。

② 同上。

出现是随着劳动手段的丰富和生产工具的发展，随着弓箭甚至陶器的出现，人类食物的来源日益多元化和稳定化，于是开始了定居出现了村落。社会使人日益成为人。因为一切都是公有的，劳动没有出现异化。劳动使人在自然界中不断内化为人，同时也使人通过外化体现为自然性，也就是对自然规律的认识与实践。从生态伦理角度讲，人与自然形成了原始的统一。但是由于生产力水平相对低下，人类主要仍然是为了生存而生产，所以这种统一仍然是低层次的统一。恩格斯这样描述蒙昧时代的高级阶段："从弓箭的发明开始。由于有了弓箭，猎物变成了日常的食物，而打猎也成了普通的劳动部门之一。弓、弦、箭已经是很复杂的工具，发明这些需要长期积累的经验和较发达的智力，因而也要同时熟悉其他许多发明。如果把已经知道弓箭，但还不知道制陶术的各民族，彼此对照一下，我们的确就可以看到，已经有定居而成村落的某些萌芽，以及对生活资料生产的某种程度的掌握，如：木质的容器和用具，用木质纤维做成的手工织物（没有织机），用树皮或芦苇编成的篮子，以及磨制的（新石器时代）石器。火和石斧通常已经使人能够制造独木舟，有的地方已经使人能够用木材和木板来建筑房屋了。例如，在美洲西北部的印第安人中间，我们就可以看到这一切进步，这些印第安人虽然已经使用弓和箭，但还不知道制陶术。弓箭对于蒙昧时代，正如铁剑对于野蛮时代和火器对于文明时代一样，乃是决定性的武器。"①在蒙昧时代，人类主要从事采集活动，生产工具的局限影响了人对自然的开发。

2.3.2 野蛮时代人与自然的生态伦理关系

随着人类对自然规律认识的逐步深入，人类进入了野蛮时代。人类在劳动过程中通过协作，人与人之间形成了初步的社会关系。随着对自然适应能力的增强，人类活动区域不断扩大，形成了定居的村落。人类初步的社会关系决定了人类初步的人性特征。而人类通过劳动将自己的意志施加于自然界，改造自然界，这就是人类自身的对象化过程。人化自然的过程是随着劳动工具的进步与社会性的日益强化而逐步深化的。人化自然的程度从根本上讲取决于人化自身的程度，也就是人的本质的自我实现的程度。恩格斯认为野蛮时代的低级阶段从制陶开始，制陶技术的发展

---

①《马克思恩格斯选集》第 4 卷，人民出版社，2012 年版，第 31 页。

可以使人类比较远地离开水源居住，扩大了人类活动的范围。人类在这个时期开始了驯养、繁殖动物，种植植物，也就是能够初步地认识自然性并将自身与自然性相统一，这种统一标志着人类解放的过程。同时因为东西半球自然条件不同，影响了人类社会的模式。恩格斯指出："从学会制陶术开始。可以证明，在许多地方，也许是在一切地方，陶器的制造都是由于在编制的或木质的容器上涂上黏土使之能够耐火而产生的。在这样做时，人们不久便发现，成型的黏土不要内部的容器，也可以用于这个目的。在此以前，我们可以把发展过程看作是一般的，适用于一定时期的民族，不管他们所生活的地域如何。但是，随着野蛮时代的到来，我们达到了这样一个阶段，这时两大陆的自然条件上的差异，就有了意义。野蛮时代的特有的标志，是动物的驯养、繁殖和植物的种植。东大陆，即所谓的旧大陆，差不多有着一切适于驯养的动物和除一种以外一切适于种植的谷物；而在西大陆，即美洲，在一切适于驯养的哺乳动物中，只有羊驼一种，并且只是在南部某些地方才有；而在一切可种植的谷物中，也只有一种，但是最好的一种，即玉蜀黍。由于自然条件的这种差异，两个半球上的居民，从此以后，便各自循着自己独特的发展道路，而表示各个阶段的界标在两个半球也就各不相同了。"①

自然界是人类进行生产实践的物质基础，人类对于自然界的规律也就是自然性的认识决定了人类最初的生活方式和原始的社会形态。东西半球在自然形态上高度差异，东西半球野蛮时代中期人类的生存状态表征了当时人类对自然的认识程度以及人与自然的关系。野蛮时代的中期在西大陆从农业开始，而在东大陆从牧业开始。这两种不同的生产方式又决定了人类对于自然产生了不同的影响。恩格斯指出："在东大陆，是从驯养家畜开始，在西大陆，是从靠灌溉之助栽培食用植物以及在建筑上使用干砖和石头开始的。……我们先从西大陆说起，因为在这里，在美洲被欧洲人征服以前，无论什么地方，都还没有越过这个阶段。……处于野蛮时代低级阶段的印第安人（凡是住在密西西比河以东的都属于这种印第安人），到他们被发现的时候，已经知道在园圃里种植玉蜀黍，可能也知道种植南瓜、甜瓜及其他园圃植物的某种方法，这些东西构成了他们食物的极为重要的部分；他们住在木造的房子里，村落用木栅栏围起来。西北各部落，特别是住在哥伦比亚河流域的各部落，尚处于蒙昧时代的高级阶段，他们既不知道陶器的制造，也不知道任何植物的种植。反之，

①《马克思恩格斯选集》第 4 卷，人民出版社，2012 年版，第 32 页。

新墨西哥的所谓普韦布洛印第安人，以及墨西哥人、中美洲人和秘鲁人，当他们被征服时，已经处于野蛮时代中级阶段；他们住的房屋是用干砖或石头建成的，类似城堡，并且在人工灌溉的园圃内种植玉蜀黍和其他各种依所住地区和气候而不同的食用植物，这些东西是他们食物的主要来源，他们甚至已经驯养了若干种动物：墨西哥人饲养吐绶鸡及其他禽类，秘鲁人饲养羊驼。而且他们还知道了金属的加工——唯有铁除外，因此他们还仍然不得不使用石制的武器和工具。西班牙人的征服打断了他们的任何进一步的独立发展。在东大陆，野蛮时代的中级阶段是从驯养供给乳和肉的动物开始的，而植物的种植，这里在这一时期似乎很久还不知道。牲畜的驯养和繁殖以及较大规模的畜群的形成，看来是使雅利安人和闪米特人从其他的野蛮人群众分离出来的原因。”①

在人类早期决定人与自然关系的主要因素是生产工具以及生产方式的进步。而生产工具和生产方式的每一步发展都取决于人类对自然的本质，即自然性的理解程度。在人类人性形成与发展的初期，这个过程是自然向人类内化的过程，也就是自然性内化为人性的过程。而人类对自然界的改造则是人性相对于自然界的外化的过程。人类在蒙昧时代，只能在森林区域进行采集和简单的渔猎活动，而在野蛮时代随着谷物作为饲料的种植，东半球的人类开始了游牧。随着生产的发展，人对于自身的认识也逐步深化，同类已经逐步不再成为食物，而是献给神的祭品。这种对神的人祭也反映了人与自然的关系，表达了人对于自然性的神秘和敬畏，人与自然在此时不是平等的主体。恩格斯指出：“畜群的形成，在适于畜牧的地方导致了游牧生活；闪米特人在幼发拉底河和底格里斯河的草原上，雅利安人在印度以及沿奥克苏斯河及雅克萨尔特河、顿河和德涅伯河的平原上。动物的驯养，最初大概是在这些牧区的边缘上实行的。因此，后人便以为游牧民族是起源于这样一些地方，这些地方实际上不仅根本不能成为人类的摇篮，而且相反地，对于蒙昧时代的人类祖先，甚至对于处于野蛮时代低级阶段的人们，都几乎是不适于居住的。反之，自从这些处于中级阶段的野蛮人习惯于游牧生活以后，再也不会想到从水草丰美的河谷自愿回到他们的祖先居住过的森林区域去了。甚至当闪米特人和雅利安人继续被挤向北部和西部的时候，要不是他们已经能够通过谷物的种植在亚洲西部和欧洲的森林地带这种不大适宜的土壤上养活他们的牲畜，特别是在这里过冬，那他们也是不会移

---

①《马克思恩格斯选集》第4卷，人民出版社，2012年版，第32～33页。

居这里的。十分可能，谷物的种植在这里首先是由牲畜饲料的需要所引起的，只是到了后来，才成为人类食物的重要来源。雅利安人和闪米特人这两个人种的比较好的发展，或许应归功于他们丰富的肉乳食物，特别是这种食物对于儿童发育的优良影响。的确，不得不差不多专以植物为食的新墨西哥的普韦布洛印第安人，他们的脑子比那些处于野蛮时代低级阶段而吃肉类和鱼类较多的印第安人的脑子要小些。不管怎样，在这个阶段，食人之风已在逐渐消失，仅仅当作一种宗教活动或魔法仪式而保存着。”①

铁矿的冶炼和文字的发明标志着人类进入到野蛮时代的高级阶段。在这个阶段，出现了大量的铁质生产工具，人类开发自然的能力大大加强。人类已经不仅仅是为了生存而生产，人类的生活日益丰富，文学艺术建筑等等开始初步繁荣。在野蛮时代的高级阶段，人类由于对自然性认识的逐步深入，以及自身人性的逐步发展，人类获得了空前的解放。这种解放体现在人类在自然界中获得了更多自由，而这种自由是人性与自然性和谐统一的体现。恩格斯这样描绘了人类所获得的空前的解放：“从铁矿的冶炼开始，并由于文字的发明及其应用于文献记录而过渡到文明时代。这一阶段，前面已经说过，只是东半球才独立经历过，其生产的进步，要比过去一切阶级的总和还要来的丰富。完善的铁器、风箱、手磨、陶工的辘轳、榨油和酿酒、转为手工艺的发达的金属加工、货车和战车、用圆木和木板造船、作为艺术的建筑术的萌芽、由设雉堞和炮楼的城墙围绕起来的城市、荷马的史诗以及全部神话——这就是我们把凯撒甚至塔西佗对日耳曼人的技术跟这种成就做一比较，便可看出，野蛮时代在生产的发展上已取得如何丰富的成就。”②

恩格斯认为从蒙昧时代经过野蛮时代最后达到文明时代的开端，发展过程的根本特征是生产。中介着人类与自然的生产劳动，决定着人与自然的关系。而这种生产劳动发展的程度也决定着人类相对于自然界获得自由的程度，也表征着人类认识以及实践自然性的程度。恩格斯指出：“蒙昧时代是以采集现成的天然产物为主的时期；人类的制造品主要是用作这种采集的辅助工具。野蛮时代是学会经营畜牧业和农业的时期，是学会靠人类的活动来增加天然产物生产的办法的时期。文明时代是学会对天然产物进一步加工的时期，是真正的工业和艺术产生的时期。”③

---

①《马克思恩格斯选集》第 4 卷，人民出版社，2012 年版，第 33 页。

②《马克思恩格斯选集》第 4 卷，人民出版社，2012 年版，第 34 页。

③《马克思恩格斯选集》第 4 卷，人民出版社，2012 年版，第 35 页。

恩格斯论述了从蒙昧时代到野蛮时代人类与自然的关系，这体现在生产工具的进步与天然产物之间的关系。这个过程是人性逐步形成以及逐步与自然性相统一的过程。但是人是社会关系的总和，对人与自然的伦理关系产生影响的还有人的社会性。恩格斯随即对人类社会组织的形成和发展对人与自然伦理关系的影响进行了论述。恩格斯指出，与蒙昧时代中高级阶段和野蛮时代低级阶段相对应社会形态是氏族。在氏族成员内部人与人是平等的，也就是说每个人对于自然的关系也是平等的。恩格斯指出："在氏族制度内部，权利和义务之间还没有任何差别；参加公共事务，实现血族复仇或为此接受赎罪，究竟是权利还是义务这种问题，对印第安人来说是不存在的；在印第安人看来，这种问题正如吃饭、睡觉、打猎究竟是权利还是义务的问题一样荒谬。同样，部落和氏族分为不同的阶级也是不可能的。这就使我们不能不对这种社会状态的经济基础加以研究了。"①

这个时期的氏族是原始共产主义的形态。这个时期人与自然之间的关系呈现出以下特征：人口极其稀少；男女之间产生纯粹的自然分工，各自拥有生产工具，是各自活动领域的主人；家庭经济共产制。在原始共产主义时期，人与人之间不存在着异化，人与自然之间也不存在着异化。人的劳动是实现自身本质的手段，人性与自然之间存在着自发的原始的统一与和谐。恩格斯这样描绘人与自然之间最初的黄金时代："人口是极其稀少的；只有在部落的居住地才是比较稠密的，这种居住地周围，首先是一片广大的狩猎地带，其次是把这个部落同其他部落隔离开来的中立的防护森林。分工是纯粹自然产生的；它只存在于两性之间。男子作战、打猎、捕鱼，获取食物的原料，并制作为此所必需的工具。妇女管家，制备食物和衣服——做饭、纺织、缝纫。男女分别是自己活动领域的主人，男子是森林中的主人，妇女是家里的主人。男女分别是自己所制造的和使用的工具的所有者：男子是武器、渔猎用具的所有者，妇女是家庭用具的所有者。家庭经济是共产制的，其中包括几个：如房屋、苗圃、小船。这样，在这里而且也只有在这里，才真正存在着文明社会的法学家和经济学家所捏造的自己劳动所得的财产——现代资本主义所有制还依恃的最后的虚伪的法律依据。"②

① 《马克思恩格斯选集》第 4 卷，人民出版社，2012 年版，第 174～175 页。

② 《马克思恩格斯选集》第 4 卷，人民出版社，2012 年版，第 175 页。

2.3.3 进入阶级社会后人与自然的生态伦理关系

很显然，人类与自然之间短暂的和谐的生态伦理关系并不是所谓的绝对的道德律令的产物，而是特定社会发展阶段的必然产物。在特定的社会形态的经济基础上，人性与自然性形成了暂时的平衡。既然这种暂时理想的生态伦理是特定经济基础的产物，它也必然被经济基础的变化所打破。这体现了历史唯物主义的基本原理，恩格斯并没有为这种生态伦理黄金时代的逝去感到惋惜，而是将其视为历史发展的必然结果。恩格斯指出："但是，人并不是到处都停留在这个阶段。在亚洲，他们发现了可以驯养和在驯服后可以繁殖的动物。野生的雌水牛，需要去猎取；但已经驯服的牛，每年可以生一头小牛，此外还可以挤奶。有些最先进的部落——雅利安人、闪米特人、也许还有图兰人，其主要的劳动部门起初就是驯养牲畜，只是后来才是繁殖和看管牲畜。游牧部落生产的生活资料，不仅比其余的野蛮人多，而且也不相同。同其他野蛮人比较，他们不仅有数量多得多的牛乳、乳制品和肉类，而且有兽皮、绵羊毛、山羊毛和随着原料增多而日益增加的纺织物。这就第一次使经常的交换成为可能。……游牧部落用来同他们的邻人交换的主要物品是牲畜；牲畜变成了一切商品都用它来估价并且到处乐于同它交换的商品——一句话，牲畜获得了货币的职能。"[①]随着人类对自然性认识的加深，人性自身也在进一步发展，人类产生了比以往更多的需要，因为生产的发展使人类能够满足这些需要。随着产品的剩余，生产不再仅仅是满足生存的需要。人对于自然的要求从生存发展到满足多层次的需要，为了满足这些需要，自然成为了商品，牲畜成为了最初的货币。人与自然的关系发生了分裂，人性与自然性发生了生态伦理意义上的冲突。

恩格斯仍然首先肯定了技术进步对人与自然关系发展的决定性作用，在此期间最重要的发明是织布机和冶金。社会大分工促进了生产的增加，生产的增加使劳动力成为稀缺资源，通过战争掠夺奴隶，产生了奴隶制。第一次社会大分裂的后果所带来的是人与自然关系的大分裂，这也体现为生态伦理关系中人性与自然性的第一次大分裂。恩格斯指出："园圃种植业大概是野蛮低级阶段的亚洲人所不知道的，但它在哪里作为农田耕作的先驱而出现不迟于中级阶段。在图兰平原的气候条件

---

① 《马克思恩格斯选集》第 4 卷，人民出版社，2012 年版，第 176 页。

下，没有供漫长而严寒的冬季用的饲料储备，游牧生活是不可能的；因此，牧草栽培和谷物种植，在这里就成了必要条件。黑海以北的平原，也是如此。但谷物一旦作为家畜饲料而种植，它很快也就成了人类的食物。耕地仍然是部落的财产，最初交给氏族使用，后来由氏族交给家庭公社使用，最后便交给个人使用；他们对耕地或许有一定的占有权，但是更多的权利是没有的。在这一阶段的工业成就中，特别重要的有两种。第一是织布机；第二是矿石冶炼和金属加工。……一切部门——畜牧业、农业、家庭手工业中生产的增加，使人的劳动力能够生产出超过维持劳动力所必需的产品。同时，这也增加了氏族、家庭或个体家庭的每个成员所担负的每日的劳动量。吸收新的劳动力成为人们向往的事情了。战争提供了新的劳动力：俘虏变成了奴隶。第一次社会大分工，在使劳动生产率提高，从而使财富增加并且使生产场所扩大的同时，在既定的总的历史条件下，必然地带来了奴隶制。从第一次社会大分工中，也就产生了第一次社会大分裂，即分裂为两个阶级：主人和奴隶、剥削者和被剥削者。"[①]第一次社会大分裂的后果使自然从实现人的本质的手段，成为了剥削者占有的私有财产；劳动从满足人的需求的手段，成为了奴隶主享乐的来源。劳动与自身相分离，人性与自然性相分离，劳动的异化造成了人与自然关系的异化。恩格斯并没有对这种异化进行道德的谴责，而是以历史唯物主义的方法进行了分析。

这也是自然与人伦理关系的第一次分裂。劳动是人与自然伦理关系中的关键性因素。日益异化的劳动决定了人与自然伦理关系的异化，而人的解放则是人与自然伦理关系解放的关键因素。男女劳动的分工也造成了生态伦理中性别的不平等，也就是说因性别差异导致男女对于自然生态承担着不同的权利和义务。女性和自然一样成为了受压迫的对象，生态伦理从最开始就与女性对男权主义的反抗紧紧联系在一起。男女在氏族繁荣时代的分工是自然形成的，体现了自然性；而男女在氏族解体时期的不平等的社会分工则是违背自然性的结果。劳动作为人类实现自我本质的手段，每个人由于生理差异所造成的差异并不应该造成劳动的不平等。男性由于其生理性特征的优势垄断了获得生产资料以及制造生产工具的权利，自然性成为了不平等的根源。生产的发展没有使劳动成为了解放的工具，反而造成了一部分社会成员的奴役。劳动没有合乎人性地中介人类和自然，自然性与人性发生了扭曲。恩格

①《马克思恩格斯选集》第 4 卷，人民出版社，2012 年版，第 177 页。

斯指出："至于畜群怎样并且在什么时候从部落或氏族的共同占有变为各个家庭家长的财产，我们至今还不得而知。不过，基本上，这一过渡一定是在这个阶段上发生的。随着畜群和其他新的财富的出现，在家庭中便发生了革命。谋取生活资料总是男子的事情，谋取生活资料的工具是由男子制造的，而且是他们的财产。畜群是新的谋取生活资料的工具，最初对它们的驯养和以后对它们的照管都是男子的事情。因此，牲畜是属于他们的；用牲畜换来的商品和奴隶，也是属于他们的。这是谋生所得的全部剩余都归了男子；妇女参加它的消费，但在财产中没有她们的份儿。粗野的战士和猎人，以在家中次于妇女而居第二位为满足，但比较温和的牧人，却依恃自己的财富挤上了首位，把妇女挤到了第二位。而妇女是不能抱怨的。家庭内的分工决定了男女财产的分配；这一分工仍然和以前一样，可是它现在仍然把迄今所存的家庭关系完全颠倒了过来，这纯粹是因为家庭以外的分工已经不同了。从前保证妇女在家中统治地位的同一原因——妇女只限于从事家务劳动，——现在却保证了男子在家中占统治地位：妇女的家务劳动现在同男子谋取生活资料的劳动比较起来已经失掉了意义；男子的劳动就是一切，妇女的劳动是无足轻重的附属品。在这里就已经表明，只要妇女仍然被排除于社会的生产劳动之外而只限于从事家庭的私人劳动，那么妇女的解放，妇女同男子的平等，现在和将来都是不可能的。妇女的解放，只有在妇女可以大量地、社会规模地参加生产，而家务劳动只占到她们极少功夫的时候，才有可能。随着男子在家庭中的实际统治的确立，实现男子独裁的最后障碍便崩溃了。这种独裁，由于母权制的倾覆、父权制的实行、对偶婚向一夫一妻制逐步过渡而被确定下来，并且永久化了。但这样一来，在古代的氏族制度中就出现了一个裂口：个体家庭已经成为一种力量，并且以威胁的姿态与氏族对抗了。"①在每一次论述人与自然关系的历史性进步时，恩格斯首先强调的无一例外的都是生产工具的革命。在野蛮时代高级阶段，对人与自然关系产生革命性影响的技术是铁的使用。铁的使用使人类在自然面前获得了更大的自由，也是人对于自然性理解的革命性的进步。恩格斯指出："下一步把我们引向野蛮时代的高级阶段，一切文化民族都在这个时期经历了自己的英雄时代；铁剑时代，但同时也是铁犁和铁斧的时代。铁已在为人类服务，它是在历史上起过革命作用的各种原料中最后的和最重要的一种原料。所谓最后的，是指直到马铃薯的出现为止。铁使更大面积的农

---

①《马克思恩格斯选集》第 4 卷，人民出版社，2012 年版，第 179 页。

田耕作，开垦广阔的森林地区成为可能；它给手工业工人提供了一种其坚固和锐利非石头或当时所知道的其他金属所能抵挡的工具。”[①]

野蛮时代高级阶段下列时代特征改变了人与自然之间的关系：通过劳动获得的自然物成为了个人的财富；第二次社会大分工使劳动中介自然的方式发生了转变；奴隶劳动成为了本质性的社会制度；出现了商品生产，贵金属成为了货币。中介人与自然的劳动是为了满足人日益增长的要求，随着生产的发展人的需要也日益多样化，这是人性发展的体现，也是人类对自然性进一步深化。一句话，社会大分工使人化自然的程度大大加深。商业的出现使人化的自然物成为了商品。人类从为了自己的需要而生产逐步地为利润而生产。最大的社会变化是奴隶制度的普遍化，人的劳动发生了异化，人与自然的关系逐步脱离了原始共产主义式的和谐，开始逐步异化。恩格斯指出：“财富在迅速增加，但这是个人的财富；织布业、金属加工业以及其他一切彼此日益分离的手工业，显示出生产的日益多样化和生产技术的日益改进；农业现在除了提供谷物、豆科植物和水果以外，也提供植物油和葡萄酒，这些东西人们已经学会了制造。如此多样的活动，已经不能有同一个人来进行了；于是发生了第二次大分工：手工业和农业分离。生产的不断增长以及随之而来的劳动生产率的不断增长，提高了人的劳动力的价值；在前一阶段刚刚产生的并且是零星的奴隶制，现在成为社会制度的一个本质的组成部分；奴隶们不再是简单的助手了；他们被成批地赶到田野和工场去劳动。随着生产分为农业和手工业者两大主要部门，便出现了直接以交换为目的的生产，即商品生产，随之而来的是贸易，不仅有部落内部和部落边界的贸易，而且还有海外贸易。”[②]耕地作为人化的自然物由共产变为私有，人与人之间由平等的关系开始分为自由人和奴隶、穷人和富人以及由社会分工所产生的新的对立阶级。人与人对立的社会关系也导致了人与自然关系的对立。恩格斯指出：“除了自由人和奴隶之间的差异以外，又出现了富人和穷人间的差别，随着新的分工，社会又有了新的阶级划分。各个家庭首长之间的财产差异，炸毁了各地仍然保存着的旧的共产制家庭公社；同时也炸毁了在这种公社范围内进行的共同耕作制。耕地起初是暂时地、后来便永久地分配给各个家庭使用，它向完全的私有财产过渡，是逐渐完成的，是与对偶婚制向一夫一妻的过渡平行地完成的。

①《马克思恩格斯选集》第 4 卷，人民出版社，2012 年版，第 179 页。

② 同上。

个体家庭开始成为社会的经济单位了。”①

至此，恩格斯终于对这种历史发展的过程进行了道德的批判，这种道德批判具有丰富的生态伦理内涵。在人性发展完善的过程中产生了对财富的贪欲，产生了人性的扭曲。自然物从经劳动为中介的满足需要的对象，成为了贪欲所追求的财富。这种扭曲的人性的外化与自然，当然就会造成对自然的掠夺，生产的手段越先进，这种掠夺也就越贪婪。劳动的异化造成了人与自然关系的异化，劳动从实现人的本质实现自由发展的手段，被贬低为比掠夺还可耻的活动。被贬低的绝不仅仅是劳动，还有劳动所中介着的自然的价值。就这样，自然从人获得解放和发展的条件，逐步和奴隶一起变成了掠夺的对象。“于是，氏族制度的机关就逐渐脱离了自己在人民、氏族、胞族和部落中的根子，而整个氏族制度就转化为自己的对立物：它从一个自由处理自己事物的部落组织转变为掠夺和压迫邻人的组织，而它的各机关也相应地从人民意志的工具转变为旨在反对自己人民的一个独立的统治和压迫机关了。但是，如果不是对财富的贪欲把氏族成员分为富人和穷人，如果不是同一氏族内部的财产差别把利益的一致变为氏族成员之间的对抗，如果不是奴隶制的盛行开始使人认为用劳动获得生存资料只是奴隶才配做的、比掠夺更可耻的活动，那么这种情况是绝不会发生的。”②

马克思主义生态伦理的宗旨是为了实现人的解放，实现人的自由的全面的发展。这在人与自然的关系方面体现为两个统一：人性与自然性的统一以及人与自然界的统一。马克思主义首先是在人与自然的关系中理解人性的，恩格斯在论述人从猿到人的转换以及人类初期的每一进步时，首先强调的是生产工具的进步对人在自然中解放的作用。在阶级产生之前，人的解放与人对自然的胜利是统一的。人对自然界的每一步进步都表征着人性的发展，都表征着人的解放。但是随着人类进入阶级社会，出现了脱离劳动的剥削阶级以及脱离劳动进行剥削的商人。劳动只属于被剥削者和被压迫者，中介着人与自然的劳动成为了剥削的手段，人与自然一起成为了掠夺的对象。因为生产力水平相对落后，并没有造成生态灾难，人与自然是基本统一的。但是由于劳动的异化，人性与自然性发生了异化和扭曲，继而造成了人与自然之间扭曲的伦理关系。恩格斯着重分析了人与人的社会关系对生态伦理的影响。恩格斯指出：“这样，我们就走到文明时代的门槛了。它是由分工方面的一个

① 《马克思恩格斯选集》第 4 卷，人民出版社，2012 年版，第 180 页。

② 《马克思恩格斯选集》第 4 卷，人民出版社，2012 年版，第 181 页。

新的进步开始的。在野蛮时代的低级阶段，人们只是直接为了自己的消费而生产；间或发生的交换行为也是个别的，只限于偶尔留下的剩余物。在野蛮时代的中级阶段，我们看到游牧民族已有牲畜作为财产，这种财产到了成为相当数量的畜群的时候，就可以经常提供超出自身消费的若干余剩；同时我们看到了两个并列的不同的生产阶段，也就是看到了进行经常交换的条件。在野蛮时代的高级阶段，农业和手工业之间发生了进一步的分工，从而发生了直接为了交换、日益增加的一部分劳动产品的生产，这就使单个生产者之间的交换变成了社会的迫切需要。文明时代巩固并加强了所有这些在它以前发生的各次分工，特别是通过加剧城市和乡村的对立而使之巩固和加强，此外它又加上了一个第三次、它所特有的、有决定意义的重要分工；它创造了一个不从事生产而只从事交换的阶级——商人。在此以前，阶级的形成的一切发端，都只是与生产相联系的；它们把从事生产的人分成了领导者和执行者，或者分成了较大规模的和较小规模的生产者，这里首次出现一个阶级，它根本不参与生产，但完全剥夺了生产的领导权，并在经济上使生产者服从自己，它成了每两个生产者之间的不可缺少的中间人，并对他们两者进行剥削。在可以使生产者免除交换的辛劳和风险，可以使他们的产品的销路一直扩展到遥远的市场，从而可以使自己成为一个似乎最有用的居民阶级的借口下，一个寄生阶级，真正的社会寄生虫阶级形成了，它从国内和国外的生产上榨取油水，作为对自己的实际上非常有限的贡献的报酬，它很快就获得了大量的财富和相应的社会影响，正因为如此，它在文明时期便取得了越来越荣誉的地位和对生产的越来越大的统治权，直到它自己也生产出自己的产品——周期性的商业危机为止。”[①]

随着通过劳动与自然交换而来的劳动产品用来与他人交换而成为商品，货币成为了非生产者支配生产者及其生产，也就是非生产者通过货币以他人劳动为手段支配自然。恩格斯以感情化的文字对劳动的异化进行了道德的谴责。恩格斯指出：“随着它，出现了金属货币即铸币，随着金属货币就出现了非生产者统治生产者及其生产的新手段。商品的商品被发现了，这种商品以隐蔽的方式包含着其他一切商品，它是可以任意随心所欲的东西的魔法手段。谁握有它，谁就统治了生产世界。但是谁首先握有它呢？商人。对货币的崇拜掌握在他手中是万无一失的。他尽心竭力地叫人们知道，一切商品，从而一切商品生产者，都应该毕恭毕敬地匍匐在货币面前。

①《马克思恩格斯选集》第4卷，人民出版社，2012年版，第182页。

他在实践上证明，在这种财富本身的化身面前，其他一切财富形式都不过是一个影子而已。以后货币的权利再也没有像在它的青年时代那样，以如此原始的粗野和横暴的形式表现出来。”①

在阶级社会产生之前，土地和劳动结合在一起是实现人的解放的重要手段。但是进入阶级社会之后，不仅劳动、商品、奴隶成为财富，土地本身也成为财富。马克思主义从来认为人性是历史的、具体的，而不是抽象的、绝对的。奴隶社会奴隶主阶级的人性发生了扭曲，自然成为了满足其贪欲的手段。生态伦理紧紧地与阶级联系在一起，开始具有了特定的阶级属性。恩格斯指出：“除了表现为商品和奴隶的财富以外，除了货币财富以外，这是还出现了表现为地产的财富。各个人对于原来有氏族或部落给予他们的小块土地的占有权，现在变得如此牢固，以致这些小块土地作为世袭财产而属于他们了。……但是，当新的土地占有者彻底地摆脱了氏族和部落的最高所有权这一桎梏的时候，他也就挣断了迄今把他同土地不可分割地连在一起的纽带。这意味着什么，和土地私有权同时被发明出来的货币，向他作了说明。土地现在可以成为出卖和抵押的商品了。”②

2.3.4 马克思主义对资本主义制度下生态伦理关系的批判

文明时代的开始改变了人与自然和谐的伦理关系，恩格斯指出了改变这种关系的三个要素：分工、交换以及商品生产。在文明时代之前，共同的生产以及产品直接的分配使生产者能够支配生产过程以及产品，中介着人与自然的生产劳动不能超越生产者的支配范围。生产是为了消费，人类通过生产劳动对自然的开发是为了满足人的需要，人与自然没有发生断裂，劳动完整地连接着人与自然。恩格斯指出：“所以，根据以上所述，文明时代是社会发展的一个阶段，在这个阶段上，分工，由分工而产生的个人之间的交换，以及把这两个过程结合起来的商品生产，得到了充分的发展，完全改变了先前的整个社会。在先前的一切社会发展阶段上，生产在本质上是共同的生产，同样消费也归结为产品在较大或较小的共产制公社内的直接分配，生产的这种共同性是在极狭小的范围内实现的，但是它的伴侣是生产者对自己的生产过程和产品的支配。他们知道，产品的结局将是怎样：他们把产品消费掉，

① 《马克思恩格斯选集》第 4 卷，人民出版社，2012 年版，第 183 页。

② 同上。

产品不离开他们的手；只要生产在这个基础上进行，它就不可能越出生产者的支配范围，也不可能产生鬼怪般的、对他们来说是异己的力量，像在文明时代经常地和不可避免地发生的那样。……但是，分工慢慢地侵入了这种生产过程。它破坏生产和占有的共同性，它是个人占有成为占优势的规则，从而产生了个人之间的交换。商品生产逐渐地成了统治的形式。”①

商品是用于交换的劳动产品，商品生产的目的是交换，交换使生产者不能把握产品的结局。而货币和商人又增加了交换过程的不确定性，任何人也不能确定产品的最终命运。商品生产使生产者丧失了对生产的支配权，当然也使劳动者丧失了对自然的全部关系的支配。商品生产使生产者与自然的关系发生了断裂。生产者并不是在与自然进行交换，而是在与社会进行交换，社会关系直接地影响着人与自然之间的关系。恩格斯指出：“随着商品生产，即不是为了自己消费而是为了交换的生产的出现，产品必然易手。生产者在交换的时候交出自己的产品；他不再知道产品的结局将会怎样。当货币以及随货币而来的商人作为生产者之间的中介人插进来的时候，交换过程就变得更加错综复杂，产品的最终命运就变得更加不确定了。商人是很多的，他们谁都不知道谁在做什么。商品现在已经不仅是从一手转到另一手，而且是从一个市场转到另一个市场；生产者丧失了对自己生活领域内全部生产的支配权，这种支配权商人也没有得到。产品和生产任凭偶然性来摆布了。”②

恩格斯随即指出了控制人与自然之间关系的必然性因素，那就是商品生产的经济规律。从文明时代直至资本主义时代，商品生产经济规律盲目的自发力量对社会进行着统治，也从根本上决定了人与自然之间的生态伦理。恩格斯使用“盲目的”这个词，表达了对这种商品生产的经济规律的批判。与之相对的生产方式，恩格斯使用了“共同制定的计划”的生产。而盲目的商品生产的经济规律控制下的人与自然之间必然是异化的、扭曲的伦理关系。恩格斯以辩证唯物主义和历史唯物主义的方法明确地指出了这种异化的总根源。恩格斯指出：“但是，偶然性只是相互依存性的一级，它的另一极叫做必然性。在似乎也是受偶然性支配的自然界中，我们早就证实，在每一个领域内，都有在这种偶然性中为自己开辟道路的内在的必然性和规律性。然而适用于自然界的，也适用于社会。一种社会活动，一系列社会过程，越是越出人们的自觉的控制，越是越出他们支配的范围，越是显得受纯粹的偶然性

① 《马克思恩格斯选集》第 4 卷，人民出版社，2012 年版，第 190 页。

② 《马克思恩格斯选集》第 4 卷，人民出版社，2012 年版，第 191 页。

的摆布，它所固有的内在规律就越是以自然的必然性在这种偶然性中为自己开辟道路。这种规律也支配着商品生产和商品交换的偶然性；它们作为异己的、起初甚至是莫名其妙的参加者相对立。商品生产的这些经济规律，在这个生产形式的各个不同的发展阶段上都有所变化，但是总的来说，整个文明期都处在这些规律的支配之下。直到今天，产品仍然支配着生产者；直到今天，社会的全部生产仍然不是由共同制定的计划，而是由盲目的规律来调节，这些盲目的规律，以自发的力量，在周期性的商业危机的风暴中起着自己的作用。”①

从恩格斯的分析可以看出，人与自然原始和谐的生态伦理的物质基础是人的劳动力能够提供维持生产者生存的产品。随着人认识改造自然能力的提高，产品的相对过剩产生了交换，继而包括人在内的一切都成为了商品，而且是被动地成为了商品。虽然这个过程伴随着生态伦理的扭曲和异化，但是这是历史发展的必然过程。人类进入到文明时代直到资本主义时代始终如一地伴随着生态伦理的扭曲。因为生态伦理所最终体现的是通过自然所体现出来的人与人之间的关系，而恩格斯指出从文明时代直至资本主义时代，人类社会的本质上都是公开或隐蔽的奴隶制。恩格斯指出：“我们已经看到，在较早的生产发展阶段上，人的劳动力就能够提供大大超过维持生产者生存所需要的产品了，这个发展阶段，基本上就是产生分工和个人之间的交换的那个阶段，这时，用不着多久，就又发现了一个‘伟大的’真理：人也可以成为商品，如果把人变成奴隶，人力也是可以交换和消费的。人们刚刚开始交换，他们本身就也被交换起来了。主动态变成了被动态，不管人们愿意不愿意。……随着在文明时代获得最充分发展的奴隶制的出现，就发生了社会分成剥削阶级和被剥削阶级的第一次大分裂。这种分裂继续存在于整个文明期。奴隶制是古代世界所固有的第一个剥削形式；继之而来的是中世纪的农奴制和近代的雇佣劳动制。这就是文明时代的三大时期所特有的三大奴隶形式；公开的而近来是隐蔽的奴隶制始终伴随着文明时代。”②

自人类社会分裂为剥削阶级和被剥削阶级以来直至资本主义社会，恩格斯认为自始至终存在着三种奴隶制形式。以这三种公开的或隐蔽的奴隶制为基础，人类社会实现了生产力的发展。从恩格斯对人类自产生以来的分析可以看出，在不影响生态自身新陈代谢循环的前提下，人开发自然界具有道德的和生态的合理性。这其中

①《马克思恩格斯选集》第 4 卷，人民出版社，2012 年版，第 192 页。

②《马克思恩格斯选集》第 4 卷，人民出版社，2012 年版，第 192 页。

包括对土地的开发、生态的改变、动物的驯化以及将它们作为食物等。只要不引发生态危机，人与自然界之间就是和谐的。但是人与自然之间和谐的生态伦理并不仅仅是人与自然界之间的和谐，因为这种和谐仅仅是将自然界当作无生命的物质的对象，不具有伦理的主体的地位。作为生态伦理主体的是自然的本质即自然性，人的本质与自然的本质的统一，才是人与自然真正的伦理和谐。自然在人类社会的发展中展现了其自身的本质；而人类社会在开发利用自然的过程中实现了自身自由而全面的发展。当以公开或隐蔽的奴隶制为基础的时代激起人们最卑劣的动机和情欲，当个人财富的获取成为唯一的决定性的动力的时候，它也就扭曲了人的本质。恩格斯使用了“卑劣”这个词对其进行了道德的批判。扭曲的人性在自然中所展现的不可能是全面发展的人，而自然在扭曲的人格中所展现的当然也是扭曲的被压抑的本性。恩格斯指出：“以这些制度为基础的文明时代，完成了古代氏族社会完全做不到的事情。但是，它是用激起人们的最卑劣的动机和情欲，并且以损害人们的其他一切禀赋为代价而使之变本加厉的办法来完成这些事情。卑劣的贪欲是文明时代从它存在的第一日起直至今日的动力；财富，财富，第三还是财富，——不是社会的财富，而是这个微不足道的单个的个人的财富，这就是文明时代唯一的、具有决定意义的目的。如果说在这个社会内部，科学曾经日益发展，艺术高度繁荣的时期一再出现，那也不过是因为积累财富方面的现代一切成就不这样就不可能获得罢了。”[①]

所谓文明时代的基础是阶级压迫，阶级压迫是造成人性扭曲继而造成生态伦理扭曲的根源。所谓的文明制度也造成了人与自然权利的分裂，剥削制度把享用自然的权利留给自己，而将修复自然的义务强行推给了被剥削阶级。而剥削阶级通过掌握的社会资源制造虚伪的意识形态，鼓吹这种制度的合理性。恩格斯对此进行了批判：“由于文明时代的基础是一个阶级对另一个阶级的剥削，所以它全部发展都是在经常的矛盾中进行的。生产的每一进步，同时也就是被压迫阶级及大多数人生活状况的一个退步。对一些人是好事的，对另一些人必然是坏事，一个阶级的任何新的解放，必然是对另一个阶级新的压迫。这一情况的最明显的例子就是机器的采用，其后果现在已是众所周知的了。如果说在野蛮人中间，像我们已经看到的那样，不大能够区别权利和义务，那么文明时代却使这两者之间的区别和对立连最愚蠢的人

---

①《马克思恩格斯选集》第4卷，人民出版社，2012年版，第194页。

都能看得出来，因为它几乎把一切权利赋予一个阶级，另一方面却几乎把一切义务推给另一个阶级。但是，这并不是应该如此的。凡对统治阶级是好的，对整个社会——统治阶级是把自己与整个社会对立起来的——也应该是好的。所以文明时代越是向前进展，它就越是不得不给它所必然产生的坏事披上爱的外衣，不得不粉饰它们，或者否认它们——一句话，是实行习惯性的伪善，这种伪善，无论在较早的那些社会形式下还是在文明时代的第一阶段都是没有的，并且最后在下述说法中达到极点：剥削阶级对被压迫阶级进行剥削，完全是为了被剥削阶级本身的利益；如果被剥削阶级不懂这一点，甚至举行叛乱，那就是对行善的人即对剥削者的一种最卑鄙的忘恩负义的行为。”①

恩格斯最后引述摩尔根的评断表达了自己的观点。理想的社会一定会消除财富对人类的本质的异化，在社会利益高于个人利益的前提下实现二者的公正和谐。管理民主、社会博爱、权利平等、教育普及将会开启一个新的社会阶段。这个新的社会将在新的更高的阶段上复活平等、自由、博爱的氏族社会，当然也会复活人与自然和谐的生态伦理。毫无疑问复活原始共产主义氏族社会的将是共产主义社会。恩格斯指出：“现在把摩尔根对文明时代的评断引在下面作一个结束：自从进入文明时代以来，财富的增长是如此巨大，它的形式是如此繁多，它的用途是如此广泛，为了所有者的利益而对它进行的管理又是如此巧妙，以致这种财富对人民说来变成了一种无法控制的力量。人类的智慧在自己的创造物面前感到迷惘而不知所措了。然而，总有一天，人类的理智一定会强健到能够支配财富，一定会规定国家对它所保护的财产的关系，以及所有者的权利的范围。社会的利益绝对地高于个人的利益，必须使这两者处于一种公正而和谐的关系之中。只要进步仍将是未来的规律，像它对于过去那样，那么单纯追求财富就不是人类的最终的命运了。自从文明时代开始以来所经过的时间，只是人类已经经历过的生存时间的一小部分，只是人类将要经历的生存时间的一小部分。社会的瓦解，即将成为以财富为唯一的最终目的的那个历程的终结，因为这一历程包含着自我消灭的因素。管理上的民主，社会中的博爱，权利的平等，普及的教育，将揭开社会的下一个更高的阶段，经验、理智和科学正在不断向这个阶段努力。这将是古代氏族的自由、平等和博爱的复活，但却是在更

① 《马克思恩格斯选集》第 4 卷，人民出版社，2012 年版，第 194 页。

高级形式上的复活。”[①]

马克思主义生态伦理的逻辑起点是人的劳动的开始，也就是人成为社会意义上的人的开始。恩格斯指出：“但是我们不要过分陶醉于我们对自然界的胜利。对于每一次这样的胜利，自然界都报复了我们。每一次胜利，在每一步都确实取得了我们预期的结果，但是在第二步和第三步却有了完全不同的出乎意料的影响，常常把第一个结果又取消了。……因此我们必须时时记住：我们统治自然界，绝不像征服者统治异民族一样，绝不像站在自然界以外的人一样，相反地，我们连同我们的肉、血和头脑都是属于自然界，存在于自然界；我们对自然界的整个统治，是在于我们比其他一切动物强，能够认识和正确运用自然规律。”[②]

生态伦理的逻辑起点是人的劳动，因为人的劳动标志着人对自然规律的能动的认识。能够越来越主动地认识到自然规律，认识到人类自身与自然界的一致性，这正体现了人类主动地承担所应该承担的伦理责任。恩格斯指出：“事实上，我们一天天地学会更加正确地理解自然规律，学会认识我们对自然界的惯常行程的干涉所引起的比较近或比较远的影响。特别从本世纪自然科学大踏步前进以来，我们就越来越认识到，因而也学会支配至少是我们最普通的生产行为所引起的比较远的自然影响。但是这种事情发生越多，人们越会重新地不仅感觉到，而且也认识到自身和自然界的一致，而那种把精神和物质、人类和自然、灵魂和肉体对立起来的、荒谬的、反自然的观点，也就越不可能存在了，这种观点是从古典古代崩溃以后在欧洲发生并在基督教中得到最大的发展的。”[③]随后，恩格斯对资本主义时代的生态问题进行了生态伦理意义上的批判，并阐述了其与生产方式的关系。恩格斯指出：“但是，如果我们需要经过几千年的劳动才稍微学会估计我们生产行动的比较远的自然影响，那么我们想学会预见这些行动的比较远的社会影响就困难得多。……”[④]

人与自然的关系并不是抽象的人与自然的关系，恩格斯对人与自然的关系进行了具体的历史分析。他分析了土地资源对社会发展的深刻影响：土地资源的丰裕导致了公有制，而土地资源的逐渐稀缺则导致了阶级的对立，阶级的利益成为了中介人与自然的最关键因素。恩格斯指出：“经过对历史材料的比较和分析，我们在这

---

①《马克思恩格斯选集》第4卷，人民出版社，2012年版，第195页。

②《马克思恩格斯选集》第3卷，人民出版社，2012年版，第998页。

③《马克思恩格斯选集》第3卷，人民出版社，2012年版，第998～999页。

④《马克思恩格斯选集》第3卷，人民出版社，2012年版，第999页。

一领域中，也渐渐学会了认清我们的生产活动的间接的、比较远的社会影响，因而我们就有可能也去支配和调解这种影响。……但是要实行这种调节，单是依靠认识是不够的。这还需要对我们现有的生产方式，以及和这种生产方式连在一起的我们今天的整个社会制度实行完全的变革。到目前为止存在过的一切生产方式，都只在于取得劳动的最近的、最直接的有益效果。那些只是在以后才显现出来的、由于逐步的重复和积累才发生的作用的进一步的结果，是完全被忽视的。原始的土地公有制，一方面适应于眼界完全局限于眼前事物的人们的发展程度，另一方面则以可用土地的一定剩余为前提，这些总剩余的土地提供了一定的活动余地来对付这种原始经济的不虞的灾祸。剩余的可用土地用尽了，公有制也就衰落了。而一切较高的生产形式，都导致居民的分为不同的阶级，因而导致统治阶级和被压迫阶级的对立；因此，只要生产不局限于被压迫者的最必需的生活用品，统治阶级的利益就成为生产的推动因素。在西欧现今占统治地位的资本主义生产方式中，这一点表现的最完全。支配着生产和交换的一个一个的资本家所能关心的，只是他们行为的最直接的有益效果。不仅如此，甚至就连这个有益效果本身——只就所制造的或交换来的商品的效用而言——也完全退居次要地位了；出售时要获得利润，成了唯一的动力。”①

资本主义时代支配人与自然之间关系的是资产阶级的利益，具体体现为利润成为改造自然唯一的动力。人类高于其他动物，能够认识自然规律并实践自然规律是生态伦理的体现，是人类应该承担的道德责任。而资本主义生产方式严重影响了人类对自然规律的认识，即使认识到了自然规律因为违背资产阶级的利益也不能付诸实施。所以资本主义的生产方式是有悖生态论理的。恩格斯对资本主义进行了生态伦理的道德批判：“资产阶级社会科学，即古典政治经济学，主要只研究人在生产和交换中的行为所产生的可以直接预期的社会影响。这完全适应于这样一个社会组织，这种社会组织的理论表现就是这种社会科学。当一个资本家为着直接的利润去进行生产和交换时，他只能首先注意到最近的最直接的结果。一个厂主或商人在卖出他所制造的或买进的商品时，只要获得普通的利润，他就心满意足，不再关心以后商品和买主的情形怎样了。这些行为的自然影响也是如此。当西班牙的种植场主在古巴焚烧山坡上的森林，认为木灰作为能获得最高利润的咖啡树的肥料足够用一

①《马克思恩格斯选集》第 3 卷，人民出版社，2012 年版，第 1000 页。

个世纪时，他们怎么会关心到，以后热带的大雨会冲掉毫无掩护的沃土而只留下赤裸裸的岩石呢？在今天的生产方式中，对自然界和社会，主要只注意到最初的最显著的结果，然后人们又感到惊奇的是：为达到上述结果而采取的行为所产生的比较远的影响，却完全是另外一回事，在大多数情形下甚至是完全相反的；需要和供给之间的协调，变成二者的绝对对立，每十年一次的工业循环的过程展示了这种对立，德国在崩溃中也体验到了这种对立的小小前奏；建立在劳动者本人的劳动之上的私有制，必然发展为劳动者丧失一切财富，而同时一切财富却越来越集中到不劳动者手中。”①

恩格斯以历史唯物主义的观点反驳了杜林认为人对自然界的统治是以人对人的统治为前提的反动观点。在反驳杜林观点的过程中恩格斯表达了马克思主义生态伦理的重要观点。在农业生产中，人类并不能完全统治自然，还必须受到气候等自然因素的控制。恩格斯从人类历史发展总结出，人类与自然关系最初的社会基础是公有制。而资产阶级利用奴隶或劳役制农奴所进行的农业生产要么造成了严重的生态灾难要么则遭到失败。恩格斯认为公有制是人与自然之间历史的合理的社会所有制基础，而大土地私有制无法合理地开发和利用自然甚至会造成严重的生态灾难。恩格斯指出：“杜林先生就是这样说的。论题：（人）对自然界的统治，是以（人）对人的统治为前提的。证明：大面积的地产的经营，在任何时候和任何地方，都是由被奴役者来进行的。证明的证明：如果没有被奴役者，怎么能有大土地所有者呢？因为没有被奴役者，大土地所有者及其家属只能够耕种他所占有的土地的极小一部分。第一，对自然的统治和地产的经营绝不是一回事。对自然界的统治的规模，在工业中比农业中大得多，直到今天，农业不但不能控制气候，还不得不受气候的控制。第二，这个地产是属于谁的？我们在所有的文明民族的历史时期所看到的不是大地主——而是土地公有制的氏族公社和农村公社。从印度到爱尔兰，大面积的地产的经营，最初正是由这些氏族公社和农村公社来进行的，同时，耕地或者以公社为单位共同耕种，或者分成小块，由公社在一定时期分配给各个家庭去耕种，而森林和牧场总是公用的。……在整个东方，公社或国家是土地的所有者……在美洲，绝大多数的土地是自由民的劳动开垦出来的，而南部的大地主用他们的奴隶和掠夺性的耕作制度耗尽了地力，以致在这些土地上只能生长云杉，而棉花的种植则不得

① 《马克思恩格斯选集》第 3 卷，人民出版社，2012 年版，第 1000～1001 页。

不越来越往西移。在澳大利亚和新西兰，英国政府人为地制造土地贵族的一切企图都遭到失败。总之，除了气候使欧洲人无法从事农业的热带和亚热带的殖民地以外，利用奴隶或劳役制农奴来征服自然界和开垦土地的大地主，纯粹是幻想的产物。”①

马克思主义生态伦理的宗旨是实现人的自由的全面发展，这就意味着人类最终脱离动物界进入人的生存条件，成为自然的自觉和真正的主人。人类在人性与自然性相统一的前提下，实现对自然界真正的统治。马克思主义生态伦理实现的前提是社会占有生产资料，消除商品生产，以有计划的自觉组织代替生产的无政府状态，继而实现从必然王国向自由王国的飞跃。马克思主义生态伦理具有明确的阶级性，实现马克思主义生态伦理是无产阶级的历史使命，而实现这一使命的思想武器是科学社会主义。“一旦社会占有了生产资料，商品生产就将被消除，而产品对生产者的统治也将随之消除。社会生产内部的无政府状态将为有计划的自觉的组织所代替。生存斗争停止了。于是，人才在一定意义上最终地脱离了动物界，从动物的生存条件进入真正人的生存条件。人们周围的、至今统治着人们的生活条件，现在却受到人们的支配和控制，人们第一次成为自然界的自觉的和真正的主人，因为他们已经成为自己的社会结合的主人了。人们自己的社会行动的规律，这些直到现在都如同异己的、统治着人们的自然规律一样而与人们相对立的规律，那时就将被人们熟练地运用起来，因而服从他们的统治。人们自己的社会结合一直是作为自然界和历史强加于他们的东西而同他们相对立的，现在则变成他们自己的自由行动了。一直统治着历史的客观的异己的力量，现在处于人们自己的控制之下了。只是从这时起，人们才完全自觉地自己创造自己的历史；只是从这时起，人们使之起作用的社会原因才在主要的方面和日益增长的程度上达到他们所预期的结果。这是人类从必然王国进入自由王国的飞跃。完成这一解放世界的事业，是现代无产阶级的历史使命。考察这一事业的历史条件以及这一事业的性质本身，从而使负有使命完成这一事业的今天受压迫的阶级认识到自己行动的条件和性质，这就是无产阶级运动的理论即科学社会主义的任务。”②

劳动是中介人与自然的媒介，劳动的解放是人与自然获得解放的基本前提。异化的劳动中介着人与自然扭曲的生态伦理，而作为人类解放手段的劳动中介着和谐的生态伦理。马克思主义指出了劳动获得解放的具体条件：全部生产资料的社会所

①《马克思恩格斯选集》第 3 卷，人民出版社，2012 年版，第 555～557 页。

②《马克思恩格斯选集》第 3 卷，人民出版社，2012 年版，第 671 页。

有制；消灭社会分工，劳动既是实现全面发展的权利又是不可推卸的义务。在这样的生产组织中，劳动是解放人的手段。劳动的解放是以实现生产方式的革命性变革为前提的。“当社会成为全部生产资料的主人，可以按照社会计划利用这些生产资料的时候，社会就消灭了人直到现在受他们自身的生产资料奴役的状况。自然，要不是每一个人都得到解放，社会本身也不能得到解放。因此，旧的生产方式必须彻底变革，特别是旧的分工必须消灭。代之而起的应该是这样的生产组织；在这个组织中，一方面，任何人都不能把自己的生产劳动这个人类生存的自然条件中所应参加的部分推到别人身上；另一方面，生产劳动给每一个人提供全面发展和表现自己全部的即体力的和脑力的能力的机会，这样，生产劳动就不再是奴役人的手段，而成了解放人的手段，因此，生产劳动就从一种负担变成了一种快乐。”①

马克思主义认为造成环境污染的不是新技术的使用，而是资本主义的生产方式。蒸汽机使生产摆脱了以水力为动力的局限性，使人获得了更大的自由。但是蒸汽机并不是污染的根源，蒸汽机需要的是洁净的水，造成污染的是资本主义的生产。在污染了城市之后，资本又迁到新的农村去经营，形成新的城市继而造成新的污染。资本主义生产方式不仅是污染的根源，而且是城乡差别的根源。“大工业告诉我们，为了技术上的目的，把或多或少地到处都可以制造出来的分子运动转变为质量运动，这样大工业在很大程度上使工业生产摆脱地方的局限性。水力是受地方局限的，蒸汽力却是自由的。如果说水力必然地带有乡村的性质，那么蒸汽力绝不是必然地带有城市的性质。只有它的资本主义的应用才使它主要集中于城市，并把工厂乡村转变为工厂城市。但是，这样一来它就同时破坏了它自己的活动的条件。蒸汽机的第一需要和大工业中差不多一切生产部门的主要需要，都是比较纯净的水。但是工厂城市把一切水都变成臭气熏天的污水。因此，虽然向城市集中是资本主义生产的基本条件，但是每个工业资本金又总是力图离开资本主义生产所必然造成的大城市，而迁移到农村地区去经营。对于郎卡郡和约克郡的纺织工业地区的这一过程，可以详细地研究一下；在那些地方，资本主义大工业不断地从城市迁往农村，因而不断地造成新的大城市。在金属加工工业地区也有类似的情形，在那里，一部分另外的原因造成同样的结果。”②

资本主义的生产关系所造成的是人与自然生态伦理关系扭曲的恶性循环，只有

① 《马克思恩格斯选集》第 3 卷，人民出版社，2012 年版，第 681 页。

② 《马克思恩格斯选集》第 3 卷，人民出版社，2012 年版，第 683 页。

消灭资本主义生产方式实现有计划的生产的社会才能消除生态伦理的扭曲。资本主义所造成的城乡差别中断了生态系统的新陈代谢，只有城乡融合才会恢复生态自身的循环，实现生态自身的规律。马克思主义生态伦理坚持了历史唯物主义的态度，从经济基础上分析了生态伦理，生态伦理的实现有赖于生产关系的革命。“要消灭这种新的恶性循环，要消灭这个不断重新产生的现代工业的矛盾，又只有消灭工业的资本主义性质才有可能。只有按照统一的总计划协调地安排自己的生产力的那种社会，才能允许工业按照最适合于它自己的发展和其他生产要素的保持或发展的原则分布于全国。因此，城市和乡村的对立的消灭不仅是可能的。它已经成为工业生产本身的直接需要，正如它已经成为农业生产和公共卫生事业的需要一样。只有通过城市和乡村的融合，现在的空气、水和土地的污毒才能排除，只有通过这种融合，才能使现在城市中日益病弱的群众的粪便不致引起疾病，而是用来作为植物的肥料。”①

历史唯物主义是马克思主义生态伦理的基础，生态伦理的实现以及人与自然的解放基于生产方式的革命。恩格斯将生产的发展分为中世纪社会、资本主义社会、社会主义社会三个阶段。不同的阶段表征着人与自然不同的生态伦理关系。在中世纪个体的小生产中，刚刚形成的商品生产包含着无政府主义的萌芽，而缺乏计划的商品生产是造成扭曲的生态伦理的经济基础。资本主义革命推动了社会化大生产，但是生产资料私人占有并没有改变生产的无政府状态，生态伦理的扭曲进一步加剧。无产阶级革命实现了生产资料的公有，使其社会性得到充分的发展，终结了生产的无政府状态。生产方式的根本变革从根本上实现了马克思主义生态伦理，人成为了全面发展的人，成为了自然、社会以及自身的真正的主人。“最后，我们把上述的发展进程简单地概述如下：一中世纪社会：个体的小生产。生产资料供个人使用，因而是原始的、笨拙的、小的、效能很低的。生产或者是为了生产者本身的直接消费，或者是为了他的封建领主的直接消费。只有在生产的东西除了满足这些消费以外还有剩余的时候，这种剩余才拿去出卖和进行交换：所以商品生产刚刚处于形成过程中；但是这时它本身已经包含着社会生产的无政府状态的萌芽。二资本主义革命：起初是工业通过简单协作和工场手工业实现的变革。先前分散的生产资料集中到大作坊中，因而它们就由个人的生产资料转变为社会化的生产资料，这种转

①《马克思恩格斯选集》第 3 卷，人民出版社，2012 年版，第 683～684 页。

变总的来说是没有触及交换形式的。旧的占有形式仍然起作用。资本金出现了：它是生产资料的所有者，当然就占有产品并把它们变为商品。……这就是产生现代社会借以运动并在大工业中表现得特别明显的一切矛盾的基本矛盾。三无产阶级革命，矛盾的解决：无产阶级将取得社会权利，并且利用这个权利把脱离资产阶级掌握的社会化生产资料变为公共财产。通过这个行动，无产阶级使生产资料摆脱了它们迄今具有的资本属性，给它们的社会性以充分发展的自由。从此按照预定计划进行的社会生产就成为可能的了。生产的发展使不同社会阶级的继续存在成为时代的错误。随着社会生产的无政府状态的消失，国家的政治权威也将消失。人终于成为自己的社会结合的主人，从而也就成为自然界的主人，成为自己本身的主人——自由的人。"①

马克思和恩格斯探讨了自然、人类以及作为生产工具的自然三者之间的关系，从分析之中体现了马克思主义生态伦理中生产工具的作用。马克思和恩格斯将生产工具分为自然产生的生产工具和文明创造的生产工具。在自然产生的生产工具的情况下，人类受自然直接的支配，作为劳动者的人与自然发生直接的关系；而在文明创造的生产工具的情况下，体现出来的是资本对人的统治，作为劳动者的人与自然发生间接的关系。"从前者产生了发达的分工和广泛的贸易的前提，从后者产生了地方局限性。在前一种情况下，各个人必须聚集在一起，在后一种情况下，他们已作为生产工具而与现有的生产工具并列在一起。因而出现了自然产生的生产工具和由文明创造的生产工具的差异。耕地（水等等）可以看作是自然产生的生产工具。在前一种情况下，即在自然产生的生产工具的情况下，各个人受自然界的支配，在后一种情况下，他们则受劳动产品的支配。因此在前一种情况下，财产（地产）也表现为直接的、自然产生的统治，而在后一种情况下，则表现为劳动的统治，特别是积累起来的劳动即资本的统治。"②马克思和恩格斯随即探讨了自然产生的生产工具的情况下，人与人之间的关系。人与人之间的社会关系当然属于伦理的范畴，这种人与人之间的关系在一定程度上体现出人与自然伦理关系。在将自然作为生产工具的情况下，个人通过家庭部落或地区的联系结合在一起实现人与自然之间的交换，小工业受到自然的直接支配，没有个人分工和脑体分工，所有者以个人关系依靠某种共同体对非所有者进行统治。在这种生产方式下，人与自然产生直接的联系，

①《马克思恩格斯选集》第3卷，人民出版社，2012年版，第815～816页。

②《马克思恩格斯选集》第1卷，人民出版社，2012年版，第183页。

人与自然之间的关系通过劳动紧密地结合在一起。而在文明创造的生产工具的情况下，劳动并不能有效地成为连接人与自然的中介，人与自然只是通过货币才能产生间接的联系，产生了人与自然伦理关系的断裂和异化。“前一种情况的前提是，各个人通过某种联系——家庭的、部落的或者甚至是地区的联系而结合在一起；后一种情况的前提是，各个人互不依赖，联系仅限于交换。在前一种情况下，交换主要是人与自然之间的交换，即以人的劳动换取自然产品，而在后一种情况下，主要是人与人之间所进行的交换。在前一种情况下，只要具备普通常识就够了，体力活动和脑力活动彼此还完全没有分开；而在后一种情况下，脑力劳动和体力劳动之间实际上已经必须实行分工。在前一种情况下，所有者可以依靠个人关系，依靠这种或那种形式的共同体来统治非所有者；在后一种情况下这种统治必须采取物的形式，通过某种第三者，即通过货币。在前一种情况下，存在着一种小工业，但这种工业是受对自然产生的生产工具的使用所支配，因此这里没有不同个人之间的分工；在后一种情况下，工业以分工为基础，而且只有依靠分工才能存在。”[①]

当古代的国家将作为生产工具的自然作为公共工程加以管理的时候，人与自然之间的伦理关系也随之发生改变。从积极方面而言，国家对于作为生产工具的自然的管理，提高了人类利用自然的效率。政府对自然的控制不是对一切自然的控制，而是对作为生产工具的自然的控制。人不是直接与作为生产工具的自然产生联系，而是在很多情况下以国家作为中介同自然产生联系。国家通过对作为生产工具的自然的控制实现了对社会的控制。国家对生态伦理的影响是双方面的，一方面国家对作为生产工具的自然的开发利用提高了人类相对于自然的自由；另一方面，国家也在一定程度上割裂了人与自然之间的联系，将人与自然之间的关系注入了阶级统治的内涵。一旦国家因各种因素丧失了作为生产工具的自然的有效管理，就会造成人与自然关系的崩溃。国家既是提高人利用自然能力的有利因素，也是造成人与自然关系异化的重要因素。“在亚洲，从很古的时候起就一般来说只有三个政府部门：财政部门，或对内进行掠夺的部门；军事部门，或对外掠夺的部门；最后是公共工程部门。气候和土地条件，特别是从撒哈拉经过阿拉伯、波斯、印度和鞑靼地区直至最高的亚洲高原的一片广大的沙漠地区，是利用渠道和水利工程的人工灌溉设施成了东方农业的基础。无论在埃及和印度，或是在美索不达米亚和波斯以及其他国

① 《马克思恩格斯选集》第 1 卷，人民出版社，2012 年版，第 183～184 页。

家，都是利用河水的泛滥来肥田，利用河流的涨水来充注灌溉渠。……因此亚洲的一切政府都不能不执行一种经济职能，即举办公共工程的职能。”①因为作为生产工具的自然由政府管理，这就使人们丧失了在集体管理公共工程过程中所应产生的社会联系。社会联系的丧失加之分散的自然经济的生产方式，造成了印度封闭的村社制度。马克思以这种封闭的村社制度为例，探讨了农村公社阶段的生态伦理。“在印度有这样两种情况：一方面，印度人民也像所有东方各国的人民一样，把他们的农业和商业所凭借的主要条件即大规模公共工程交给政府去管，另一方面，他们又散处于全国各地，因农业和手工业的家庭结合而聚居在各个很小的地点。由于这两种情况，所以从很古的时候起，在印度便产生了一种特殊的社会制度，即所谓村社制度，这种制度使每一个这样的小单位都成为独立的组织，过着闭关自守的生活。”②

原始的农村公社时期，人与自然之间的生态伦理关系虽然在一定程度上实现了和谐，但是这种和谐是低层次的，是以将人类降低为奴隶式的驯服工具为代价的。阻碍了人的自由的全面发展的生态伦理，自然不是和谐的生态伦理。马克思指出，原始封闭的农村公社使人类屈从于自然，对自然的崇拜践踏了人的尊严。封闭的农村公社所实现的并不是人与自然真正的和谐，而是以对人的束缚甚至践踏为代价，在这种生态伦理关系中人与自然并不是平等的伦理主体。马克思指出：“但是，一切宗教都不过是支配着人们日常生活的外部力量在人们头脑中的幻想的反映，在这种反映中，宗教的力量采取了超人间的力量的形式。在历史的初期，首先是自然力量获得了这样的反映，而在进一步的发展中，在不同的民族那里又经历了极为不同和极为复杂的人格化。根据比较神话学，这一最初的过程，至少就印欧民族来看，可以一直追溯到它的起源——印度的吠陀经，以后更在印度人、波斯人、希腊人、罗马人、日耳曼人中间，而且就材料所及的范围而言，也可以在柯尔特人、立陶宛人和斯拉夫人中间得到详尽的证明。但是除自然力量外，不久社会力量也起了作用，这种力量和自然力量一样，对人来说是异己的，最初也是不能解释的，它以同样的表面上的自然必然性支配着人。最初也是仅反映自然界的神秘力量的幻象，现在又获得了社会的属性，成为历史力量的代表者。在更进一步的发展阶段上，许多神的全部自然属性和社会属性都转移到一个万能的神身上，而这个神本身又只是抽象的

①《马克思恩格斯选集》第1卷，人民出版社，2012年版，第850页。

②《马克思恩格斯选集》第1卷，人民出版社，2012年版，第852页。

人的反映。这样就产生了一神教，从历史上说它是后期希腊庸俗哲学的最后产物，它的现成体现是犹太的独一无二的民族神雅赫维。在这个适宜的、方便的和普遍适用的形式中，宗教可以在人们还处在异己的自然和社会力量支配下的时候，作为人们对这种支配着他们的力量的关系的直接形式即有感情的形式而继续存在。”①

基督教使人与自然的关系发生了颠覆性的变化。作为终极精神的上帝成为了凌驾于自然与人之上的自然与人世的总根源。马克思将人从天堂拉回到自然，自然是自在的自然、人化的社会自然以及人本身的自然。自在的自然是人类生存的前提。社会是人化的自然，马克思从劳动出发揭示出资本主义物质变换的资本逻辑。马克思将消除异化的使命寄托于无产阶级。只有通过革命建立无产阶级专政，人类才能实现与自然以及社会的和谐。自然科学的发展揭示了自然的奥秘，消除了人类对于自然神话的宗教的以及形而上学的理解。而随着生产力的发展，劳动不再作为商品，而成为美学意义上的劳动，成为了人的第一需要。马克思主义生态伦理的视域中，人与人的关系受到人与自然关系的影响，而人与自然的关系又受到人与人关系的制约。

马克思以历史唯物主义的观点对这种原始的生态伦理进行了批判。“从纯粹的人的感情上来说，亲眼看到这无数勤劳的宗法制的和平的社会组织崩溃、瓦解、被投入苦海，亲眼看到它们的成员既丧失自己的古老形式的文明又丧失祖传的谋生手段，是会感到悲伤的；但是我们不应该忘记：这些田野风味的农村公社不管初看起来怎样无害于人，却始终是东方专制制度的牢固基础；它们使人的头脑局限在极小的范围内，成为迷信的驯服工具，成为传统规则的奴隶，表现不出任何伟大和任何历史首创精神。我们不应该忘记那种不开化的人的利己性，他们把自己的全部注意力集中在一块小得可怜的土地上，静静地看着整个帝国的崩溃、各种难以形容的残暴行为和大城市居民的被屠杀，就像观看自然现象那样无动于衷；至于他们自己，只要某个侵略者肯来照顾他们一下，他们就成为这个侵略者的无可奈何的俘虏。我们不应该忘记：这种失掉尊严的、停滞的、盲目的、放纵的破坏力量，甚至使惨杀在印度斯坦成了宗教仪式。我们不应该忘记：这些小小的公社身上带着种姓划分和奴隶制度的标记；它们使人屈服于环境，而不是把人提升为环境的主宰；它们把自动发展的社会状况变成了一成不变的由自然预定的命运，因而造成了野蛮的崇拜自

---

①《马克思恩格斯选集》第 3 卷，人民出版社，2012 年版，第 703 页。

然的迷信，身为自然主宰的人竟然向猴子哈努曼和牡牛撒巴拉虔诚地叩拜，从这个事实就可以看出这种迷信是多么糟蹋人了。”[①]英国对印度的侵略是卑鄙的愚蠢的，但是马克思认为英国对于印度社会的发展起了历史的不自觉的工具。这也体现在生态伦理方面，资本主义扩张对于传统的生态伦理的发展也充当了历史的不自觉的工具。马克思主义生态伦理始终如一地坚持了历史唯物主义的观点和方法。“的确，如果英国在印度斯坦造成社会革命完全是被极卑鄙的利益驱使的，在谋取这些利益的方式上也很愚蠢。但是问题不在这里。问题在于，如果亚洲的社会状况没有一个根本的革命，人类能不能完成自己的使命。如果不能，那么，英国不管是干出了多大的罪行，它在造成这个革命的时候毕竟是充当了历史的不自觉的工具。”[②]

马克思对于资本主义生产方式对于生态伦理的影响进行了辩证的分析。马克思主义在对资本主义生产方式造成的生态伦理扭曲批判的同时也充分肯定了资本主义生产方式对生态伦理的进步作用。一方面资本主义生产方式所创造的物质财富为全人类的世界性交往创造了条件；另一方面，资本主义的生产方式发展了人的生产力，实现了对自然力的科学的统治。总之，资本主义的生产方式使人相对于自然而言获得了更大的自由，相对于以往获得了更大的解放。造成生态伦理扭曲的并不是资本主义所创造的生产力，而是看发展成果掌握在那个阶级的手中。当最先进的民族通过社会革命实现了对世界市场和现代生产力的支配，人类就会取得生态伦理的飞跃。“资本的集中是资本作为独立力量而存在所十分必需的。这种集中对于世界市场的破坏性影响，不过是在大范围内显示目前正在每个文明城市起着作用的政治经济学本身的内在规律罢了。……只有在伟大的社会革命支配了资产阶级时代的成果，支配了世界市场和现代生产力，并且使这一切都服从于最先进的民族的共同监督的时候，人类的进步才会不再像异教神像那样，只有用人头做酒杯才能喝下甜美的酒浆。”[③]马克思将实现马克思主义生态伦理的使命赋予英国的工人阶级。要实现生态伦理的解放，就首先必须实现作为人与自然中介的劳动的解放。马克思认为劳动的解放需要两个条件：将自然的破坏力变成人类的生产力以及解放生产财富的力量实现生产者的集体监督，消除劳动的异化。英国的工人阶级已经完成了第一个历史任务，他们需要完成的是第二个历史任务，也就是自身的解放。马克思所指的对

①《马克思恩格斯选集》第 1 卷，人民出版社，2012 年版，第 854 页。

②《马克思恩格斯选集》第 1 卷，人民出版社，2012 年版，第 854 页。

③《马克思恩格斯选集》第 1 卷，人民出版社，2012 年版，第 862 页。

人的征服是打碎旧的国家机器的无产阶级革命。

马克思主义生态伦理的终极目标是在实现人的自由全面发展的前提下所实现的人与自然的和谐。在氏族和公社时期，人与自然实现了暂时的和谐，但是这种和谐的关系是低层次的因为人从属于一个更大的整体是不独立不自由的。随着资本主义产生的市民社会使人获得了更大的自由，正是在发达的社会关系中人获得了独立。在马克思主义对历史发展的描述中，始终如一地将人置于中心的地位，而马克思主义在强调人类对自然界征服利用的同时，更强调人性与自然性的和谐统一。

马克思在《资本论》之中，描绘了耕地变为牧场又变为狩猎场的过程，并把这种人为的生态灾难与资产阶级的贪欲联系起来，从而对资本主义的生产方式进行了生态伦理的批判。资产阶级一方面毁田狩猎，另一方面以此而获得利润。资产阶级从生态的破坏中牟利并满足贪欲，而所有的灾难性后果都由被压迫的人民来承担。扭曲异化的生态伦理背后所体现的是阶级压迫。资产阶级的贪欲和对利润的追求造成了农村中的生态灾难，并使农民成为了这种人为生态灾难所造成的难民。阶级剥削和压迫使剥削者成为了自然的奴隶主，而被剥削者则成为了自然的奴隶。压迫农民的不是自然，而是同样剥削压榨自然的资产阶级。在城市之中，无产阶级同样经受着严重的城市生态灾难，而资产阶级及其生产方式是这种灾难的制造者。恩格斯通过实地调查详细地描绘了工人阶级悲惨的生存环境，并指出资本主义的生产方式是产生这种城市生态灾难的根源。资本主义生产方式不可能从根本上消灭这种城市生态灾难，消除这种人与城市居住环境生态异化的根本途径是消灭资本主义的生产方式，并以工人阶级取代资产阶级对生产的统治。可以看出，无论马克思还是恩格斯都将人与环境之间的异化归因于阶级剥削和压迫，并明确指出，消除这种异化实现人与自然和谐的生态伦理的唯一途径是以无产阶级取代资产阶级实现生产方式的根本变革。马克思主义最终将生态伦理作为了无产阶级革命的有机组成部分，扭曲的生态伦理随着阶级压迫而产生，最终也将随着阶级压迫的消失而实现和谐。“在《英国工人阶级状况》一书中，我描写过 1843—1844 年曼彻斯特的情况。从那时以来，由于修筑了横贯市中心的铁路，敷设了新街道，修建了巨大的公用和私用建筑物，我描写的最恶劣的街区中有一些已经被打通、拆除和改良了，有一些则已经完全没有了；但是虽然从那时以来卫生警察的监督已经加强，却还有许多街区处于同样恶劣或者甚至比那时更加恶劣的状况中。然而，由于城市的巨大扩展，城市居民从那时起已经增加了一半以上，所以那些原来宽敞清洁的街区，现在已经同从前声名狼藉的街区一样，房屋密集、污秽、挤满了人。这里我只举一个例子。在我那本书的第 80 页及以下各页中，我描写了梅德洛克河谷的一簇房屋，这个地方名叫小爱尔兰，多年以来就是曼彻斯特的一个污点。小爱尔兰早就消失不见；现在这个地方修建了一个地基很高的火车站；资产阶级吹嘘说，顺利地拆除小爱尔兰是一个伟大的胜利。但去年夏天发生了一次可怕的大水灾，因为由于很容易理解的原因我们的大城市中筑有堤堰的河流总是一年比一年招来更大的水灾。那时人们才发现，原来小爱尔兰根本没有被消灭，只是从牛津路南边迁移到了北边，并且仍然像以前一样繁荣。……同一个经济必然性在一个地方产生了它们，也会在另一个地方产生它们，当资本主义生产方式还存在的时候，企图单独解决住宅问题或其他任何同工人命运有关的社会问题都是愚蠢的。真正解决方法在于消灭资本主义生产方式，由工人阶级自己占有全部生产资料和劳动资料。”[①]也就是说，马克思主义生态伦理实现的前提是生产力和生产关系两方面的革命。

① 《马克思恩格斯选集》第 2 卷，人民出版社，2012 年版，第 243 页。

第 3 章 西方马克思主义生态伦理的时代化及其发展

西方生态马克思主义者和生态社会主义者从不同的角度对日益严重的全球化生态危机做出了集体的回应，他们对于资本主义的生态批判之中蕴含着丰富的生态伦理内涵。西方生态马克思主义者从生产方式和社会制度上所进行的生态批判超越了一般意义上的生态主义。西方生态马克思主义者在对资本主义进行生态批判的过程中，提出了解决生态危机的种种方案，将马克思主义、社会主义、环境主义和生态学融为一体，构建一个理想的生态社会主义社会。生态马克思主义和生态社会主义的生态伦理作为对资本主义道德体系的批判，在一定程度上超越了资本主义道德具有历史的进步性，但是二者理论与实践的内在缺陷决定了其生态伦理的空想性。

3.1 马克思主义生态伦理的时代化

生态伦理主张把价值观、伦理观泛化至自然。价值论是关于价值的性质、构成、标准以及评价的哲学思想。生态伦理从根本上讲是为了保护人类的利益，生态伦理旨在规范人类开发利用自然过程中的无序行为，使人类社会摆脱日益严重的生态危机。生态伦理中自然生态虽然成为了道德的主体，但实际上只是一种道德的中介。生态伦理从本质上讲是以生态为中介的人际道德伦理。马克思主义生态伦理的逻辑起点是人。而在现实世界中，人是具体的历史的人。人类作为主体是一种多级的主体。特定历史时期不同的地理空间内存在着不同的作为个体的主体，例如个人；也存在着作为群体的主体，例如国家民族以及利益集团。人类是在竞争的环境中发展，而环境问题体现为多级主体间现实利益的矛盾。生态伦理所关注的是，如何消除各主体间生态利益的不公平、如何分担治理污染的成本、如何承担保护环境的责任。但是由于不合理的国际政治经济关系，形成了生态帝国主义、生态霸权主义、生态殖民主义等不合理的生态利益关系。

时代化马克思主义生态伦理的建构需要坚持以下几个原则：第一，生态伦理是人与人化的自然之间的关系，而根本在于人与人之间的关系。第二，当代生态问题的核心问题并不在于人类中心主义。考察人类社会的发展史可以发现，作为整体的人类从来就没有存在过。存在过的只是作为阶级的人类。所谓的人类中心主义不过是阶级中心主义、集团中心主义、地区中心主义的借口而已。现代生态伦理的建构不仅在于中国国内，而且在于建立合理的国际经济政治秩序。就当前中国的国情而言，生态伦理的建构必须从国内和国际两个方面进行建构。在国内，在生产分配等方面通过制度切实体现以人为本，在国际上，最大限度地实现政治经济层面的公正。社会主义生产的目的是为了满足当前人民的需求以及不断增长的物质文化需求。通过不断完善社会主义制度，逐步消除劳动的异化，逐步实现人的自由的全面发展。在国际上，针对国际上不合理的经济政治秩序，发达国家应承担更多的生态责任，同时为废除不合理的国际经济政治秩序不懈努力。

联合国《保护地球——持续生存的战略》中提出了涉及人类可持续生存的基本原则。①每个人都是生命大家庭的一员，构成了全部活着的生命。这个大家庭联系了所有人类社会、现在的和将来的世代、人类和自然界其他部分。它包括文化和自然的多样性。②每一个人都有平等的权利，包括生活的权利、人的自由和安全的权利、思想信仰和宗教自由的权利、询问和发表的权利、参与政府的权利，受教育的权利、在地球极限内更为体面的生活目标而利用自然资源的权利。个人、社会或民族都不具有剥夺他人生计的权利。③每个人、每个社会都有资格来尊重这些权利。每种生命形式以它对人类的价值有理由分别得到尊重。人类的发展不应该威胁自然的整体性和其他物种的生存，避免折磨和不必要的屠杀。④人类应该保护生态进程和自然界的多样性，并应该节俭有效地利用任何资源，保证所有的可再生资源是可持续的。⑤在不同社会和不同利益的团体之间，在那些贫困和富足的地区之间，以及现代和将来世代之间，每个人都应该有目的地公平分享资源。每代人应该给下一代人留下一个至少与他们继承下来的一样丰富多彩和富有生产力的世界。一个社会或一个世代的发展不应该限制其他社会或世代的发展。⑥保护人类权利和自然界是世界范围的责任。它超越于各种文化之上的、思想意识上的以及地理上的界限。这些责任既是个人的也是集体的。

联合国《世界自然宪章》（1982）宣告：每种生命形式都是独特的。无论对人的价值如何，都应得到尊重，人类必须受行为道德准则的约束。①应尊重大自然，不得损害大自然的基本过程。②地球上的遗传活力不得加以损害；无论野生或家养，各种生命形式都必须维持其足以生存繁衍的数量。③各项养护原则适用于地球上一切地区包括陆地和海洋；独特地区、所有各种生态系统的典型地带、罕见或有灭绝危险物种。④对人类所利用的生态系统和有机体以及陆地、海洋和大气，应设法使其达到并维持最适宜的持续生产率，但不得危及与其共存的其他生态系统或物种的完整性。⑤应保护大自然，使其免于因战争或其他敌对活动而退化。

这些国际宣言所体现的生态伦理包含了以下的原则：首先，这些宣言或公约强调了人类对于自然的责任。其次，强调热爱自然保护自然，实现人与自然之间的和谐。热爱自然、尊重生命、保护环境、节约资源等等体现生态伦理内涵的行为方式应该受到社会的提倡，继而成为一种社会习俗。通过充分发挥生态伦理规范的社会功能，调节人与自然的关系，实现人与自然的和谐相处。马克思主义生态伦理的时代化需要处理两种矛盾：人与自然之间的矛盾以及人与人之间由自然生态而引起的矛盾。生态伦理在解决这两种矛盾时应体现生态伦理的公平原则。生态伦理的核心原则是生态、经济、社会的可持续发展。生态可持续是指生态的整体性，即生物圈的可持续性。生态可持续性是人与自然生态伦理的自然基础。为了实现生态的可持续发展，必须科学地利用和开发自然资源。实现经济的可持续发展，是为了实现人的本质，满足人民日益增长的物质文化需求。经济的可持续发展要体现代际平等的原则，在满足当代人需要的同时为后代创造出平等的生态环境。社会可持续发展所体现的是公平的原则，为社会主义市场经济的发展提供合理的生态伦理支撑。生态伦理的公正原则应当体现：①经济政治社会的公平。②代际之间的平等。③不同地区国家之间的生态平等。④人、生命和自然界之间的平等。时代化马克思主义生态伦理必须兼顾既得利益集团和弱势群体的利益；当代人和后代人的利益；人与自然的利益，兼顾社会安全和生态安全。时代化马克思主义生态伦理应该从以下几方面对经济社会发展提供伦理支撑：①生态伦理中自然的权利与价值，为正确处理人口、环境与资源的关系奠定了伦理基础。②生态伦理有助于确立新的道德规范原则，有助于社会新道德和生活模式的养成。③生态伦理作为一种新的世界观，为马克思主义的时代化注入了新的内涵。

马克思认为人应该作为类存在物而存在，但在现实社会中，人并不是作为类存在物存在的，而是作为阶级、集团、国家等形式而存在。而每个阶级集团或国家之间的利益是不一致的，所以出现了生态殖民主义、生态霸权主义等等。生态伦理中，人类应该作为类存在物存在，生态保护应该体现全球本位。但是现实与应然之间存在着巨大的鸿沟。所以在生态伦理中存在着应然的类伦理本位和实然的利益集团本位之间的冲突。类伦理本位是人类的良知，而利益集团本位却是无奈的现实选择。这种矛盾冲突的解决需要通过国际协商，通过国际条约来解决。但是当两种矛盾发生冲突时，利益集团本位就会取得压倒性的优势。例如 1997 年，包括美国在内的多国拒绝签订《京都议定书》就是担心国内的垄断集团承受经济损失。

在工业革命以前，人类的社会实践能力还没有大规模地危害到生态环境。工业革命之后，随着科学技术的发展以及市场经济对社会的支配，人们驾驭自然支配自然的能力空前提高。人类经历了从农业文明到工业文明的转换。随着生产方式的发展，人类社会进入了信息社会。生产方式的转变使人类反思人类文明发展对于自然生态的危害，人类社会发展提出了生态文明的目标。生态伦理的基础是生态价值观。生态价值观与传统的价值观是继承与发展的关系。由于生产方式的水平，人与自然的关系经历了以下几个阶段。第一个阶段是人类对自然的崇拜和服从，这个时期是原始社会人类进入农业社会以前的时期。各种原始的自然宗教体现了这个时期人与自然的关系。第二个阶段是人对自然的顺从阶段。人类进入农业社会之后，这个时期人类社会存在着天命论的自然观。由于生产力水平仍然相对低下，农牧业生产仍然是靠天吃饭，天人合一的思想是人与自然关系的体现。但是所谓的天人合一的核心仍然是天，也就是自然界。人与自然并不是平等的主体。第三阶段是工业社会，随着生产力水平的提高人类开始了对自然的无序掠夺。天人合一变成了人定胜天。天命论变成了转变论。人与自然的第四个阶段信息社会，随着生产方式的转变，人类开始反思工业文明时期生产方式对自然界的破坏，并将生态文明作为发展的目标。生态伦理与传统伦理观在价值观方面的根本区别是是否承认自然本身的价值。随着社会的发展，自然本身的价值已经成为了共识。1972 年，联合国通过了《人类环境宣言》，形成了以下几点共识。①人类只是自然界中的普通一员，没有凌驾于自然之上的特权。②人类只是自然界中的普通一员，维护自然界大家庭的利益是其最高的价值准则。③包括科学技术和经济发展在内的人类一切行为都必须以自然的承受限度为标准。④人类应该培养热爱自然的观念和生活方式。

传统的伦理与马克思主义生态伦理是对立统一的关系。对立体现在传统的伦理价值观片面强调人类利益，以破坏生态为代价满足人类的需求。而生态伦理强调自然的价值，强调人与自然的和谐相处。传统伦理观与生态伦理观的统一体现在生态伦理观方面虽然否认人类中心论，但是强调人类作为自然整体性的利益。同时生态伦理所肯定的是人化的自然，肯定了人化的自然的利益，也就是充分体现了人的本质，维护了人类的根本利益。马克思主义生态伦理通过对传统伦理价值观的扬弃，实现了对传统伦理继承和批判。

马克思主义生态伦理是以生态的合理性为基础，从理论和实践两方面体现生态伦理的合理性。生态伦理价值的现实性是生态伦理价值合理性的逻辑前提。生态的生命有机性是生态伦理合理性的前提。生态伦理还体现了整体性的原则，它回答了谁的合理性这个问题。反对人类中心主义是当代各流派生态伦理的基本共识。

3.2 当代西方马克思主义生态伦理

西方生态马克思主义的生态伦理思想首先体现在对资本主义各个角度的批判之中。高兹和克沃尔等从资本的本性和资本主义生产方式出发对资本主义进行了批判。高兹指出："如何用最少的成本生产出最大交换价值成为资本主义企业最关心的问题，而鲜有考虑如何实现生产和自然的平衡。"[①]高兹认为，资本主义的生产方式以及资本的本性导致在利润的驱使下，任何生产都是以生态的破坏为代价的，资本主义具有反生态的本性。资本逻辑产生了以效率为核心的经济理性，而经济理性与生态理性是截然相对的。"从经济理性中无法衍生出伦理原则。"[②]资本的本性以及资本主义的生产方式决定了经济理性无法相容于生态理性。"要理解并克服这些反生态性，就必须同这种经济理性决裂。生态学应坚持的原则是限制物质生产而不是扩大并增加物质生产。"[③]克沃尔从使用价值和交换价值的角度论证了资本主义对于生态的破坏性，资本主义生产导致了片面强调交换价值而忽视了使用价值，继

① Ander Gorz，Ecology As Politics，Boston：South End Press，1980，p.5。

② Ander Gorz，Ecology As Politics，Boston：South End Press，1980，p.15。

③ Ander Gorz，Ecology As Politics，Boston：South End Press，1980，p.16。

而造成了人类与生态之间的紧张关系。“控制自然的不是别的东西，正是无处不在的资本主义。”[①]奥康纳等通过对资本主义生产条件下资本与生态之间的矛盾分析，解释了资本主义生产条件下人与生态紧张关系的根源。奥康纳指出：“进入到不变资本与可变资本中的自然要素是生产的外在物质条件，在资本主义生产条件下这些自然要素变成了商品或商品化的资本。”[②]资本主义生产条件下私人成本转化为社会成本的过程中必然会带来生态危机。从自然中榨取的财富成为了私人资本，而被污染的自然则被抛给了社会。奥康纳将自然比喻为水龙头和污水池：“水龙头里的水是有可能被放干的，这个污水池也是有可能被塞满。自然界作为一个水龙头已经或多或少地被资本化了。水龙头成了私人财产，污水池则成了公共之物。”[③]资本主义成本的外化将会导致企业重新使用对生态有害的技术，以及刺激新的生物技术的发明导致更加严重的生态伦理问题。“处于困境中的企业或部门为了省钱而无视环境的清洁与保护。它们同时还会重新引入像 DDT 那样的被禁之物。尽管因生产总量的下降，这些企业所造成的污染可能会降低，但由于产品的单位污染量的增加，污染总量仍会上升。在自然界的开发方面，处于经济困境中的企业更不可能从生态的角度去关注开发、开采和操作过程中的技术，以及土地的使用等问题。”[④]

约翰·贝拉米·福斯特等借鉴马克思的生态思想，以人与自然新陈代谢的角度分析了人与自然之间的关系。福斯特认为：“在人类与土地的自然关系中，马克思对资本主义农业以及新陈代谢断裂的观点，导致他得出较为宽泛的生态可持续性概念——他认为这种观点对资本主义社会来说具有非常有限的适用性，因为资本主义不可能在这一领域应用力学的科学方法。”[⑤]福斯特等认为资本主义对利润最大化的追求导致了人与自然之间新陈代谢的断裂：资本主义生产中科技的发展加剧了对自然的剥削，造成严重的污染，而资本主义社会无法弥补社会与自然之间新陈代谢的

① Joel Kovel，Has ecosocialism passed on the tough questions？ Capitlism，nature，socialism，Vol.14，No.2，June 2003。

② [美]詹姆斯·奥康纳：《自然的理由——生态学马克思主义研究》（唐正东、臧佩洪译），南京大学出版社，2003 年版，第 257 页。

③ [美]詹姆斯·奥康纳：《自然的理由——生态学马克思主义研究》（唐正东、臧佩洪译），南京大学出版社，2003 年版，第 296 页。

④ [美]詹姆斯·奥康纳：《自然的理由——生态学马克思主义研究》（唐正东、臧佩洪译），南京大学出版社，2003 年版，第 297 页。

⑤ [美]约翰·贝拉米·福斯特：《马克思的生态学——唯物主义与自然》（刘仁胜、肖峰译），高等教育出版社，2006 年版，第 182 页。

断裂。当本国资源耗尽，在利润的推动下，资本主义国家就会使用军事或市场手段在更大的范围内掠夺资源，将这种新陈代谢全球化。福斯特指出："……也是全球层面新陈代谢断裂的一个证据：所有的殖民地国家眼看着他们的领土、资源和土壤被掠夺，用于支持殖民地国家的工业化。"①

马尔库塞等从异化消费的角度解释了资本主义制度下人与自然关系的异化。马尔库塞将人的需要分为真实的需要和虚假的需要。真实的需要是受到社会约束的出于人类本性的自主的需要。而虚假的需要是"为了特定的社会利益而从外部强加给个人神圣的那些需要、使艰辛、侵略、痛苦和非正义永恒化的需要。"②虚假的需要是与人的真实本性相悖的。"人与动物不同，他非但不满足于锦衣玉食，酒池肉林，而且还力图摆脱物的束缚，追求更高尚的东西。但是在现代西方社会中，人们正是在虚假的需要的支配下，把物质需求作为自己的最基本的需要。现在的大多数需要，诸如休息、娱乐、按广告宣传来处事和消费、爱和恨别人之所爱和所恨，都属于虚假的需要这一范畴。"③虚假的需求刺激了满足虚假需求的生产，虚假需求的生产造成了异化的消费，异化的消费造成了人与生态之间关系的异化。阿格尔等认为资本主义生态危机的根源在于异化消费："危机的趋势已（从生产领域）转移到消费领域"。④资本主义的生产方式造成了劳动的异化，劳动阶级为了填补枯燥乏味的异化劳动所带来的空虚，于是在休闲消费活动中寻找解脱。正是这种异化劳动所带来的虚假的需求造成了消费的异化，异化消费消解了异化劳动所造成的不满并成为推动异化劳动的重要因素。另一方面，资产阶级通过控制媒体以及社会舆论歪曲社会需求的本质，以各种手段不断刺激异化消费。而满足异化需求所造成的经济增长最终将受到生态系统的制约，而与社会生产发生尖锐的冲突。"资本主义商品生产的扩张主义导致资源不断减少和大气受到污染的环境问题"。⑤异化消费浪费资源、污染环境、破坏生态，是导致资本主义社会生态危机的根源。

福斯特等从科技伦理的角度探讨了资本主义制度下科技的滥用与生态危机的关系。"在这种体制下，将可持续发展仅局限于我们是否能在现有生产框架内开发

---

① [美]约翰·贝拉米·福斯特：《马克思的生态学——唯物主义与自然》（刘仁胜、肖峰译），高等教育出版社，2006 年版，第 182 页。

② [美]马尔库塞，《单向度的人》（刘继译），上海译文出版社，2006 年版，第 6 页。

③ 同上。

④ [加]本·阿格尔：《西方马克思主义概论》（慎之译），中国人民大学出版社，1991 年版，第 486 页。

⑤ [加]本·阿格尔：《西方马克思主义概论》（慎之译），中国人民大学出版社，1991 年版，第 418 页。

出更高的技术是毫无意义的，这就好像把我们整个生产体制连同非理性、浪费和剥削进行了升级而已。我们只能寄希望于改造制度本身，这意味着并不是简单地改变该制度特定的调节方式，而是从本质上超越现存积累体制。能解决问题的不是技术，而是社会经济制度本身。”[①]岩佐茂进一步指出：“实际上在现实中，与其说是技术的发展及工业化、城市化不可避免地引起了公害，还不如说公害是由于只追求利润的功利主义观点出发而采用新技术，或者说，在还未能充分掌握预防公害对策的情况下，就推行工业化即现代化、产业化而造成的。”[②]技术造成生态灾难的罪责并不在于技术本身，资本主义制度下对技术选择性发展与使用的标准是利润而不是生态。奥康纳指出：“与资本在工厂中对技术的那种配置和运用方式——目的是为了控制劳动和生产剩余价值及利润——相比，也许技术本身不应受到更多的指责。”[③]克沃尔等通过对高新技术对生态环境的影响，断然否定了以技术手段解决资本主义生态危机的可能性。西方的生态马克思主义者普遍认为虽然高新技术的使用有助于生态的改善，但是在只要存在着资本主义的生产关系和生产方式，技术对于人与自然之间紧张关系的改善就是极其有限的。

还有学者分析了西方社会人与自然紧张关系的思想根源。莱斯等对西方社会中人类控制自然的观念与生态危机的关系进行了深刻的分析。莱斯认为西方社会在长期的历史发展过程中所形成的控制自然的观念，“像自然权力概念一样，它以普遍的名义被说成是人类的行为，它对整个人类而不是任何特殊利益集团带来利益，解除人类的处境的困难是它宣布的目标。”[④]但是莱斯认为在人类发展的过程中从来就没有存在过整体的利益完全一致的人类，所以传统的控制自然的观念仅仅是维护特殊集团利益的意识形态工具。为了克服传统控制自然观念的局限性，莱斯对其进行了修正。莱斯认为控制自然的目的，“应当理解为把人的欲望的非理性和破坏性的方面置于控制之下。这种努力的成功将是自然的解放——即人性的解放：人类在和平中自由享受他的丰富智慧的成果”。[⑤]而资本主义制度下控制自然观念，“以普遍

① [美]约翰·贝拉米·福斯特：《生态危机与资本主义》（耿建新、宋兴无译），上海译文出版社，2006年版，第95页。

② [日]岩佐茂：《环境的思想》（韩立新译），中央编译出版社，1997年版，第18～19页。

③ [美]詹姆斯·奥康纳：《自然的理由——生态学马克思主义研究》（唐正东、臧佩洪译），南京大学出版社，2003年版，第327页。

④ [加]威廉·莱斯：《自然的控制》（岳长龄、李建华译），重庆出版社，1993年版，第79页。

⑤ [加]威廉·莱斯：《自然的控制》（岳长龄、李建华译），重庆出版社，1993年版，中译序，第16～17页。

的形式遮蔽着控制自然和控制人之间的联系”。[①] “对自然和人的控制在社会统治阶级的引导下，内化为个人的心理过程；它是自我毁灭的，因为消费和行为的强制性特征破坏了人的自由。”[②]控制自然的意识形态与资本主义制度以及生产方式相结合，自然被视为征服的对象，生态系统受到越来越严重的威胁，控制自然的观念加剧了人与自然关系的异化。控制自然的观念在社会实践中表现为极端的人类中心论，莱斯认为要摆脱这种思维定式，必须实现社会制度的根本变革。

随着全球化的进程，生态危机也随着资本的扩张成为了全球性的问题，形成了所谓生态帝国主义或生态殖民主义。对于生态帝国主义产生的原因，奥康纳使用不平衡发展和联合发展的理论进行了阐释。“不平衡发展是用来描述诸如原料供应地区（第三世界）与对产品的生产加以垄断的地区（第一世界）之间的二元性或对立性关系的”。[③]联合发展则是“那些发达地区的经济、社会及政治形态之间的一种独特的结合……是把追求利润最大化的发达国家与欠发达国家在一种新的统一体中结合了起来。”[④]不平衡发展造成了联合发展，“意味着工业、金融以及商业资本在某些领域要比其他领域以更快的速度进行积累，结合成更大的集团或联合体，以及拥有更大的政治力量。”[⑤]不平衡发展与联合发展造成了全球化的生态危机。奥康纳概括了生态帝国主义对第三世界生态的破坏：“出口型农业造成了土地的贫瘠日益严重；不合理的国际经济秩序迫使第三世界国家出口更多的农产品以换取外汇；使用越来越多的农药和化肥维持经济作物的种植；砍伐森林种植出口型经济作物；第三世界国家为了维持社会稳定限制粮食价格，造成种粮农民为了生存盲目扩大生产规模，导致环境恶化的加剧；生态的恶化导致了严重的社会问题。”[⑥]

西方生态马克思主义者从不同的角度对全球化日益严重的生态危机做出了集体的回应。虽然这些学者并没有直接论述生态伦理，但是他们对于资本主义的生态

---

① [加]威廉・莱斯：《自然的控制》（岳长龄、李建华译），重庆出版社，1993 年版，第 14 页。

② [加]威廉・莱斯：《自然的控制》（岳长龄、李建华译），重庆出版社，1993 年版，第 8 页。

③ [美]詹姆斯・奥康纳：《自然的理由——生态学马克思主义研究》（唐正东、臧佩洪译），南京大学出版社，2003 年版，第 305 页。

④ 同上。

⑤ [美]詹姆斯・奥康纳：《自然的理由——生态学马克思主义研究》（唐正东、臧佩洪译），南京大学出版社，2003 年版，第 302 页。

⑥ [美]詹姆斯・奥康纳：《自然的理由——生态学马克思主义研究》（唐正东、臧佩洪译），南京大学出版社，2003 年版，第 313～314 页。

批判之中蕴含着丰富的生态伦理内涵。西方生态马克思主义者在对西方社会进行生态批判的过程中采用了历史唯物主义的方法，这也体现了马克思主义生态伦理的基本方法。西方生态马克思主义者认为自然是人类社会的物质基础，自然的发展变化对社会发展将会产生重要的影响。人与自然的紧张关系造成了生态危机，生态危机体现了人与自然之间异化的生态伦理。所以生态伦理的问题从根本上讲是生产方式和交换方式的问题，当然也必须通过从根本上变革生产方式和交换方式去解决。西方生态马克思主义者对于生态问题采用了基本正确的理论方法，并对于生态伦理的进一步研究提供了基本正确的路径。

西方生态马克思主义者对资本主义制度下人与生态的关系进行了历史的具体的分析，从生产关系而不是抽象的人性出发，并将人与生态的紧张关系归因于资本主义的生产方式。“生态主义和社会主义争论的第一个领域是关于当代社会病态的根源。社会主义者将资本主义作为根源，而政治生态主义者更喜欢将其归结为工业主义。”①从表面上看，确实似乎是工业化的发展方式造成了生态危机。但历史地看，是传统的工业化道路导致了生态问题，如果转变发展理念借助高新技术实现科学发展，工业发展与生态是可以和谐共存的。而问题在于资本主义的生产是围绕着利润而不是社会利益而展开的，其内在的资本逻辑必然会造成科技的滥用，资本主义制度及其生产方式具有内在的反生态性。资本主义的生产方式与和谐共生的生态伦理是天然相悖的。西方生态马克思主义者从生产方式和社会制度上所进行的生态批判超越了一般意义上的生态主义，具有一定的进步性。

当然西方生态马克思主义伦理思想也具有内在的局限性。在他们的论述中与生态伦理最直接相关的是关于异化消费的论述，但是他们对异化消费的论述恰恰体现了其生态伦理思想的局限性。任何一种消费都与价值观密切相关，因而具有鲜明的伦理内涵，西方生态马克思主义者认为传统的马克思主义忽视了消费与资本主义危机的关系。资本主义的异化消费的本质是为了实现利润的最大化，资产阶级通过控制的宣传机器鼓吹过度消费的功利主义伦理观。异化的过度消费刺激过度生产，最终造成生态危机。对异化消费的批判不仅是对于资本主义生产关系的批判，而且是对资本主义消费伦理的生态批判。但是西方生态马克思主义者认为异化消费造成生态危机，生态危机必然造成连锁性的生产危机。在一系列危机之中，人们将会对劳

① [英]安德鲁·多布森：《绿色政治思想》（郇庆治译），山东大学出版社，2005年版，第239～240页。

动和生态进行伦理的反思，劳动将会实现其自身的价值回归。西方生态马克思主义者从资本主义生产方式出发对异化消费与生态危机的关系进行研究，但是他们对消费伦理自发地消除异化的论述很显然又背离了马克思主义的历史唯物主义。西方生态马克思主义者虽然批判了资本主义的生产方式，但是他们没有进一步揭露生态伦理的扭曲与私有制之间的密切关系。马克思明确指出：“人同自身和自然界的任何自我异化，都表现在他使自身和自然界跟另一个与他不同的人所发生的关系上。……私有财产是外化劳动即工人对自然界和自身的外在关系的产物、结果和必然结果。”[①]自然和工人都成了资本家获得私有财产的工具，而当私有财产转化为资本必然进一步加剧生态伦理的扭曲，造成更加严重的生态危机。但是生态马克思主义者并没有试图解决私有制的弊端，而是将关注的焦点集中在了消费伦理。消费伦理作为一种道德伦理是意识形态的范畴，受到特定生产方式的制约。消费伦理摆脱异化的过程很显然不可能仅仅通过道德说教或个人感悟实现，而必须通过生产关系的变革，继而通过社会制度的变革来实现。而且一些生态马克思主义者过分地夸大了消费伦理的社会政治功能，他们甚至认为通过生态消费伦理的实现就可以解决生态问题。作为上层建筑的生态消费伦理当然可以在一定条件下反作用于经济基础，但是作为上层建筑的生态消费伦理从根本上讲必然决定于经济基础。生态消费伦理的实现必然通过一场革命性的社会变革，而革命性的社会变革必然要依靠特定的革命阶级，而生态马克思主义者并没有使用阶级分析的方法明确变革的阶级主体，所以其历史唯物主义是不彻底的。而且当代西方生态马克思主义者所关注的主要是西方社会，虽然他们也在一定程度上对发展中国家的生态灾难给予了高度的同情，但从本质上讲他们仍然是西方中心论者，其限制生产限制增长的主张并没有考虑到为实现现代化而奋斗的广大发展中国家的利益。虽然他们对生态帝国主义进行了揭露和批判，但是就生态伦理而言，他们并没有摆脱西方中心论的藩篱。

3.3 当代西方生态社会主义生态伦理

西方生态马克思主义者在对资本主义进行生态批判的过程中，也提出了解决生态危机的种种方案，其中生态社会主义所构筑的社会理想最为引人瞩目。生态社会

① 《马克思恩格斯全集》第 42 卷，人民出版社，1979 年版，第 99～100 页。

主义者认为应该将马克思主义、社会主义、环境主义和生态学融为一体，构建一个理想的生态社会主义社会。米切尔·洛维指出："马克思主义和生态学的兴起都是人们对资本主义工业文明模式进行反思的结果，社会主义和政治生态原则（或最起码是包含了某种倾向）都各自继承了浪漫派的批判传统。他们寻求超越工具理性目标、超越量化统治、超越生产作为目的本身。他们主张建立一种超越经济自动化、金钱统治、把宇宙的一切都视为对利润的计算和资本积累的社会。相反，他们倡导质的价值：使用价值和需要的满足。尽管一些人强调社会平等，一些人强调保持自然和生态平衡。但是双方都认为经济应该内嵌于社会和自然环境中。"①洛维提出了生态社会主义伦理的基本原则，那就是为了使用价值而生产，而生产是为了满足社会的真正需要。生态社会主义社会"质的原则"的核心是平等、生态与发展的统一，这也是生态社会主义生态伦理的核心内涵。

生态社会主义所设想的生产和分配的原则也正是基于这样的生态伦理，生产不应该建立在奴隶般的社会分工的基础上而应该建立在自愿的基础上。生态社会主义所要满足的是人的正当的需要，佩珀指出：这种需要是在"自然能力的宽泛限制范围内可以满足的需要"。②米切尔·洛维指出："生态社会主义需要继承正统马克思主义的洞见，抛弃其生产主义的渣滓，这样就能够明白利润和市场的逻辑和生产需求是不相容的……生态阵营最明显的特征就是和生产主义的进步意识形态决裂，反对破坏环境的生产和消费主义的扩张。"③生态社会主义理想之中具有十分鲜明的生态伦理内涵，生态社会主义者认为必须通过劳动者的自由联合消除劳动的异化，继而实现自然的解放。生态社会主义从生态伦理的角度拓展了传统社会主义的内涵，所要实现的不仅是人的解放，而且是生态的解放。生态社会主义主张通过解放劳动实现生态自身的价值以克服生态危机，最终实现人的自身的解放。④生态社会主义者以生态伦理丰富了传统社会主义的正义观。劳动的异化导致了自然的异化，而自然的异化导致了生态危机，生态伦理中的自由不是对个人使用资本权利的特许，而是在自由中注入了生态的内涵。生态社会主义思想家对和平和正义等价值观进行了

---

① Michael Lowy，From Marx to ecosocialism，capital，nature，socialism，Vol.13，No.1，March 2002，p.122。

② [英]戴维·佩珀：《生态社会主义：从深生态学到社会正义》（刘颖译），山东大学出版社，2005 年版，第 337 页。

③ Michael Lowy，From Marx to ecosocialism，capital，nature，socialism，Vol.13，No.1，March 2002，p.129。

④ David johns，Joel Kovel，Michael lowy，has ecosocialism passed on the tough questions？，capital，nature，socialism，Vol.14，No.2，June 2003。

生态伦理的阐释。克沃尔指出："我们需要和平和正义，和平意味着生态健全，正义意味着消灭靠剥削他人积累财富的制度，真正公正的社会是一个无阶级的社会。"①佩珀更进一步以生态伦理丰富了传统的共产主义。佩珀指出："基本的社会主义原则——平等、消灭资本主义和贫穷、根据需要分配资源和对我们生活与共同体的民主控制——也是基本的环境原则。真正的共产主义的部分定义是，人们不再通过它体验一种环境危机：非人的自然将被改变而不是被破坏，并且，更加使人愉快的环境将被创造而不是被破坏。"②生态社会主义者认为生态危机并不在于人类改造自然的实践，而在于具有内在反生态特征的资本主义的生产方式。生态社会主义反对生态中心主义，生态危机不能归罪于人类的社会实践。佩珀指出："人类不是污染物质，也不犯有傲慢、贪婪、挑衅、过分竞争的罪行和其他暴行。"③

生态社会主义者对生态社会主义的设想和规划中体现出集体主义的伦理原则。克沃尔认为，生态社会主义的经济应该具有伦理内涵。进行商品生产的目的是为了商品的使用价值以及其内在价值，生产的意义不仅仅是为了获得商品而且在于生产过程本身，在生产的过程中生产者将会加强联系，强调共同义务和团队精神，尊重自然的极限以及其审美诉求。以生态伦理抵制并消解资本主义贪婪的资本逻辑。④生态社会主义的生态伦理集中体现在《贝伦生态社会主义宣言》（以下简称《宣言》）⑤之中。生态社会主义的生态伦理的基本原则是民主和生态，它倡导基于社会正义和生态平衡的非拜金主义价值观。《宣言》指出："生态社会主义运动的目的是阻止并逆转资本主义所造成的普遍性的生态灭绝，尤其是全球变暖，继而构建一个激进而实际的体系以替代资本主义。生态社会主义构建在变革性的经济基础之上，它的经济根植于强调社会正义和生态平衡的非拜金主义的价值观。它既批判资本主义的市场生态观也批判所谓生产至上的社会主义，因为它们都忽视了地球的平衡性和有限性。它在生态和民主的框架内重新界定了社会主义的道路和目标。"

生态社会主义者认为生态社会主义将实现生产方式从交换价值到使用价值的

---

① Joel Kovel，The ecofeminism ground of ecosocialism，capital，nature，socialism，Vol.16，No.2，June 2005。

② [英]戴维·佩珀：《生态社会主义：从深生态学到社会正义》（刘颖译），山东大学出版社，2005 年版，第 356 页。

③ [英]戴维·佩珀：《生态社会主义：从深生态学到社会正义》（刘颖译），山东大学出版社，2005 年版，第 354 页。

④ Joel Kovel，The ecofeminism ground of ecosocialism，capital，nature，socialism，Vol.16，No.2，June 2005。

⑤《贝伦生态社会主义宣言》（聂长久译），载《当代世界社会主义问题》，2010 年第 2 期，第 95～99 页。

伦理意义上的转换。《宣言》指出："生态社会主义涉及革命性的社会转型，它将限制增长并实现需求的转变；而完成这一目标的途径是实现经济标准从量到质的深刻变革，使经济标准从强调交换价值转化为强调使用价值。这些目标不仅需要经济领域决策的民主化，以便使社会集体决定其投资和生产的目标，而且需要实现生产资料的集体化。只有实现生产资料集体所有并且集体决策，才能具有长远的眼光，而这是社会和自然系统平衡可持续发展的必然要求。"

因为生态社会主义实现了生产目的从交换价值到使用价值的转换，生产标准实现了从量到质的转换，异化的生产和消费也随之消失，人的自由而全面的发展成为生态社会主义经济的核心。《宣言》指出："拒绝生产至上主义并实现经济标准从量到质的转化，需要从总体上重新审视生产和经济行为的本质和目标。人类基本的创造性、非生产性以及再生产性行为，例如家政、育儿、护理、幼儿和成人教育以及艺术将成为生态社会主义经济的核心价值。"生态社会主义不仅肯定人的生态权利，而且承认自然也具有基本的权利，并试图通过集体决策的方式维护人与自然的这种基本权利。《宣言》指出："清洁的空气和水、肥沃的土壤、能够普遍获得的绿色食品以及可再生的非污染性的能源，都是生态社会主义所捍卫的自然与人的基本权利。对地方、地区、国家乃至国际事务的集体决策远不会形成专制，它将会转变为基于公共自由和责任的社会行为。这种决策的自由将人从基于增长并产生异化的资本主义经济规律中解放了出来。"

社会主义生态伦理的实现必须基于生产方式的革命，生态社会主义者为了维护社会和生态的共同利益提出了限制生产和以民主决策控制资本以及技术的发展等具体措施。《宣言》指出："为了避免全球变暖和其他威胁生态以及人类生存的危险，在实现充分就业的同时，工农业的各个部门必须受到限制、减少或者重组，而其他产业必须得到发展。除非实现生产工具的集体所有以及生产和交换的民主性规划，这种激进的变革是不可能实现的。必须以民主决策取代以往资本主义企业、投资者和银行对投资和技术发展的控制，以便从长远角度考虑社会和自然的共同利益。"生态社会主义者赋予了传统社会主义正义观以新的生态内涵。传统的社会主义正义一般指社会公正，而生态社会主义者认为社会主义的正义应该包括社会正义和环境正义，而且两种正义密不可分。生态社会主义者明确指出这种道德的实现必须团结广大劳动人民、社会弱势群体以及广大妇女，反对进行社会剥削和生态污染的资本主义制度。《宣言》指出："人类社会中饱受欺压的最底层，那些勤劳而贫困的人民，必须全身心地投入到生态社会主义革命之中，以便复兴可持续发展的生态传统，并把这种讯息传递给资本主义制度下求告无门的群体。因为发展中国家的人民和贫困群体从总体上讲是资本主义所造成破坏的最主要受害者，他们的斗争和需要将有助于勾勒出所要创建社会的蓝图，它将在经济和生态方面实现可持续的发展。性别平等同样是生态社会主义不可或缺的组成部分，妇女运动从来都最积极地反对并谴责资本主义压迫。生态社会主义革命性变革的其他因子在所有社会中都广泛存在。只有绝大多数人都积极支持生态社会主义事业，对社会和政治结构进行革命性变革的过程才能够真正开始。劳工、农民、失地者和无业者寻求社会正义的斗争与为争取环境正义而进行的斗争密不可分。进行社会剥削和生态污染的资本主义是劳动和自然的公敌。"

生态社会主义者虽然构建了相对理想合理的生态伦理，但是其最大的困境在于其内在的不可克服的空想性。即使生态社会主义阵营之中的代表性学者也不否认生态社会主义的空想性。米切尔·洛维指出："这是乌托邦吗？从语源学上的无处而言，的确是乌托邦。然而除非我们承认黑格尔的凡是合乎理性的都是现实的，凡是现实的都是合乎理性的思想，我们又如何能够不诉诸乌托邦而构想出一种更加可持续的理性呢？在现实矛盾和现实社会运动的基础上，乌托邦是社会变化的不可分割的组成部分。生态社会主义也是如此。"[①]

生态社会主义内在的生态伦理作为一定的上层建筑必然要基于特定的生态社会主义的生产方式，而生态社会主义者恰恰无法实现这种生产方式的革命性变革。生态社会主义者普遍反对通过暴力革命的方式实现生态社会主义，而是寄希望于非暴力式的渐进改良。同时生态社会主义者又明确地指出了在资本主义框架内实现改良式的资本主义即清洁资本主义的虚伪性，《宣言》指出："当今人类面临着严酷的选择：要么生态社会主义，要么野蛮主义！""对利润无尽追求所造成的生态破坏并非是资本主义的偶然性特征。它已经渗入到这个系统的每一个基因之中，根本无法通过改良消除掉。基于利润的生产在投资决策时只考虑短期收益，而不从长远考虑对于健康和环境稳定性的影响。经济的无限膨胀与有限而脆弱的生态是不相容的，资本主义经济体系不能容忍对增长的限制，其对于增长的不断需求将会颠覆以持续发展的名义施加给它的任何限制。具有内在不稳定性的资本主义体系不能约束其自

① Michael Lowy，From Marx to ecosocialism，capital，nature，socialism，Vol.13，No.1，March 2002，p.131。

身的行为，更无力克服因无序和寄生性增长而造成的危机，因为如果它这样做的话必然会限制其资本积累。资本主义体系面临着自身无法接受的选择：增长或消亡。”“毫无疑问，历史已经清楚地表明了绝大多数政策制定者对资本主义趋利性的忠实维护。每个人都不禁要怀疑，现有方法能否有效遏制生态灾难的趋势。实际上，除了一些装点门面的虚饰之外，过去三十五年的改良是巨大的失败。当然也有一些孤立性的改进，但他们不可避免地被资本主义体系的无情扩张以及生产的无序性所压倒并抵消。这种失败显著的例证是：尽管 1997 年提出了《京都议定书》，但是在 21 世纪的前四年，全球每年碳的平均排放量是 20 世纪 90 年代的三倍。”

既然资本主义制度内的改良无助于生态危机的消除，资本主义具有内在的反生态性，资本主义的生产方式与生态社会主义的生态伦理自然也就是根本相悖的。生态社会主义精心设计了生态社会主义的生产方式，这种生产方式是生态伦理的经济基础，也将从根本上决定生态社会主义生态伦理的命运。《宣言》中详细地描绘了这种生产方式的制度设计。“生态社会主义计划在如下方面进行激进的变革：①在能源系统方面，用公共控制下的清洁动力替代碳基燃料和生物燃料：风能、地热、海浪发电，其中最重要的是太阳能。②在交通系统方面，大力减少私车的使用，代之以免费而高效的公共交通。③当前生产、消费和建筑模式的基础是浪费、内在的陈旧性（资本主义企业的一种惯用手法，在新产品问世之时，有意在其中搞些花样，使其不久即成过时货，以便为更新的产品打开销路。——译者注）、竞争和污染。生态社会主义倡导生产可持续可循环的商品并开发绿色建筑，以实现上述模式的重大变革。④在食物的生产和分配方面，尽可能地捍卫食品主权，取消污染性的工业化农业产业，建立可持续的农业生态系统并努力恢复土壤的肥力。实现绿色社会主义的理论化并为之而奋斗，并不意味着放弃为当前具体而急迫的变革而进行的斗争。我们对于清洁资本主义（原文为 clean capitalism，指采用所谓清洁发展机制的改良资本主义——译者注）不抱任何幻想，我们必须向政府、企业和国际机构施压，以实现某些基本但关键而迫切的变革：温室气体的强制性大幅度减排；发展清洁能源；广泛提供免费的公交系统；逐步以火车代替卡车（以电力代替石油作为动力——译者注）；制定清除污染规划；消除核能并制止战争的蔓延。上述内容以及其他类似的要求构成了全球正义运动和世界社会论坛的核心议程。在其推动下，从 1999 年西雅图会议开始，社会和环境运动日益成为反对资本主义斗争的焦点。”生态社会主义者对于生产方式的设计充分体现了民主与生态的核心内涵，但是其设计的方案却不具有现实的可能性。生态社会主义者否认资本主义自发实现生态革命的可能性，但是又将希望寄托于向政府、企业和国际机构施压，陷入了两难的悖论之中。同时其制度设计具有内在的缺陷，生态社会主义者主张稳态或有限度的经济增长，反对社会化大生产。生态社会主义社会作为对资本主义社会的超越应该是在充分继承其进步性的前提下的超越，而不是为了避免其弊端而向小生产的倒退。生态社会主义社会改良方案既不符合历史的发展规律，也不符合科学社会主义的基本原理，当然也就更不可能获得成功。生态社会主义的生态伦理作为对资本主义道德体系的批判，在一定程度上超越了资本主义道德具有历史的进步性，但是由于生态社会主义理论与实践的内在缺陷，其精心设计的生态伦理注定是一朵不结果的花。

第 4 章 马克思主义生态伦理中国化的条件与过程

马克思主义生态伦理在中国化的过程中分别受到了中国传统生态思想、进化论生态伦理以及互助论生态伦理的影响，其中以经严复改造的进化论伦理学的影响为最大。严复与天争胜的思想标志着中国传统生态伦理的终结，也标志着近代中国人与自然新型关系的开始。马克思主义生态伦理的中国化与马克思主义中国化的过程不是同步的，其形成过程就是逐步消除进化论伦理学影响的过程。马克思主义生态伦理的中国化是在中国特色社会主义发展道路的过程中历经曲折探索逐步形成的。

4.1 中国传统生态伦理思想

马克思主义生态伦理的中国化和时代化最终形成了中国特色的社会主义生态伦理，马克思主义生态伦理是中国特色社会主义生态伦理的根本来源。但在中国特色社会主义生态伦理形成和发展的过程中，也受到了传统生态思想以及近代西方生态伦理的影响。在中国传统社会之中，儒家思想、道家思想以及佛家思想是最主要的三个思想流派，它们各自形成了独具特色的生态伦理思想体系。

4.1.1 儒家的生态伦理思想

儒家的生态思想主要体现在“人为天地之心”的人道主义；道家的生态思想主

要体现在“道通为一”的自然主义；佛家思想主要体现为众生平等的宗教关怀。近代以来随着民族危机的日益加重，西方进化伦理学在中国得到了广泛的传播。物竞天择适者生存的进化论思想在人与自然的关系中日益起到重要的作用，而传统生态思想的影响日益式微。进化论生态伦理上承中国传统的生态思想，下启中国特色社会主义生态伦理，在中国生态伦理从传统向现代转型的过程中扮演着重要的角色。

在中国传统社会之中，占主流地位的是儒家思想。儒家思想在人与自然关系集中体现在“人为天地之心”的人道主义的伦理观。《礼记・礼运》之中明确提出了人为天地之心的观念：“人者，天地之心也，五行之端也，食味别声被色而生者也。”《尚书・泰誓》中写道：“惟天地万物父母，惟人万物之灵。”为什么人类在世间万物中居于特殊的地位成为万物之灵？荀子认为：“人有气有生有知亦且有义，故最为天下贵。”①董仲舒认为：“惟人独能仁义。”②王充认为：“天地之性人为贵，贵其识知也。”③也就是说，因为人类有知识和智慧所以成为万物之灵。荀子和董仲舒的观点后来成为儒家的主流思想，也就是说人类有知识有道德所以高于世间万物。虽然儒家思想家在人与自然的关系中基本上持人道主义的观点，但是在处理人与自然关系的实践中却分歧严重。

对于自然资源的利用，荀子主张：“故天之所覆，地之所载，莫不尽其美，致其用，上以饰贤良，下以养百姓而安乐之。”④荀子虽然主张在利用自然资源时应该有所节制：“不夭其生，不绝其长。”⑤但自然资源存在的根本价值在于：“养人之欲，给人之求。”⑥在荀子看来，万物的根本价值在于被人类充分的利用。董仲舒进一步论证了人类开发和利用自然的合理性：“天地之生万物也，以养人，故其可食者以养身体，其可威者以为容服。”⑦ “生五谷以食之，桑麻以衣之，六畜以养之，服牛乘马，圈豹槛虎，是其得天之灵，贵于物也。”⑧在荀子和董仲舒看来，自然就是人类开发索取的对象，因为人类高于世间万物。所以他们并没有将生态自然看作与

---

①《荀子・王制》
②《春秋繁露・人副天数》
③《论衡・别通》
④《荀子・王制》
⑤《荀子・王制》
⑥《荀子・礼论》
⑦《春秋繁露・服制像》
⑧《汉书・董仲舒传》

人类平等的道德主体，因而并不能形成生态伦理。

孔子、孟子以及其后的宋明理学家们，将仁爱的思想推及世间万物，因而在一定程度上赋予了生态伦理主体地位，具有了生态伦理的某些特征。孔子将仁爱的思想从人类推及自然："钓而不纲，弋不射宿。"[①]孟子发展了孔子的思想，明确地将道德原则推及宇宙万物："亲亲而仁民，仁民而爱物。"[②]人者天地之心的思想与孔孟仁爱的思想最终融会贯通，形成了儒家以仁为核心的具有某些生态伦理特色的生态思想体系。宋代思想家程颐、程颢将孔孟仁民爱物的思想进一步发挥，提出了万物一体的命题，进一步明确了人类对于自然生态的道德义务："若夫至仁，则天地为一身，而天地之间，品物万形为四肢百体。夫人岂有视四肢百体而不爱者哉？……医术有以手足风顽谓之四体不仁，为其疾病不以累其心故也。夫手足在我，而疾病不与知焉，非不仁而何？世之忍心无恩者，其自弃亦若是而已。"[③]二程提出万物为一体，天地为一身。人为天地之心，万物为天地之手足。孔孟所阐发的爱物被二程赋予了明确的道德内涵。在二程眼中自然已经不是像荀子、董仲舒等所认为的是人类开发索取的对象，而是与人类分工不同的同等主体。人为天地之心，心在中国传统文化中并不是指心脏，而是指思考的物质载体。但是天地并不能思考，天地之心是人类赋予天地的特定价值。所以张载进一步指出：人为天地立心。[④]人为天地之心，万物为天地手足，当人类开发自然利用资源时就相当于对自身肢体的使用一样。正像人类在利用手足的同时还必须保养一样，人类利用自然就不是一味地索取掠夺，而是要承担善待自然的道德责任。朱熹指出："人者，天地之心，没这人时，天地便没人管。"[⑤]也就是说人与自然之间的伦理关系是人类赋予的，离开了人类自然不会自发地产生伦理关系。王夫之则进一步指出了人是人与自然伦理关系的主体："自然者天地，主持者人。人者天地之心。"[⑥]王阳明则明确了人与自然之间的这种伦理责任："仁者以天地万物为一体，使有一物所失，便是吾仁有未尽处。"[⑦]

---

①《论语·述而》

②《孟子·尽心上》

③《河南程氏遗书》卷第四

④《张载集·拾遗·近思录拾遗》

⑤《朱子语类·卷四十五·论语二十七》

⑥ 王夫之《周易外传·卷二·复》

⑦《王阳明全集·卷一·语录一》

在儒家的生态思想中，有三个主体，除了人与万物之外，还有天。人为天地之心，当天地并称的时候，天地指的是世间万物。而当天人并称的时候，在儒家思想中，天并不是自然的天空，而是产生人以及自然万物的本源。孟子认为："天之生物也，使之一本。"[①]儒家思想之中这种人与自然的关系可以概括为天人合一。天人合一与人为天地之心的提法是不矛盾的。天人合一所强调的主要是人作为自然生态的组成部分，应该尊重自然的客观规律，与自然和谐共处浑然一体。这也就是《易传》中所提出的："先天而无弗违，后天而奉天时。"[②]如果仅仅从人本于自然出发，并不能必然得出尊重自然善待自然的伦理责任。任何一种思想都无法否认人类是自然界组成部分的客观事实。儒家思想虽然赋予了自然一定的伦理内涵，但是其关注的中心是人的道德的完善。儒家思想认为人类虽然有各种各样的物质需求，但社会发展的宗旨并不是不断满足社会不断增长的物质需求，而是实现人类道德的完善。所以儒家思想并不主张无限地满足物质需求即所谓人欲，而是要以道德的力量适当地抑制这种欲望的膨胀。这就是朱熹所提出的"存天理，灭人欲"的命题。儒家思想主张以道德的力量使人类超越物质利益的局限，从而达到道德的完善。儒家所提出的关爱外物并不是出于功利的目的，通过保护自然达到最大限度利用自然，而是一种道德完善的结果。这种关爱是所谓的仁爱之心推己及人的结果。虽然儒家一再强调天生万物、天人合一，但是儒家更加强调人为天地之心。儒家并没有将人与草木鱼虫等世间万物同等对待，而是强调人为天地之心因而最高贵。这种高贵并不体现在对其他生物的践踏和掠夺，而是赋予了人高于世间万物的道德责任，那就是仁爱万物。但是儒家思想中的仁爱并不是对一切对象都施与同等的爱，而是所谓爱有差等。这一原则也体现在人与自然的关系之中，王阳明对此有经典的论述："惟是道理自有厚薄。比如身是一体，把手足捍头目，岂是偏要薄手足？其道理舍如此。禽兽与草木同时爱的，把草木去养禽兽，又忍得。人与禽兽同是爱的，宰禽兽以养亲，与供祭祀燕宾客，心又忍得。至亲与路人同时爱的，如箪食豆羹，得则生，不得则死，不能两全，宁救至亲，不救路人，心又忍得。这是道理合该如此。"[③]爱有差等是处理人与自然关系的具体道德原则。

在中国的传统文化中并没有生态伦理，只有存在于伦理道德中的生态价值观。

①《孟子·滕文公上》

②《易传·文言》

③《王阳明全集·卷三·传习录下》

作为儒家道德的组成部分，这些生态价值观往往通过儒家的道德规范得以体现。儒家思想是封建宗法关系的集中体现，它对于生态价值观的影响主要表现在以下两方面。①儒家思想强调集体主义的价值观。但是这种集体主义并不是无产阶级所倡导的集体主义，而是反映封建宗法关系的集体主义。在儒家思想中个人的利益要服从于宗法意义上的集体的利益，这种宗法集体主义价值观也体现在生态价值观方面。那就是个人的生态利益要服从于宗法集体的利益，个人的利益也要服从于宗法集体的生态利益。生态伦理所体现的最终是生态利益关系中人与人之间的关系，儒家的宗法集体主义价值观虽然造成了个人生态利益的部分丧失，但是在一定意义上也形成了人与人之间生态利益的和谐，同时也实现了天人合一的和谐共处。②儒家思想在公私义利的价值抉择中，弘扬公和义的核心价值。在儒家的伦理之中，个人的利益要服从于家庭、宗族和国家的利益，这就是所谓的公。当道德和利益发生冲突时，利益要服从于道德，这就是所谓的义。儒家思想反对极端的个人主义和极端的功利主义，这为儒家的生态思想提供了核心价值。

4.1.2 道家的生态伦理思想

道家的生态价值观可以集中概括为“道通为一”。老子认为道是万物的本源，即所谓“道生一，一生二，二生三，三生万物”。庄子发展了老子的思想：“有情有信，无为无形；可传而不可受，可得而不可见，自本自根，未有天地自古以故存；神鬼神帝，生天生地。”（《庄子·大宗师》）“天地虽大，其化均也”，“万物虽多，其治一也”。（《庄子·天地》）“道通为一”，（《庄子·齐物论》）道不仅产生了世间万物，而且附着于天地万物之中，是自然多样性的统一。天即道，道即天，“道兼于天”。（《庄子·天地》）人生于天地之间，“道与之貌，天与之形”。（《庄子·德充符》）“吾在天地之间，犹小石小木之于大山。”（《庄子·秋水》）庄子认为相对于大自然，人类就像小石子小树和大山相比一样渺小。人道从属于并将最终统一于天道：“主者，天道也；臣者，人道也。”（《庄子·在宥》） 庄子认为道化万物，生天生地，人道应该遵循天道并在顺从天道的过程中实现人与自然的统一。人法地，地法天，天法道，道法自然。庄子进一步指出：“道者，万物之所由也，为物，失之者死，得之者生；为事，逆之则败，顺之则成。故道之所在，圣人尊之。”（《庄子·在宥》）在庄子看来只有顺道，才能与天和，并最终达到天乐的目标。“与天和者，谓之天

乐”。（《庄子・天道》）

人道从属于天道，所以人道之本便是道归自然。庄子描绘了他心目中人与自然和谐相处的美景：“故至德之世，其行填填，其视颠颠。当是时也，山无溪隧，泽无舟梁；万物群生，连属其乡；禽兽成群，草木遂长。是故禽兽可系羁而游，鸟鹊之巢可攀援而窥。夫至德之世，同与禽兽居，族与万物并。”（《庄子・马蹄》）总之，道家在生态价值观方面主张道归自然、顺乎自然，应该从天道中寻求一切道德价值的本源：“天在内，人在外，德乎在天”。（《庄子・秋水》）

4.1.3 佛家的生态伦理思想

佛教在中国传统文化中具有重要的地位，其独特的生态思想成为中国传统生态道德的重要组成部分。佛家主张众生平等，赋予生态明确的伦理内涵而且平等地将生物视为与人类同等的道德主体。佛家主张众生平等，并将有情识的人和动物划分为有情众生，将没有情识的植物以及山河大地划分为无情众生。佛家认为人与动物的平等首先体现在一切有情众生皆不免三世六道无穷流转轮回。三世是指过去、现在和将来。每世又有地狱、饿鬼、畜生、阿修罗、人、天等六道之分，其中阿修罗、人、天是善道，地狱、饿鬼、畜生是恶道。因为有情众生的行为意志等现实表现不同，也就是所谓业力不同，所以会沦为善道或恶道的不同层次。也就是说人和动物在因果报应以及三世轮回这个规律面前是平等的。有情众生的因果报应三世轮回被称之为正报，这个过程伴随着无情众生的依报。所谓依报是指有情众生正报所依赖的环境，也就是花草树木山河大地等无情众生。佛家认为正报必然离不开依报，环境与生命是合二为一的，也即是所谓依正不二。在人与其他生物的伦理关系中，佛家认为有情众生本性平等，无高低贵贱之分。正如《长阿含经》指出：“尔时无有男女、尊卑、上下，亦无异名，众共生世故名众生。”因为众生平等，所以善的对象就不仅仅是人类而且包括一切有情众生。一切生命平等，不杀生是佛家所主张的第一善业，是衡量道德善恶的基本标准。《华严经》有云：“于中杀生之罪，能令众生，堕于地狱、畜生、饿鬼。若生人中，得二种果报，一者短命，二者多病。”

佛教传入中国以后，与中国传统文化相结合，形成了以佛性论为代表的中国特色的佛教思想，为佛教生态伦理注入了新的内涵。佛性论将生态伦理关怀的对象从有情众生扩展到无情众生，提出了无情有性的观点。也就是说，即使草木瓦石山河大地皆有佛性。中国的天台宗、三论宗以及禅宗之中的牛头宗都主张有情众生与无情众生之间的平等。三论宗的吉藏、天台宗的湛然等高僧探讨了无情众生的佛性问题。吉藏提出："一切诸法依正不二。"《大乘义章》对其进行了解释："言不二者，无异之谓也，即是经中一实义也。一实之理，妙理寂相，如如平等，亡于彼此，故云不二。"二就是差异，一切现象一如无二、平等不二。如如平等，亡于彼此，也就是说一切众生真正平等相互依赖，无情众生亦有佛性。经过佛学家的争论探讨，最终湛然得出了"无情有性"的结论，也就是草木等无情众生与动物等有情众生一样具有佛性。在佛家本土化的过程中，众生平等的生态伦理主体从有情识的人和动物拓展到一切生物以及草木瓦石山河大地。

佛教众生平等的观念将动物草木山河大地一切都视为具有佛性的平等存在，将世间万物视为与人类具有同等尊严的伦理主体，已经具有了明确的生态伦理的特征。而且众生平等并不仅仅是一种哲学的思辨，更是佛教徒的清规戒律，在生活中得以彻底的贯彻实施。佛教徒遵守不杀生、吃斋、放生等宗教清规，将除人类之外的生物视为与自己同等的伦理主体，给予尊重和关怀。佛家的众生平等的思想作为一种生态伦理具有浓厚的宗教性，并不能成为社会普遍的价值信条，但是佛家尊重自然关怀自然的思想与实践客观上起到了保护生态的积极作用。

4.1.4 中国传统生态伦理思想的历史局限性

中国的传统文化中，并没有明确地提出生态伦理的概念，但是无论儒家还是道家、佛家的生态思想中都具有一定程度的伦理内涵，具备生态伦理的某些主要特征。虽然中国传统生态伦理思想的目的是为了实现人与自然的和谐共处，但必须看到中国传统生态伦理思想具有不可否认的历史局限性。中国传统生态伦理思想的本质是在低水平的、相对封闭的、自然经济的基础上所形成的原始而又朴素的生态观念，是与自给自足的封建生产方式对应的意识形态。

中国传统生态伦理的历史局限性首先体现在它不是建立在生态科学的基础之上。儒家的生态伦理思想建立在通过生产生活实践而积累的非常有限的生态常识之上，而道家和佛家的生态伦理分别建立在玄想和宗教关怀之上。丧失了坚实的生态科学基础，自然也就不可能深刻认识生态系统的结构功能以及各种复杂的规律，也就不能正确地理解人与生态之间的关系，当然更不能对人与生态之间的关系做出正确的伦理解释。当然在中国的传统社会，由于生产力水平相对低下，人改造自然的能力也十分有限，生态问题并没有成为一个迫在眉睫的问题。这也就决定了这种原始形态的生态伦理主要不是为了解决急迫的生态问题，而是主要作为一种伦理或哲学意义上的思辨而得以体现。因为缺乏生态科学作为基础，中国传统的生态伦理思想一方面往往简单地将自然做拟人化处理，同时又将其与阴阳五行天人感应谶纬经学等结合起来，使其具有了浓厚的神秘化的迷信色彩；另一方面，因为生产力水平低下，中国传统的生态伦理中往往呈现出消极地顺应自然的倾向。中国传统的生态伦理没有辩证地看待人类与生态之间的关系，过分地强调了人与生态之间的和谐，而忽视了人与生态之间的对立和矛盾。中国传统的生态伦理思想之中过分强调了人与自然关系的哲学与伦理学思辨，忽视了对人与生态关系社会实践的关切，并不能对人改造利用自然提供真正意义上的道德指导。中国传统生态伦理思想所反映的是小农经济条件下人类试图改造利用自然，但是又在一定程度上被迫屈从自然的矛盾，它所反映的并不是建立在人的解放基础之上的人与自然的和谐统一。虽然中国传统生态伦理强调对生态的人文关怀，但是对生态的开发利用却没有给予足够的重视。儒家思想主要关注的是道德人伦；道家主要关注对自然的感悟和玄想；佛家主要是对世间万物平等的宗教关怀。在中国传统的生态伦理思想之中并没有预留出科学的位置，这也就使其最终成为了流于空想的道德思辨。缺乏了生态科学作为基础，当然就不可能对生态资源进行最有效的利用，当然也就不可能实现人与生态的真正和谐。所以在中国传统的生态伦理思想中，无论是天人合一、道通为一还是众生平等，虽然在一定程度上将自然生态视为与人类同等的道德主体使其具有了生态伦理的特征，但是与现代意义上的生态伦理还是具有本质的区别。

任何伦理道德都是历史的、具体的，特定历史阶段的生态伦理是由特定的生产方式所决定的。中国传统的生态伦理是建立在小农经济的生产方式基础上，而社会主义生态伦理是建立在社会主义生产方式上的社会主义市场经济的反映。虽然中国传统文化中的生态伦理思想具有明显的历史局限性，但是只要本着科学的态度批判吸收，它同样可以成为中国特色社会主义文化产生的重要的文化土壤。中国共产党对于传统文化的态度是古为今用、取其精华、去其糟粕。中国传统生态伦理的精华集中体现在其中国特色的伦理内涵，中国传统生态伦理主张天人合一、道法自然、众生平等，其核心是通过内省式的道德修养实现人性的完善，倡导简朴安宁的生活方式，最终实现人与生态的和谐相处。马克思主义生态伦理的根本宗旨是实现人的解放，实现人的自由而全面的发展，通过人的完善实现人化自然的本质，最终实现人与生态的和谐。中国传统生态伦理与马克思主义生态伦理都将人的完善置于核心地位，这是在中国特色社会主义生态伦理建设中借鉴传统生态伦理的切入点。中国传统生态伦理是中国特色社会主义生态伦理形成与发展过程中的重要环节。中国传统生态伦理为中国特色社会主义生态伦理的形成与发展提供了宝贵的文化土壤。中国特色社会主义生态伦理是马克思主义生态伦理在中国的运用和发展，作为马克思主义生态伦理时代化中国化的成果必然会具有中国特色，具有浓厚的中国作风和中国气派。中国特色社会主义生态伦理的中国作风和中国气派从根本上体现在中国特色社会主义道路以及社会主义核心价值观对生态伦理的决定性影响，同时也体现在中国传统的历史文化、道德伦理、民族心理以及生活方式的影响。社会主义生态伦理是对中国传统生态伦理扬弃继承创新的过程，其中既需要实事求是、尊重历史的科学态度，又需要开拓进取与时俱进的理论勇气，更离不开脚踏实地科学发展的建设实践。

4.2 进化论伦理学与近代中国生态伦理的嬗变

在中国传统生态伦理思想向近代转化的过程中起到关键作用的是严复翻译的《天演论》。严复继承了赫胥黎的生态伦理思想并将其与中国的国情结合加以改造，将赫胥黎的原作与严复的译著加以思想史的对比分析，对于理清中国传统生态伦理思想转型的过程具有重要的意义。法国博物学家拉马克最早提出进化论。1859 年，达尔文出版《物种起源》为进化论提供了科学基础。一些学者将进化论引入社会科学形成了 19 世纪后期在西方风靡一时的社会达尔文主义。其后进化论以及社会达尔文主义在中国虽然有所译介，但并不系统。中国人对进化论的系统了解始于严复的《天演论》，严复将英国学者赫胥黎的《进化论与伦理学》的前半部分进行了翻译并加了很多按语和注释。严复在翻译赫胥黎的著作时，针对中国当时亡国灭种的危机，对原文进行了重要的改造，将物竞天择适者生存的规律引入了人类社会。严复在将西方的进化论译介到中国的同时也对中国的传统的生态伦理思想产生了重要的影响。中国传统的生态伦理虽然将生态在一定程度上置于与人类同等的伦理主体地位，但是缺乏生态科学作为基础。进化论的传播为中国生态伦理从传统向现代的转型提供了坚实的科学基础。经过严复改造的进化论思想在中国获得了广泛的传播，物竞天择规律在生态伦理中的体现是将自然作为生存竞争的对手，而在社会发展中的体现是中国逐渐形成了学习赶超型的发展模式。虽然赫胥黎反对将自然进化的规律引入社会竞争，但是严复将赫胥黎的思想进行了中国化的改造，最终形成了影响深远的进化论生态思想。

4.2.1 赫胥黎的生态伦理思想

赫胥黎以人类学和进化论为基础，纠正了社会达尔文主义的理论，阐述了进化论与伦理学之间的关系。赫胥黎认为虽然在自然进化的过程中人类与其他生物平等地受进化规律的支配，但是自然进化规律不能应用于人类社会。在人类社会中支配人与人关系的不是进化规律而是伦理道德。按照赫胥黎的逻辑，人化的自然作为人类社会的物质基础，并不是完全的自然规律在起作用，而是在一定程度上受到伦理道德影响。赫胥黎虽然没有明确地赋予自然伦理主体地位，给予生态道德关怀，但是他为 20 世纪生态伦理的发展创造了广阔的理论空间。

赫胥黎认为进化是从宇宙到动植物发展的普遍规律：“只要我们称之为科学知识的那种对事物的性质的有限揭露还在继续进行，它就会越来越有力地使人相信，不仅植物界，而且动物界；不仅生物，而且地球的整个结构；不仅我们的行星，而且整个太阳系；不仅我们的恒星及其卫星，而且作为那种遍及于无限空间并持续了无限时间的秩序的证据的亿万个类似星体；都在努力完成它们进化的预定过程。”① 赫胥黎认为宇宙的进化可以解释道德产生的原因，但是它并不能提供善恶美丑的标准，也就是说人类知识的增加并不能对道德产生直接的影响。赫胥黎反对从自然规律中寻求道德的标准，他明确地反对自然主义的道德观。赫胥黎指出：“因此，大家所迫切关心的问题就是：自然知识的新近进展，特别是在进化论方面这种进展的总的结果，在互助这一伟大事业中究竟能对我们有多大的帮助？当伦理的进化通常可能更好地表达他们的理论时，提倡所谓进化伦理的人们就列举出一些或多或少有趣的事实和或多或少的正确的论证，以支持道德情感的起源，同其他自然现象一样是进化的作用。对我来说，我不怀疑他们这种看法是对的；但是由于不道德的情感同样是发展的，因此对它同对前一种情感一样也一直有同样多的自然制裁。偷窃和

① 赫胥黎：《进化论与伦理学》，科学出版社，1971 年版，第 5 页。

暗杀者同慈善家一样是遵循自然的。宇宙的进化可以告诉我们关于人的善和恶的倾向是怎样来的；但是宇宙进化本身不能给我们提供比我们以前所有的更好的理由，来说明我们成为善的东西比我们成为恶的东西可取。我不怀疑，有朝一日我们将要得到关于审美力的进化的认识；但是世界上的一切认识，都不会增加或者减少那种肯定这是美的和那是丑的直觉力量。”①

赫胥黎认为人作为具有伦理的生物，不能从进化的规律中寻求善的标准，因为二者是不同的范畴。物竞天择适者生存，但是自然竞争中的最适者并不等于道德上的最善者。最适者是一种科学范畴的客观标准，而最好却是一种伦理上的主观标准。赫胥黎举了一个精彩的反例批驳了社会达尔文主义的观点：如果地球变得越来越冷那么最适者将是北极地区的苔藓，而如果地球变得越来越热最适者将是热带作物。而无论哪种情况人类都很难从这两类植物中得到善的伦理标准。赫胥黎指出：“适者含有最好的意思。而‘最好’又带有一种道德的意味。可是在宇宙自然界，什么是最适应的有赖于各种条件。很久以来，我大胆地指出，如果我们的半球要再冷却下去的话，那么在植物界，最适于生存的东西可能就是一些越来越矮小、越来越低等的生物，一直到最适于生存的只能是苔藓和硅藻，以及能够把白雪染上红色的微生物；反之，如果气候变得越来越热，那么泰晤士河埃西斯令人愉快的河谷区，能够生存的就只有热带丛林中繁殖的生物，别的则无法住下了。只有它们，作为最适应者和对变化了的环境最有适应力的，将会生存下去。”②

赫胥黎认为，在自然状态中人类和其他生物为了生存而进行斗争，所体现的是适者生存的自然法则。而当文明社会建立之后，伦理过程逐步替代自然法则，越是文明社会，伦理过程对宇宙过程的抑制程度越高。文明社会发展进化的规律不是适者生存，而是善者生存。赫胥黎指出：“社会中的人，无疑是受宇宙过程支配的。正如其他动物那样，繁殖不断进行，并为寻求生存资料而进行激烈的斗争。生存斗争使那些比较不能使自己适应于他们生存环境的人趋于灭亡。最强者和自我求生力最强者趋于蹂躏弱者。但是，社会的文明越幼稚，宇宙过程对于社会进化的影响就越大。社会进展意味着对宇宙过程的每一步的抑制，并代之以另一种可以成为伦理的过程；这个过程的结局，并不是那些碰巧最适应与已有的全部环境的人得以生存，

① 赫胥黎：《进化论与伦理学》，科学出版社，1971 年版，第 56 页。

② 赫胥黎：《进化论与伦理学》，科学出版社，1971 年版，第 56～57 页。

而是那些伦理上最优秀的人得以继续生存。”①

赫胥黎认为社会伦理中的美德是与宇宙生存法则相对立的，它强调社会成员的自我约束、相互尊重、知恩图报、爱护集体等等。社会中的法律和道德体现了每个社会成员的责任以及对自然竞争法则的遏制，社会伦理的目标是使更多的人适于生存。赫胥黎指出：“我已强调过，对伦理上最好的东西（即所谓善或美德）的实践包括一种行为的途径，这种行为的途径在各方面都是同在宇宙生存斗争中导致成功的那种行径对立的。它要求用自我约束来代替无情的自行其是；它要求每个人不仅要尊重而且还要帮助他的伙伴以此来代替、推开或践踏所有竞争对手；它的影响所向与其说是在于使适者生存，不如说是在于使尽可能多的人适于生存。它否定格斗的生存理论。它要求每个得以享受一种社会利益的人，都不要忘记那些曾经艰苦地创立它的人们所给予的恩惠；并且注意自己的行为不致削弱允许他生活于其中的那种组织。法律和道德训诫的目的是遏制宇宙过程和提醒每个人对社会所应尽的责任，并且由于社会的保护和影响，如果不是得以维持本身的生存，至少也得以过着某种比野蛮人要好的生活。”②

赫胥黎反对以进化的名义自行其是的狂热的个人主义，他认为每个人对国家都负有义务，对社会都负有责任。伦理学的基本原理与宇宙进化的法则是相悖的，社会伦理进展不是对宇宙过程的模仿而是以伦理的社会对抗大宇宙，征服自然实现人类更高的目的。这种目的很显然不是仅仅获得生存，而是为了实现伦理的善。赫胥黎指出：“由于缺乏这些明白的考虑，我们时代的狂热的个人主义企图把宇宙自然界同人类社会加以类比。我们又一次错误地应用了斯多葛派遵循自然的教谕；个人对国家的义务被忘记了，而他的自行其是的倾向则用权利的名义取得了威严的地位。人们严肃地争辩着，是否社会的成员有理由使用他们联合的力量来强制他们当中的一个成员对维护社会贡献其一份力量；或者甚至防止他用尽全力去破坏这个社会。在宇宙自然界中已做了这样令人赞赏的工作的生存斗争，似乎在伦理领域也一定是同样有益的。但是，倘若我所主张的是正确的，倘若宇宙过程与道德目的没有什么关系，倘若人对宇宙过程的模仿与伦理学的基本原理并不一致，那么，这个惊人的理论将会变成了什么呢？我们要断然理解，社会伦理进展并不依靠模仿宇宙过程，更不在于逃避它，而是在于同它斗争。这样使小宇宙对抗大宇宙，并且使人征

① 赫胥黎：《进化论与伦理学》，科学出版社，1971 年版，第 57 页。

② 赫胥黎：《进化论与伦理学》，科学出版社，1971 年版，第 57～58 页。

服自然以达到他的更高的目的，这似乎是一种大胆的建议。”①

赫胥黎认为遏制自然竞争的法则实现人类伦理的善，需要经历一个漫长的过程，但是伦理的本性必须与自然竞争的法则相对抗。如果能够以伦理的本性作为指导，人类就可以改造生存环境并使其维持尽可能长的时期。人类的智慧能够把狼从生存竞争的对手改造为自己的助手。人类改造自然的这种行为实际上就是人化自然的过程。人化的自然是人类社会的物质基础，赫胥黎已经明确地指出这种人化自然的规律不同于竞争的宇宙规则并与之相对抗，以此推断，虽然赫胥黎并没有赋予自然生态伦理的主体地位，但实际上已经将其列入了道德关怀的对象。赫胥黎指出：“况且，和我们并存的而且在很大程度上为我们生存所必需的宇宙自然界，乃是经历亿万年严酷锻炼的结果。因此，如果幻想几个世纪就足使其主宰势力屈从于纯粹伦理的目的，那是愚蠢的。只要世界存在下去，伦理本性就可以预计到必须对付一个顽固而强有力的敌人。但是，智慧和意志倘若以正确的研究原理作指导，并且在共同努力下组织起来，那就能够改变生存环境并使之持续比现在历史所经历的更为长远的时期。对于这种改变的程度，我看不出有什么限制。还可以做很多事情来改变人自身的本性。已经把狼的兄弟（指狗——译者注）改变为羊群的忠诚保卫者的人的智慧，应该对抑制文明人的野蛮本能有所作为。但是，如果我们可以容许我们抱着一种消除世界上重大祸害的希望，而这种希望要比那些在真实知识幼稚时期面对着二十多个世纪以前的生存问题的人们所能有的更大，我认为实现这种希望的一个重要条件是，我们必须放弃认为摆脱希望和忧伤就是生活的正确目的的观念。”②

严复在《天演论》之中将赫胥黎的这段论述进行了如下翻译：“乃今者欲以数百年区区之人治，将有以大易乎其初，立达绥动之功虽神，而气质终不如是之速化，此其为难偿虚愿，不待智者而后明也。然而人道必以是自沮焉，又不可也。不见夫叩气而吠之狗乎？其始，狼也……然而积其驯伏，乃可使牧羊，可使就溺，可使守藏，矫然为义兽之尤。民之从教而善变也，易于狗。诚使继今以往，用其智力，奋其志愿，由于真实之途，行以和同之力，不数千年，虽臻郅治可也。况彼后人，其所以自谋者，将出于今人万万也哉？居今之日，藉真学实理之日优，而思有以施于济世之业者，亦惟去畏难苟安之心，而勿以宴安娱乐为的者，乃能得而。”③严复在

① 赫胥黎：《进化论与伦理学》，科学出版社，1971 年版，第 58 页。

② 赫胥黎：《进化论与伦理学》，科学出版社，1971 年版，第 60 页。

③《天演论》（严复译），商务印书馆，1981 年版，第 95 页。

翻译中剔除了赫胥黎着重强调的伦理内涵，而片面强调了人类与天争胜的内涵。

赫胥黎认为某些动物也存在着与人类类似的社会组织并分析了二者的异同。其相同之处在于人类社会与动物社会具有相同的产生条件，而且限制组织内部的生存斗争提高对外竞争的效率。二者的不同在于动物社会中的分工是由于天然形成的器官构造差别决定的，而人与人之间并不存在着这种先天的差别。赫胥黎指出："人类社会在开始的时候，也像蜜蜂的社会一样，是一种官能上的需要的产物。首先，人的家庭的产生所依赖的条件与较低等的动物中进行类似的联合所需的条件是完全相同的。其次，可以很容易看出，家庭结合的持久性的每一步进展，其结果是使其越来越多的子孙后代为保卫和防御而合作，因而使得发生了那种变化的家庭比其他的家庭具有明显的优点。就像在蜂群中的那样，对家庭成员间的生存斗争的逐步限制，提高了对外竞争的效率。但是，蜜蜂的社会和人类社会之间有着巨大的、根本的差别。在蜜蜂社会中，各成员在器官构造上就注定了只能执行一种特殊的任务。如果它们有什么愿望的话，那就是每只蜂只能希望去完成特别适合于它的体质的任务；从整体利益来看，由它去完成这个任务也是适合的。只要不出现新的蜂后，在蜜蜂社会内就不会有对抗和斗争。与此相反，在人类社会的组织中并没有这样预先注定要承担严格规定的职务。尽管人们在智力的程度上，在感情的强烈程度上和感觉的灵敏程度上各有所不同，但不能说某一个人的体质只适合于当个农夫，而不适合做其他工作，另一个人，只适于当个地主，而不适于干其他行业。"①

赫胥黎认为进化规律不能揭示伦理的内涵，但是可以揭示伦理的产生。他认为人类的贪欲是在生物进化过程中从祖先继承而来的，是在生存斗争中胜利的条件。作为人类共性的贪欲虽然是自然进化的规律，但是不能成为人类社会追求的目标。赫胥黎指出："况且人们的天资虽然差别很大，但有一点是一致的，那就是他们都有贪图享乐和逃避生活上的痛苦的天赋欲望。简单来说，就是只愿做他们所喜欢的工作，而丝毫不去考虑他们所在的社会的福利。这是从他们的长长的一系列祖先——人类、猿类和禽兽那里继承来的天性（这是原罪教义来源的根据），他们这些祖先中的这种天赋的自行其是的倾向的力量是在生存斗争中取得胜利的条件。这也就是所有人类的贪生——对享乐的贪得无厌的渴求——的原因，它是在与外界自然状态的斗争中取胜的基本条件之一，但是如果任其在内部自由发展，也就成了破坏社会

① 赫胥黎：《进化论与伦理学》，科学出版社，1971 年版，第 18 页。

的必然因素。”①

赫胥黎详细阐述了人类社会中伦理道德产生的过程。对他人行动和感情的模仿产生了同情心，而社会联系的日益密切不断强化这种同情心，其中一些受到社会的赞许而另外一些受到社会的责难。久而久之，这种同情心就形成了人为的人格，这就是良心。赫胥黎指出：“对这种作为开创人类社会的必要条件的自行其是或天赋自由的自由发展的制止，是一种与蜂群赖以组成的需要不同的官能上的需要的产物。这些需要之一就是人类在长期的幼稚时代加强了父母与子女的相互之爱。但是，最重要的是人类异常强烈地发展着一种倾向，即各个人自己身上都重复表现出与别人的行动和感情相似或相关的行动和感情这种倾向。人是动物界中最善于模仿的。……只要依靠心理上纯粹的反射作用，我们就能领会我们周围人们的感情色调，或者是补充的色彩。通常所谓同情的心理状态，并总是要靠任何自觉行动使自己置身于愉快者或受苦人的地位才能产生。”②“社会的发展每前进一步，都使人们和他们的伙伴之间的关系密切一些，也就增加了有同情心产生的快乐与痛苦的重要性。我们以自己的同情心去判断别人的行为，我们也以别人的同情心来判断自己的行为，这样从童年时代开始，每日每时都是如此，一直到某些行为同被赞许或遭非难这样的感情之间，形成了如同语言的联系一样不可分割的联系。不可能设想有某些行为未得到执行者的赞许，或则另外一些行为遭到他的非难，不论这个执行者就是他本人还是另一个人。我们可以用学来的道德方面的语言来进行思考。除了天然的人格以外还建立起一种人为的人格，即内在人，亚当·斯密把它称为良心。它是社会的看守人，负责把自然人的反社会倾向约束在社会福利所要求的限度之内。”③

赫胥黎认为人类在进化的过程中产生了同情心，同情心发展成为良心。伦理过程与宇宙竞争进化的过程是对抗的，而且抑制生存竞争中最适于成功的特质。但是赫胥黎反对以己所不欲勿施于人的道德同情心对社会成员进行过度的约束，就社会的外部关系而言，社会伦理并不反对与外部世界之间的生存竞争。而且赫胥黎明确地指出这种道德约束并不适用于人类与其他生物之间。也就是说，赫胥黎认为不能因为人类对其他生物的同情心而对人类进行伦理约束，其他生物不是与人类平等的伦理主体。由此而论，赫胥黎虽然推动了近代生态伦理思想的转型，但是严格意义

① 赫胥黎：《进化论与伦理学》，科学出版社，1971 年版，第 19 页。

② 同上。

③ 赫胥黎：《进化论与伦理学》，科学出版社，1971 年版，第 21 页。

上讲，他本人并没有严格意义上的生态伦理思想。赫胥黎指出：“那些用以锻造出人类社会极大部分原始结合的情感，进化成为我们叫做良心的这种有组织的和人格化了的同情心。我曾把这种情感的进化叫做伦理过程。就其有助于促进人类的每一个社会能有序地同自然状态或同其他社会进行生存斗争来看，伦理过程所起的作用与宇宙过程形成了和谐的对照。但是同样真实的是，由于法律和道德是对社会中人们之间生存斗争的约束，因此伦理过程就与宇宙过程的原则发生了对抗，并倾向于抑制在生存竞争中最适于取得成功的特质。还要进一步看到，正如维持社会在对抗自然状态中所需要的自行其是，如果允许它在内部自由发展就会破坏那个社会；自我约束，这个伦理过程的要素，同样也是每个社会存在的基本条件，如果越是过多，也会对社会起破坏作用。具有各种信仰的各个时代的道德家，只注意到理想社会中人与人的关系，都同意己所不欲勿施于人这个金科玉律。换句话说，就是让同情心当你的向导，使你自己置身于你的行动所指向的那个人的地位……严格地说，这个金科玉律，由于拒绝对法律破坏者实施法律，就会否定法律；在一个社会的外部关系方面，它就是不允许继续进行生存斗争。只有在抛弃这种金科玉律的社会的保护下，它才能被人遵守，即使是部分地被遵守。没有这种掩护，这条金科玉律的拥护者们就会沉溺于对天堂的向往，但是他们必须考虑到另外的人们将成为这个世界的主人是必然的事实。如果园丁处于杂草、蛞蝓、鸟和入侵者的地位而像他希望别人对待他自己那样，去对待这些东西，那么园地将会变成什么样子呢？”[①]赫胥黎的思想推翻了中国传统的生态伦理思想。己所不欲勿施于人的儒家思想是错误的；天人合一也是不可能的，因为天道是生存斗争，社会必须控制这种自然过程；而众生平等也违背生态学。科学打碎了传统的生态伦理体系，为中国生态伦理引入了新的思想。

赫胥黎将自然状态和人为状态做了对比，人为状态是同自然状态对抗的结果，生存斗争的规律并不适应于人为状态。人为状态不是天择的结果，而是人择的结果，人择虽然在一定程度上可以改变天择的结果，但是仍然必须顺应自然的规律。在物竞天择的自然状态下，天是选择的主体，但是天没有伦理并不对选择承担道德责任；而在物竞人择的人为状态下，人是选择的主体，必须为选择承担相应的道德责任。赫胥黎所谓的人为状态就是今天所谓的人化自然。赫胥黎虽然没有赋予生态伦理的

---

① 赫胥黎：《进化论与伦理学》，科学出版社，1971 年版，第 22～23 页。

主体地位，但是他指出人类对人化的自然负有道德责任，同时自然竞争法则并不适用于人化的自然。赫胥黎指出："我用一个园地为例子，把自然状态同人的智力和能力所造成的人为状态，做了对比。我已证明了人为状态在任何地方只有对自然状态的敌对影响不断进行抵抗，才得以维持。我还进一步指出，这种违反宇宙过程而建立起来的园艺过程，在原则上是同宇宙过程对立的，因为它倾向于通过限制构成生存斗争的主要原因之一的繁殖，并通过创造比自然状态条件更适于栽培植物的人为的生活条件，来制止生存斗争。我还阐明过这样的事实：虽然作为自然状态中生存斗争结果的前进变化已经结束，但是这样的变化仍然会通过人为选择而产生作用，这种选择是根据一种对人有用和使人感到满意的理想来进行的，而这种理想，自然状态下是不知道的。"[①]

赫胥黎将殖民地和人为状态中的园地进行了类比，他认为人为状态下的天竞人择不能应用于人类社会。因为人类社会中无法对最优者进行选择，社会将以群体的方式同自然进行竞争。赫胥黎指出："我又进一步说明，在自然状态中的某个地区奠定下来的一个殖民地，同一个园地相似。我还指出一位有能力并愿意实行园艺法则的行政长官将会采取一系列的措施，以保证这样一个新成立的社会获得成功，假定它能够无限地扩展的话。在相反的情况下，我曾指出困难必会发生；在有限地区内，人口的无限增加迟早必定会把殖民地之间对于生存资料的竞争再度引入这个殖民地。而排出这种竞争正是这位行政长官的主要目的，因为这种竞争对于人类在社会中团结的主要条件——相互之间的和平是致命的祸患。我仍然不得不承认这种把进化原理应用到人类社会来的严格的科学方法，是很难用于实际的政治领域的；这并不是由于大多数人缺乏愿望，而是有一个原因，那就是不能指望单凭人类自己会有足够的智力来选择最适的生存者。我并指出人类社会起源于由模仿和同情心体现出的官能上的需要；我还指出在同自然状态及作为自然状态一部分的其他的社会进行的生存斗争中，那些能像这样把人们引向密切合作的社会有着极大的有利条件。但是由于每个人都或多或少具有所有其他人共有的才能，特别是充分具有无限度的自我满足的欲望，因此社会内部的生存斗争只能逐渐地加以消除。只要这种情况多少还继续存在着，社会就会继续是生存斗争的一种不完备的工具，因而，可能通过那种斗争的选择性的影响得到改善。假定其他条件不变，那么，在一个野蛮人的部

① 赫胥黎：《进化论与伦理学》，科学出版社，1971 年版，第 23 页。

落中，如果秩序维持的最好，部落内部最为稳定，部落外部并有最真诚的相互支持，这个部落将是生存者。”①

生存斗争的自然规律对于人类社会内部不起决定性作用，但对于作为整体的人类群体却起作用并强化了社会结合，赫胥黎将这种强化的过程称之为伦理过程。社会伦理过程既不同于自然状态中的生存斗争，也不同于人为状态下的人类直接选择。社会生存资料越是丰裕，在社会成员之间的分配越是平均，生存斗争的作用就越小。赫胥黎指出：“社会结合的逐渐强化，虽然在社会内部制止了生存斗争，但是宇宙过程斗争却在一定程度上增进了社会作为一个共同体的生存机会。我把这种社会结合的逐渐强化称作伦理过程。我曾力图证明如果这种伦理过程进展到能够保证社会中每个成员都获得生存资料的程度，那么在那个社会中人与人之间的生存斗争，事实上就结束了。并且不可否认，最文明的社会实质上已达到这个地步，所以对它们来说，生存斗争在它们里面是不能起什么重要作用的。换句话说，不会发生在自然状态中实现的那种进化。我还进一步指出形成下面这些信念的起因：在社会的进化中，像园艺家和育种工作者所做的那种直接选择，既没有起过也不能起到什么重要的作用。除其他理由外，还因为，如果不严重削弱，甚至毁灭使社会结合在一起的纽带，我看不出这样的选择怎样能够付诸实践。文明的前进变化，通常称为社会进化，实际上是一种性质根本不同的过程，即不同于在自然状态中引起物种进化的过程，也不同于在人为状态中产生变种进化的过程。”②

在伦理过程中社会选择的结果不是最适者和最强者，而是最有美德和能力者，这种社会选择与自然状态中的天择和人为状态下的人择毫无相似之处。赫胥黎将不同范畴之内的发展法则分为三类：自然状态下的物竞天择；人为状态下的物竞人择；社会状态下的伦理过程。在自然状态下，完全是生存斗争的进化规则在起作用；在人为状态下人为选择所创造的小环境暂时遏制了自然法则；而在社会之中自然法则不起作用，而在人类种群与其他种群之间自然法则仍然起作用。社会的伦理过程既不是天择也不是人择，其发展的目的是创造条件实现人的自由的发展。赫胥黎伦理思想的核心是人道主义。赫胥黎指出：“我想，对每个人都应是明白的，不管我们从社会的内部或外部利益去考虑，让财富和权利掌握在那些赋有最大能力、勤勉、智力、顽强的意志并且对于人类有同情心的人们手里，那是很理想的。只要争取享

① 赫胥黎：《进化论与伦理学》，科学出版社，1971 年版，第 24 页。

② 赫胥黎：《进化论与伦理学》，科学出版社，1971 年版，第 25～26 页。

受资料的斗争有助于把这样的人们置于拥有财富和权势的地位，那就是一个有助于造福社会的过程。但是正如我们所看到的那样，这个过程和在自然状态中使生物适应于当时条件的那种过程，并无真正的相似之处；和园艺家的人为选择，也没有任何相似之处。我们再来同园艺做一对比。在现代世界中，人们对自身进行的园艺工作实际上并不是去进行选择，而是局限于执行园丁的另一种职务，即创造比自然状态更为有利的条件，以促进公民的天赋能力在与公益一致的情况下达到自由发展的目的。伦理学家和政治哲学家的任务，我认为应该是用其他科学工作中所采取的同样的观察、实验和推理的方法，去确定最有助于达到此项目的行动方针。”①

赫胥黎肯定与天争胜，但是反对人定胜天。赫胥黎指出：“但是，假定这种行动方针已被科学地确定并仔细贯彻，它也不可能制止自然状态中的生存斗争，也绝不会有助于人对自然状态的适应。即或整个人类都被吸收到一个有绝对的政治公正统治着的巨大社会里去，人和社会外部的自然状态的生存斗争，以及由于过度繁殖而使内部斗争重现的趋势，都将依然存在……每个降生到世上来的孩子都将仍然随身带来无限自行其是的本能。他将必须学习自我约束和断绝欲念。但是实践自我约束和断绝欲念并不是幸福，尽管它或许比幸福好得多。摆在人类面前的是一种用以维持和改进一个有组织社会的人为状态的不断斗争，以与自然状态相对抗。人在这种社会中并通过社会可以发展出一种有价值的文化，这种文化能够维持和不断改进自身，直到我们地球的进化开始其下降过程，于是宇宙将恢复其统治；而自然状态将再次在我们星球表面上取得优势。”②

在未开化时期人与其他有感觉的动物是同等的生存竞争对手，人类靠着与其他有感觉动物适应自然的共性以及自身的特性战胜对手，在这个时期人与自然之间不是伦理关系而是赤裸裸的进化法则在起作用。人类首先是自然进化中的胜利者，是进化过程中形成的超等动物。而人类感觉的完善并不是自然进化的产物，而是社会发展的产物。赫胥黎指出：“宇宙过程，像机械结构那样完整，像一件艺术品那样美好，然而，却还有另外的一面的表现。当宇宙创造力作用于有感觉的东西时，在其各种表现中间就出现了我们称之为痛苦或者忧愁的东西。这种进化中的有害产物，在数量和强度上都随着动物机体等级的提高而增加，而到人类，则达到它的最高水平。而且，这一顶峰在仅仅作为动物的人中，并没有达到；在未开化和半开化

① 赫胥黎：《进化论与伦理学》，科学出版社，1971 年版，第 29～30 页。

② 赫胥黎：《进化论与伦理学》，科学出版社，1971 年版，第 30～31 页。

的人中，也没有达到；而只是在作为一个有组织的社会的成员的人中才达到了。这是他努力按照这样一种方式生活的必然结果，即在那些对于充分发展他那最高贵的才能所不可缺少的条件下生活的必然结果。人这种动物，事实上在有感觉的东西的世界里，已经进展到了领导地位，并且由于他在生存斗争中的胜利而变成了超等动物。当环境条件处于某一状态时，人在宇宙斗争中能够使自己的身体结构比他的竞争者的结构更好地去适应这些条件。就人类而论，他已表现出构成生存斗争的本质的自行其是、那种不择手段地攫取一切所能抓到的东西和顽强地把持着一切所能保持的东西等特性。在整个未开化时期，人主要靠着他与猿、虎共有的那些特性，靠着人的特殊的体质结构，靠着他的灵巧、他的社会性、他的好奇心和他的模仿力，以及靠着在受到对方激怒而引起的粗暴、凶猛的破坏作用，才取得有成效的进展。”①

赫胥黎认为人类在进化过程中所形成的成为超级动物的特质与文明的价值是不相容的。赫胥黎认为人类进入文明社会后应该承担更多的伦理责任，人类对其他动物所进行的杀戮，不仅给动物本身造成了痛苦和悲哀，更造成了伦理上的错位。人类以弱肉强食的丛林法则对其他动物进行杀戮，却以道德的名义为自身辩护。而事实上遵循伦理原则与自然进化法则是根本相悖的。虽然赫胥黎没有赋予自然以伦理主体的地位，但是他给予了有感觉生物以伦理关怀。赫胥黎指出：“然而人类于是从无政府状态进到有社会组织，文明的价值愈是增高，那些根深蒂固的有用的特质就成了缺陷。文明人也会仿效那些获得成功的人的样子，踢倒他自己借以爬上去的梯子。他非常满意地看到猿与虎死去。但是它们并没有给他带来方便；他那火热的青春时代的这些亲密伙伴对安排好的文明生活进行的这种不受欢迎的入侵，在宇宙过程必然给单纯动物带来的痛苦和悲哀以外，增添了无数无法估量的痛苦和悲哀。事实上，文明人对所有这些猿与虎的本能冲动加上罪恶之名，把它们所从事的许多活动都当作犯罪行为加以惩处，在极端的情况下，他还竭尽全力用斧头和绳索把那些先前时代的最适者置于死地。我已经说过，文明人已经达到了这一点；这种说法也许太笼统，我最好说，遵循伦理原则的人已经达到了这一点。伦理这门科学宣称能为我们提供理性的生活准则，告诉我们什么是正确的行为和为什么是正确的行为。不管在专家中可能存在何种意见分歧，总的一致的意见是猿与虎的生存斗争

① 赫胥黎：《进化论与伦理学》，科学出版社，1971 年版，第 35～36 页。

方法与健全的伦理原则是不可调和的。”[①]

4.2.2 《天演论》与中国生态伦理思想的转型

经过严复中国式改造的进化论对中国传统的生态伦理思想进行了批判地继承和发展。严复反对赫胥黎的观点，认为自然进化规律与人类社会竞争的规律是一致的，这在传统上与道家所主张的道通为一的思想是相近的。但是严复反对道家任天无为的思想，而是主张与天争胜，这又具有了儒家刚劲有为自强不息的人道主义特征。但是严复更多地将生态自然作为斗争的对手，这又剔除了儒家生态伦理的道德内涵。进化论是一种科学，在进化的规律中物竞天择适者生存，当然也就不可能存在着众生平等，所以佛家的生态伦理在严复所倡导的进化论面前当然也就失去了立论的基础。严复对于中国生态伦理思想从传统向现代的转型之中的主要贡献是“破”，即传播进化论的科学理论为批判扬弃传统的生态伦理创造了条件，但是严复并没有将自然生态视为与人类平等的伦理主体，所以严复并没有真正完成中国生态伦理思想从传统向现代的转型。

赫胥黎在《进化论与伦理学》之中认为应该通过伦理道德合群图强与天争胜。而动物、植物没有同情心，没有道德规范，所以当然也就不是与人类同等的主体。赫胥黎将进化论和伦理学对立起来，也并没有提出将伦理的主体由人类泛化至生态的思想。严复并不赞同赫胥黎进化论并不适于人类社会的观点，他赞同斯宾塞的社会达尔文主义。严复认为人类社会作为自然界的组成部分，同样体现出进化的基本规律。严复指出：“天演公例，自草木鱼虫以致人类，所随地可察也。”[②]严复推崇斯宾塞的社会达尔文主义：“举天、地、人、形气、心性、动植之事一贯之，其说尤其为精辟宏富……欧洲自有生民以来，无此作也。”[③]

严复接受社会达尔文主义，将自然进化的规律引入人类社会，并不是主张社会之中人与人之间的关系是弱肉强食的丛林规则，而是为了启蒙和救亡。当时的西方国家基本上完成了从自由竞争的资本主义向帝国主义的过渡，虽然这些国家宣称自由、平等、博爱，但是在对中国的侵略屠杀掠夺之中所体现的恰恰是弱肉

① 赫胥黎：《进化论与伦理学》，科学出版社，1971 年版，第 36～37 页。

②《天演论》（严复译），商务印书馆，1981 年版，第 30 页。

③《天演论》（严复译），商务印书馆，1981 年版，第 4～5 页。

强食的丛林规则。

严复认为人类的一切社会现象都服从于自然规律，即所谓“自然之阴驱潜率”。如果人类没有饥饿求食的生理需求，即使再好的营养学研究以及教育无济于事，一定会死者众多；如果没有爱护幼子的自然本能，即使进行再好的道德教育强调保种延嗣的重要性，人类也早就灭绝了。所以大到保身保种合群进化，小到日常生活都受制于自然进化的规律。违背了这条规律，即使是圣人重生也无济于事。严复认为人受自然进化规律的支配产生了“情”，而在社会发展的过程之中“情”逐渐演化为“习”，为了使性情不至于演化为陋习，必须对自然形成的“情”进行规范。所以严复虽然认为自然进化规律适用于人类社会，但是严复并不反对人类社会的道德伦理，也并不主张将自然中弱肉强食的丛林规则引入人类社会。严复所主张的道德是基于自然进化规律所产生的“情”，人类社会的道德伦理应该顺乎“情”而用来规范“习”，从根本上讲社会中的陋习并不是性情的产物而是与性情相违背的。严复在这一部分并没有忠实地翻译赫胥黎的作品而是在译文中直接阐述了自己的观点。“今夫以公义断私恩者，古今之通法也……谓天行无过，任物竞天择之事，则世将自至于太平。其道在人人自由，而无强以损己为群之公职，立为应有权利之说，以饰其自营为己之深私。又谓民上之所宜为，在持刑宪以督天下之平，过此以往，皆听民自为，而无劳为大匠斫。……坐不知人治、天行二者之绝非同物而已。前论反覆，不惮冗繁，假吾言有可信者存，则此任天之治为何等治乎？嗟乎，今者欲治道之有功，非与天争胜，固不可也。法天行者非也，而避天行者亦非。”①

赫胥黎在《进化论与伦理学》之中强调自然规律强于人工能力。而严复在按语中举了大量的事例试图证明人巧足夺天工，强调与天争胜的正确性。严复认为，物竞天择适者生存是自然界和人类社会发展过程中共同的必然规律。但是弱者并不是一定被动地接受弱肉强食的必然命运，而是要与天争胜。而要与天争胜除了开民智合群体之外，才智、道德、力量是三个重要的因素。严复指出：“人欲图存，必用其才力心思，以与是妨生者为斗。负者日退，而胜者日昌，胜者非他，智德力三者皆大是耳。”②与天争胜就必须在中国大力发展资本主义，严复反对将义与利对立起来的观点，认为如果民智已开的话，没有义则无以牟利。牟利也不应该受到批判，关键要看通过什么样的手段。严复指出：“自营一言，古今所讳，诚哉其足讳也。

① 《天演论》（严复译），商务印书馆，1981 年版，93 页。

② 《天演论》（严复译），商务印书馆，1981 年版，第 37 页。

虽然，世变不同，自营亦异。大抵东西古人之说，皆以功利为与道义相反，若薰莸之必不可同器。而进入则谓生学之理，舍自营无以为存。但民智既开之后，则知非明道，则无以计功，非正谊，则无以谋利，功利何足病？问所以致之之道何如耳。故西人谓此为开明自营，于道义必不背也。”①

严复的思想开启了近代中国学习赶超型发展模式的先河。这种发展模式自然有民族独立、人民富裕发展目标的合理性，但是这种发展模式以西方工业化为学习赶超的目标，将自然生态单纯地视为开发的资源，视为与天争胜的战利品。这种发展模式与西方相比成倍地加剧了人与生态之间的紧张关系，严复与天争胜的思想标志着中国传统生态伦理的终结，也标志着近代中国人与自然新型关系的开始。

4.2.3 互助论伦理与中国近代生态伦理

克鲁泡特金以生物界中普遍存在的互助规律为基础，提出了互助论进化伦理学。随着 20 世纪初无政府主义在中国的传播，互助论在中国也产生了一定的影响，成为推动中国生态伦理从传统向现代转型的一个因素。克鲁泡特金认为生存竞争可以分为物种对不利的自然条件和敌对物种的外部斗争和物种内为争夺生活资料而进行的内部斗争。克鲁泡特金并不完全反对生存斗争，但是他认为生存斗争主要发生在不同物种之间，而很少发生在同物种内部。“即使在动物十分繁茂的几个地方，虽然我竭力寻找，我也从未发现同种动物之间存在着争取生活资料的残酷斗争；而大多数达尔文主义者认为这种斗争是生存竞争的主要特征和进化的主要因素。”②克鲁泡特金认为动物物种内存在普遍的互助现象，这种互助是物种生存并进化过程中最重要的特征。“把动物的合群性降低为爱和同情，就等于是降低它的普遍性和重要性，正如以爱和个人同情为基础的人类伦理学只能缩小整个道德感的意义一样。”③

克鲁泡特金认为伦理应该建立在互助而不是情感的基础之上，这在动物中也不例外。“使一群反刍动物或马围成一圈以抵抗狼群攻击的，不是爱，甚至也不是同情；使狼群猎食的不是爱；使小猫或羊羔在一起嬉戏的，或者使十几种小鸟在秋天

① 《天演论》（严复译），商务印书馆，1981 年版，第 92 页。

② 《互助论》（李平沤译），商务印书馆，1997 年版，第 7 页。

③ 《互助论》（李平沤译），商务印书馆，1997 年版，第 11 页。

里聚在一起生活的也不是爱……那是比爱或个体间的同情不知要广泛多少的一种情感——在极其长久的进化过程中，在动物和人类中慢慢发展起来的一种本能，教导动物和人在互助和互援的实践中就可获得力量，在群居生活中就可获得愉快。”[①]克鲁泡特金认为道德的基础不是爱或同情，而是源于互助的本能。“它是无意识地承认一个人从互助的实践中获得力量，承认每一个人的幸福都紧密依靠一切人的幸福，承认使个人把别人的权利看成等于自己的权利的正义感或公正感。更高的道德感就是在这个广泛而必要的基础上发展起来的。”[②]克鲁泡特金认为人类道德感情有自然的起源，所以从自然科学的角度考察了互助现象。在考察的过程中他认为动物之中也存在互助的现象，也存在美德和正义的概念。“而且，倘使我们对于原始人的研究越深，则越明白原始人知道为着同胞的勇敢的防卫，为着集团福利的自己牺牲以及无限的亲子之爱，与一般的社会性的利益等，最初还是从那和他有密切关系的动物的生活中学习来的。”[③]

克鲁泡特金构建的互助论进化伦理学体系之中最基本的因素是互助，他认为道德的基础是互助而不是情感。“我相信，在动物界的进化和人类历史中的社会性及互助之重要应该被认为一个脱离了一切假设而实证地确立起来的科学的真理。”[④]当作为道德基础的互助成为人类社会的习惯，互助就会促进正义感的发展。“其次，我们便更可承认当互助成了人类社会中确立的习惯，而且可以说是本能之时，它又依比例地导引着正义感之并行的发达。”[⑤]互助论进化伦理第三个因素是真正的道德要素。“就靠着此等关系，个人才十分明白而且感到他的行为所给予社会全体之影响，因此他便极力节制，不至于侵害他人，纵使为了这个缘故，使得他的某种欲望不能得到满足，他也不顾惜。他如果达到如此完全地把他自己的感情和他人的感情一视同仁的地步，则他便极愿意牺牲他的一己的力量，来谋求他人的利益，并不期望着收回何种报酬。此等非利己的感情及习惯，通常人们都以利他主义与自我牺牲等不正确的名称称之；然而依我的意见，虽大部分的著作家把此等感情与习惯和单纯的正义感混为一谈，而以利他主义这一名称来概括它们，实则适当地说，只有它

---

① 《互助论》（李平沤译），商务印书馆，1997 年版，第 11～12 页。

② 《互助论》（李平沤译），商务印书馆，1997 年版，第 12 页。

③ 周辅成：《西方伦理学名著选辑（下卷）》，商务印书馆，1996 年版，第 564 页。

④ 周辅成：《西方伦理学名著选辑（下卷）》，商务印书馆，1996 年版，第 574 页。

⑤ 同上。

们（此等感情与习惯）才配称为道德呢。”① “实在如果这个集团还不回到残存和进步发达之必要条件——互助、正义及道德上去，那么此集团（不管是人类或物种）就要死亡，就要消灭。因为它不履行进化的必要条件——它便必须衰颓，必须消灭。”②克鲁泡特金互助论进化伦理学论述的重点并不是生态伦理，但是他在赋予某些具有社会性的动物以伦理的主体地位。他肯定了人类与其他生物具有形成道德共同的基础——互助，而且人类以外的物种也必须履行进化的必要条件——互助、正义及道德。但是克鲁泡特金并没有涉及非社会性的动物以及没有生命的生态在伦理中的地位，虽然他给予生态比前人更多的道德关怀，但是他的生态伦理思想仍然是不完善的。虽然克鲁泡特金的生态思想随着无政府主义的传播在近代中国产生了一定的影响，但是随着马克思主义的传播，无政府主义逐步退出了历史舞台。克鲁泡特金对于近代中国生态思想转型的影响远远地小于严复的《天演论》。

4.3 马克思主义生态伦理的中国化

马克思主义生态伦理中国化的过程中分别受到了中国传统生态思想、进化论生态伦理以及互助论生态伦理的影响，其中以经严复改造的进化论伦理学的影响为最大。马克思主义生态伦理的中国化与马克思主义中国化的过程不是同步的，其形成过程就是逐步消除进化论伦理学影响的过程。生态建设思想不等于生态伦理。生态伦理的基本特征是将自然生态看作具有属人性特征的与人同等的道德主体，即像对待具有生命特征的人类一样对待生态。像对待人一样对待生态，而不是像对待物一样对待自然，是生态伦理的基本特征。新中国成立之初，中国共产党和新中国的领导人对于自然生态的认识并没有形成马克思主义生态伦理，而是将自然作为满足社会需要的开发对象。也就是将自然看作物，并没有自觉地承认自然的伦理主体地位。马克思主义生态伦理的中国化是在探索中国特色社会主义发展道路的过程中历经曲折探索逐步形成的。中国化马克思主义生态伦理的形成过程与中国特色社会主义发展道路的探索与选择密切相关，它所要回答的是“人与自然之间是怎样的关系，中国在社会主义制度下如何实现这种关系”。中国化马克思主义生态伦理的前提是在满足人的需求的前提下充分保护自然尊重自然。

---

① 周辅成：《西方伦理学名著选辑（下卷）》，商务印书馆，1996 年版，第 574～575 页。

② 周辅成：《西方伦理学名著选辑（下卷）》，商务印书馆，1996 年版，第 575 页。

面对着常年战乱留下的满目疮痍和荒山秃岭，第一代领导人生态思想的重点是恢复生态。毛泽东同志对植树造林绿化工作十分重视，制定了详细的规划。在社会主义现代化建设过程中，毛泽东强调以水利替代煤炭，将资源留给子孙后代。毛泽东可再生能源利用的思想具有明确的代际平等的生态伦理内涵。但是在 1958 年大跃进期间，由于大炼钢铁，大量的山林被毁，变成了荒山秃岭。大跃进之后，毛泽东针对大跃进对于生态的破坏提出了绿化祖国的号召。新中国成立之初，党的领导人们只是把生态自然当作发展的资源和环境来对待，当作物来对待。所以对生态对自然以自己的主观意志随意处置，并没有将生态看作与自身有同样权利的道德主体。

经过了“文革”十年的无序发展，尤其是以粮为纲所导致的盲目开荒，水土流失、土壤沙化等生态问题日益严重。加之改革开放之初工业的粗放型经营，环境污染的速度以史无前例的速度增长。生态开始成为影响生产生活的重要问题，随着广大人民群众物质生活的逐渐丰裕，良好的生态环境逐渐成为了人民的迫切需求。在这种情况下，党和政府逐渐认识到了生态自身的价值和地位，以马克思主义生态伦理为核心的中国特色社会主义生态伦理逐渐形成。邓小平在生态问题上主张生态效益与经济效益相统一，当前发展与长期发展相统一。邓小平所主张的两个统一已经将生态与人的利益同样关注，尊重生态的价值和利益。第二代领导集体赋予了生态保护更加丰富的内涵。

生态伦理的核心内涵之一是处理好个人、社会与自然的利益关系。《中国自然保护纲要》（1986 年 11 月）明确把环境利益划分为环境生态利益、环境经济利益、环境审美利益。当明确地承认自然生态的权利的时候，保护生态就已经具有了生态伦理的内涵。中国颁布的环境保护法规的目的并不仅仅是保护环境本身，而是为了维护劳动者的利益。社会主义的环境法规之中，以劳动者替代了抽象的人，这是社会主义环保思想与资本主义环保思想的本质区别。这明确地体现了社会主义环境思想明确的阶级性。环保法规明确规定了子孙后代的生态利益，具有明确的代际平等的内涵。生态保护不仅是保护当代劳动者的生态权益，而且要通过法律法规为后代创造可永续利用的资源和环境。

法律是道德的底线，中国共产党对生态保护和对劳动者权利和义务的规定为中国特色社会主义生态伦理奠定了前提和基础。生态伦理作为一种意识形态具有明确的阶级性，社会主义生态伦理的根本是为了维护最广大人民的根本利益。1986 年，

《中国自然保护纲要》明确指出了自然、劳动与发展之间的关系，那就是在保障自然与劳动者权益的前提下实现发展。发展方式的转变为实现人与自然之间和谐的关系创造了前提。

社会主义发展的目的是为了实现人的全面发展。人的全面发展与社会生产力和经济文化的发展都是逐步提高永无止境、相互结合相互促进的。可持续发展就是要处理好经济发展与人口、资源、环境的关系。可持续发展从生态伦理的角度进行阐释就是消除通过生产的异化实现人与自然的和谐，继而实现人的本质。党的十八大报告明确树立了自然的主体地位，提出尊重自然、顺应自然、保护自然。尊重自然意味着不再仅仅将自然视为开发利用甚至掠夺的对象，而是将自然视为与人类同等的道德主体去尊重。顺应自然意味着在实现人的全面发展的过程中充分地体现自然性，实现人的本质与自然的本质和谐的统一。……尊重自然、顺应自然、保护自然的生态伦理是生态文明理念的重要内涵。党的十八大报告指出："建设生态文明，是关系人民福祉、关乎民族未来的长远大计。……必须树立尊重自然、顺应自然、保护自然的生态文明理念……努力建设美丽中国，实现中华民族永续发展。"实现人与自然和谐的方针是节约和保护优先，自然恢复为主。自然恢复为主的方针充分体现了对自然的主体地位以及对于自然性的尊重。给自然留下更多修复空间不仅仅是为了当代人，而且充分考虑到后代的利益，体现了代际平等的内涵。党的十八大报告提出："……坚持节约优先、保护优先、自然恢复为主的方针，着力推进绿色发展、循环发展、低碳发展，形成节约资源和保护环境的空间格局、产业结构、生产方式、生活方式……优化国土空间开发格局。……给自然留下更多修复空间，给农业留下更多良田，给子孙后代留下天蓝、地绿、水净的美好家园。"党的十八大报告还明确提出了国家的生态责任，生态责任的提出具有明确完整的生态伦理内涵："……坚持共同但有区别的责任原则、公平原则、各自能力原则，同国际社会一道积极应对全球气候变化。"人与自然和谐关系的实现离不开生态文明的制度建设。党的十八大报告提出建立资源有偿使用制度和生态补偿制度来体现生态价值以及代际公平。"加强生态文明制度建设。……深化资源性产品价格和税费改革，建立反映市场供求和资源稀缺程度、体现生态价值和代际补偿的资源有偿使用制度和生态补偿制度。"在党的十八大报告之中最终完整地表述了中国特色社会主义生态伦理，这标志着中国特色社会主义生态伦理的形成，也标志着马克思主义生态伦理中国化时代化的初步实现。

第 5 章

中国特色社会主义生态伦理

中国特色社会主义生态伦理是在生态文明建设中引领各民族各阶层群众的道德纽带。中国特色社会主义生态伦理既体现了生态道德建设中的先进性要求，又体现了一个社会道德的广泛性特征；既坚持了社会主义道德正确的前进方向，又兼顾了不同层次社会成员的道德诉求。中国特色的马克思主义生态伦理经历了环境保护、可持续发展、科学发展等几个发展阶段。中国特色社会主义生态伦理坚持集体主义原则，具有丰富的政治内涵、经济内涵、人口与社会发展内涵。中国特色社会主义生态伦理建设具有阶段性与长期性的特征，生态文明主流价值观的提出为生态伦理的社会实践开辟了更加广阔的前景。

5.1 中国特色社会主义生态伦理的形式与发展

马克思主义生态伦理是工业革命时代的产物，是在西方基督教文化传统之中产生的。马克思主义生态伦理的中国化必须与中国特色的社会主义实践相结合，与中国博大精深源远流长的传统文化相结合。在近代中国，中国人民面临着两大问题，即民族独立人民解放，国家富强人民富裕。在近代中国生态问题并不成为一个紧迫的问题。而马克思主义中国化之初，思想界主要关注的是通过革命反帝反封建实现国家的统一和民族的独立。而中国传统的生态伦理在近代中国也经历了嬗变，这主要体现在从传统的生态伦理向进化论伦理观的转化。在马克思主义中国化的过程中，生态伦理并不是主要的关注点。在近代中国甚至直到新中国成立初期，仍然是这种进化论生态伦理影响深远。中国化马克思主义生态伦理在马克思主义中国化的过程中具有相对的滞后性。这是由于相对落后的生产力水平没有造成人与自然之间高度的紧张关系，生态并没有成为人们的迫切需求。

中国共产党生态伦理的探索萌芽于1956年《论十大关系》的报告，这是中国共产党探索自己的建设道路的开始。在这个报告中，毛泽东提出了处理社会主义建设过程中各种关系的基本原则，虽然并没有明确地提出解决人与自然关系的原则，但是为解决生态伦理中的冲突提供了有益的方法论借鉴。中国共产党对于中国特色生态伦理的建设是一个循序渐进的过程。在新中国成立之初，直至改革开放之前，由于生产力水平的落后，生态并没有成为人民的迫切需求。所以在第一代领导集体执政时期，中国共产党并没有明确形成生态的概念。第一代领导集体对于环境的保护主要体现在绿化。马克思主义认为人的本质的实现是一个具体的历史的过程。这种本质的实现体现在社会需求及其满足，在新中国成立之初，百废待兴，主要实现人民的基本物质需求。所以在此时期没有提出完整的生态伦理思想具有历史的合理性。在此时期生态并不是迫切解决的需求。社会主义能够满足它所创造的需求，而生态在当时并不是社会主义所创造出来的需求。当时所关注的生态问题往往与生产生活直接相关，旱灾、涝灾、乱砍滥伐等。所以生态问题体现在对于旱涝灾害的治理，为了鼓舞干劲提出了人定胜天等口号。这些口号并没有体现出马克思主义生态伦理的内涵，而是体现了进化论伦理的特征。这恰恰体现了中国生态伦理从近代向现代过渡的类型。

生态伦理的本质是人与人之间，人与社会之间的生态利益之争。社会主义生态伦理的和谐在于统筹兼顾地解决生态利益之争，实现人与自然的和谐发展。统筹兼顾对马克思主义生态伦理的建构具有方法论的意义。马克思指出："社会化的人，联合起来的生产者，将合理地调节他们和自然之间的物质变换，把它置于他们的共同控制之下，而不让它作为盲目的力量来统治自己；靠消耗最少的力量，在最无愧于和最适于他们的人类本性的条件下来进行这种物质变换。"[①]社会与生态之间的关系是各种相关因素普遍联系相互作用的结果，这是统筹兼顾原则的理论前提。

中国特色马克思主义生态伦理，以人的自我完善和发展为基础，将自然的价值

---

①《马克思恩格斯全集》第25卷，人民出版社，1974年版，第926页。

通过人的认识和实践体现出来，继而通过实践使自然的特性得以保护，通过人化自然使自然的本质得以完善。中国特色马克思主义生态伦理的目标是实现人与自然的协调发展。中国特色的马克思主义生态伦理的形成和发展体现在中国共产党的生态实践和生态观念之中。从新中国成立直至改革开放以前，中国共产党对生态的认识主要局限在植树造林、保持水土、调控资源等方面。并没有将自然作为伦理的主体，仅仅是作为社会发展的资源和环境，仅仅作为社会发展的对象而存在。这个阶段党对于生态的认识具有相当大的局限性。向自然开战集中体现了新中国成立之初人与自然的关系，一种紧张的对立的关系。这种关系所体现出来的并不是马克思主义生态观，而是进化论的生态伦理观。虽然社会主义也产生了生态问题，但是资本主义生态问题和社会主义生态问题产生的根本原因是不同的。资本主义产生生态问题的根本原因是生产关系，而社会主义产生生态问题的原因是发展方式的问题。社会主义的生态问题可以通过发展方式的调整得以缓解直至消除，而资本主义的生态问题则不能在自身体制内得以解决。即使通过科学技术的发展，由于其内在的资本逻辑也不能消除人与自然之间的紧张关系。不同的发展观产生了不同的生态伦理。就发展观而言，一般包括三个方面：发展的目的、发展的条件和手段、发展的后果和质量。社会主义在建设初期虽然在发展目的上与资本主义截然不同，但是因为缺乏建设经验，在一定程度上借鉴了资本主义的发展方式。并因此产生了一系列生态问题。这种与资本主义相类似的共性不是由于发展的目的造成的，而是由于发展的方式造成的。社会主义建设初期目的和手段的不协调造成了人与自然伦理关系的紧张。传统的资本主义发展方式首先是一种非全面性的发展。传统的发展观将经济增长作为唯一的指标，将发展看作是单纯的经济问题，而将生态环境看作经济发展的外部条件。以牺牲环境为代价实现经济增长，造成了人与环境之间的紧张关系。传统的发展观是以功利主义作为价值基础的，这导致了发展的不协调。功利主义的价值观导致了对人的利益的片面强调，而忽视甚至否认了自然的价值。我国社会主义建设初期的赶超型的发展模式在一定程度上体现了对于生态的功利性。

中国特色的马克思主义生态伦理经历了环境保护、可持续发展、科学发展等几个发展阶段。

随着改革开放，党的工作重心转移到经济建设中来。在经济建设的过程中，党允许一部分人先富起来。在改革开放初期，中国特色的社会主义建设缺乏经验，虽然在性质上属于社会主义，但是其所采取的发展方式仍然是一种传统的发展观。其发展方式并没有体现人的本质，同样造成了人与环境之间关系的紧张。但社会主义社会人与环境之间的紧张关系总体上看，其发展目的是为了实现人的全面发展。但是因为其发展道路和模式仍然在探索之中，目的与手段之间的矛盾是人与自然之间关系紧张的根本原因。随着中国特色社会主义建设道路探索取得新的成就，在社会主义建设过程中人与自然的紧张关系得以逐步缓解。社会主义建设过程中人与自然的紧张关系可以通过社会主义制度的自我完善得以解决，最终实现目的与手段的统一，实现人与自然的和谐发展。

第一、第二代中共领导人对于生态的认识主要体现在环境保护，在此时期中国特色的社会主义生态伦理处于萌芽时期，仍然处于探索之中。可持续发展观的提出是中国特色马克思主义生态伦理发展的关键环节。可持续发展的理念并不是中国共产党的独创。1981 年，美国学者布朗在《建设一个持续发展的社会》一书中第一次提出了持续发展的问题。1992 年，在巴西召开的联合国环境与发展大会上，通过了《21 世纪议程》，在议程中提出了世界范围内可持续发展行动计划。虽然可持续发展已经成为了世界的共识，但是资本主义资本逻辑所造成的内在矛盾决定了在资本主义制度下不可能真正实现可持续的发展，实现人与自然的和谐。资本主义为了缓解本国的生态危机，将污染企业向发展中国家转移，甚至将垃圾向发展中国家出口。利用不平等的政治经济秩序造成了不平等的新的生态秩序。在这种形势下，西方社会出现了生态社会主义的思潮和运动。中国可持续发展战略的提出是对新中国成立以来现代化尤其是工业化进程的深刻反思，是面对因发展模式所造成的生态问题所作出的理性选择。可持续发展与环境保护既有联系又有区别。环境保护是可持续发展的重要组成部分，可持续发展的核心是在保护环境资源可永续利用的前提下实现经济社会的可持续发展。人的本质的实现是可持续发展的目的。可持续发展就是在经济、社会、人口、资源、环境等各方面相互协调共同发展的基础上的一种社会发展模式。可持续发展既满足了当代人不断增长的物质文化需求，又为后代创造了发展的环境，实现了代际平等。1994 年，国务院批准了中国第一个国家级可持续发展战略《中国 21 世纪人口、环境与发展白皮书》。1996 年，全国人大八届四次会议批准了《中华人民共和国经济和社会发展“九五”计划和 2010 年远景目标纲要》把可持续发展正式作为我国的建设发展战略。

新中国成立直至改革开放初期，中国在人与自然的关系上虽然取得了一定的成就，但总体上人与自然的关系是紧张的。因为主要将自然作为开发和索取的对象，并没有将自然作为与人同等的对象来看待，所以并不能认为社会主义制度的建立必然会产生生态伦理。科学发展观的第一要义是发展，核心是以人为本，基本要求是全面可持续，根本方法是统筹兼顾。社会主义已经解决了制度的问题，在本质上与马克思主义生态伦理是相一致的。但是因为在建设社会主义过程中发展观的不同导致了人与自然关系的紧张。科学发展观突破了传统的发展观，追求质的发展，强调在保护和合理利用自然的前提下实现经济发展。科学发展观标志着中国共产党对中国特色生态伦理的认识达到了新的高度。科学发展观强调和谐发展、全面发展，从根本上扬弃了向自然开战的斗争的自然观。

科学发展观对中国特色马克思主义生态伦理的贡献体现在发展方式的转变。科学发展观强调以人为本，坚持统筹兼顾实现经济社会协调发展。以人为本体现了马克思主义生态伦理的本质内涵，即人的本质的真正实现。以人为本充分体现了马克思主义生态伦理的一致性。生态伦理的背后是社会各阶级各阶层之间的利益冲突。科学发展观强调统筹个人利益与集体利益、局部利益与整体利益、当前利益与长远利益，从而确保了人与自然和谐的伦理关系的实现。以人为本体现了中国特色马克思主义生态伦理的本质，而统筹兼顾实现了生态伦理的利益和谐。生态文明的提出标志着中国特色马克思主义生态伦理的形成。生态文明是人类遵循人、自然、社会系统和谐发展这一客观规律而取得的物质与精神成果的总和，是以人与自然、人与人、人与社会和谐共生、良性循环、全面发展、持续繁荣为基本宗旨的文化伦理形态。生态文明的提出，不仅充分体现了马克思主义生态伦理的内涵，而且创造性地发展了马克思主义生态伦理并将其上升为文明的高度。建设生态文明实质上就是要建设以资源环境承载力为基础，以自然规律为准则、以可持续发展为目标的资源节约型、环境友好型社会。生态文明是马克思主义生态伦理与中国特色社会主义现代化建设相结合的成果，生态文明的提出标志着中国特色马克思主义生态伦理的形成。生态文明在尊重自然的前提下，强调人与人、人与自然、人与社会的和谐共生，强调可持续的发展方式和消费方式，最终充分满足社会主义社会所创造出来的新需求，充分实现人的本质。

资源节约型、环境友好型社会的建设集中体现了中国特色马克思主义生态伦理的内涵。在“十一五”规划之中，将资源节约型和环境友好型社会的建设作为基本方针。在《中共中央关于制定国民经济和社会发展第十二个五年规划的建议》（以下简称《建议》）中，没有对 GDP 的增长提出具体的量化要求，而是提出面对日趋强化的资源环境约束，必须增强危机意识，树立绿色、低碳发展理念，以节能减排为重点，健全激励和约束机制，加快构建资源节约、环境友好的生产方式和消费方式，增强可持续发展能力。资源节约型、环境友好型社会既需要马克思主义生态伦理作为人们的行为准则，同时又对新型的生态伦理提出了新的要求。

节约型社会的核心内涵是节约，以尽可能少的资源实现可持续发展的社会。而环境友好型社会则充分体现了生态的伦理内涵。环境友好型社会将自然看作是有生命的人化的自然，其核心内涵是人与自然和谐共生的社会形态。

资源节约型和环境友好型社会倡导低碳环保的健康生活方式。低碳环保的生活方式不是不消费，不满足人们日益增长的物质文化需求。而是使每个人都承担可持续发展的伦理责任，实践自然、环保、节俭、健康的生活方式。低碳环保的生活方式是马克思主义生态伦理的体现。传统的伦理之中没有自然的位置，人是传统伦理的唯一主体。生态伦理认为自然是人化的自然，具有与人类同等的人格。人与自然之间的关系，也成为伦理学的内容。低碳环保的生活方式体现了人与人之间、人与自然之间的和谐关系。生态环境是人与社会存在和发展的基本前提。传统的经济增长方式以功利主义的消费观鼓励过度的消费，通过消费产生更多的需求以刺激生产。这种生产与生活方式是内在统一的，形成了一个生产与消费恶性循环的怪圈。人的无休止的欲望和满足都是以对自然的掠夺式开发为代价的，生态的恶化、资源的枯竭使这种生产、生活方式难以为继。生态伦理是对传统发展观所造成的生态危机所进行的反思。低碳环保的生活方式的目的是使人摆脱消费的异化真正实现人的本质。人的本质不在于永无止境的物质消费，而在于人的自由的全面的发展。低碳环保的新的生活方式将人的生活提高到一个新的境界，进一步推动了人的本质的实现。

5.2 中国特色社会主义生态伦理的内涵与基本特征

5.2.1 中国特色社会主义生态伦理与社会主义核心价值体系

中国特色社会主义生态伦理是社会主义核心价值体系的有机组成部分，是生态文明建设的道德基础。实践中国特色社会主义生态伦理必须以马克思主义生态伦理为指导，以马克思主义生态伦理中国化、时代化的最新理论武装全党、教育人民，以中国特色社会主义生态伦理丰富和发展社会主义荣辱观，巩固全党全国各族人民共同奋斗的道德基础。实践中国特色社会主义生态伦理是构建社会主义和谐社会、实现生态文明的重要条件。中国特色社会主义生态伦理以伦理为主导，统领道德、精神、理想等不同层面，辩证统一、相辅相成。中国特色社会主义生态伦理的建立，有利于坚定马克思主义的理想信念，有利于建立生态道德规范，有利于提高全民的道德水准，为社会主义和谐社会建设提供良好的生态环境，充分满足广大人民群众日益增长的生态需求。中国特色社会主义生态伦理是马克思主义中国化时代化过程中提出的一个全新的科学命题。中国特色社会主义生态伦理是一个完整的价值体系，它包含着四方面基本的内容：马克思主义生态伦理指导思想、社会主义和谐社会的共同理想、生态文明的建设目标以及注入生态伦理内涵的以“八荣八耻”为主要内容的社会主义生态道德规范。中国特色社会主义生态伦理的四个组成部分是相互联系辩证统一的有机整体。构建中国特色社会主义伦理，必须坚持马克思主义生态伦理的指导地位，牢牢把握社会主义道德的性质和发展方向，在借鉴传统生态伦理的同时积极借鉴西方生态伦理中的优秀成果，为建设社会主义生态文明奠定坚实的思想道德基础，为生态和谐的生活方式提供强有力的精神动力和道德支持。

马克思主义生态伦理是中国特色社会主义生态伦理的灵魂。中国特色社会主义生态伦理是社会主义意识形态的有机组成部分，马克思主义生态伦理为其提供了科学的世界观和方法论。社会主义和谐社会是当前中国各族人民的共同理想，它充分体现了各阶层各群体的共同愿望。社会主义和谐社会所体现的不仅仅是人与人之间的和谐，还包括人与生态之间的和谐。中国特色社会主义生态伦理的目标是社会主义生态文明。社会主义生态文明是继物质文明、精神文明、政治文明之后，中国共产党所提出的全新的建设目标。生态文明建设是一个复杂的系统工程，不仅仅包括社会主义生态建设，还包括生态化的生活方式。中国特色社会主义生态伦理所要实现的正是与生态文明建设高度一致的生态化的生活方式。以“八荣八耻”为主要内容的社会主义荣辱观是社会主义市场经济条件下充分体现中华民族传统美德和时代道德精神的社会主义思想道德体系，为社会成员的道德选择提供了基本的价值准则和行动规范。社会主义荣辱观为中国特色社会主义生态伦理提供了基本的价值准则，而中国特色社会主义生态伦理充实和丰富了社会主义荣辱观，形成了社会主义生态荣辱观。没有马克思主义生态伦理作为指导，中国特色社会主义生态伦理就失去了灵魂；没有社会主义和谐社会的共同理想，中国特色社会主义生态伦理就失去了主题；没有生态文明的奋斗目标，中国特色社会主义生态伦理就失去了发展的方向；没有社会主义荣辱观，中国特色社会主义生态伦理就失去了价值标准。

随着社会的进步和信息技术的发展，舆论与网络媒体的社会影响力越来越大，能不能坚持正确的舆论导向，关系到生态文明建设目标的实现，关系到社会主义和谐社会建设的顺利进行。在信息传播途径日益多元化的形势下，实践中国特色社会主义生态伦理必须坚持正确的舆论导向，宣传党和政府的生态政策和发展方针，弘扬先进典型鞭挞落后现象，通达社情民意，倡导新型生态化的生活方式，为生态文明建设营造良好的舆论氛围。社会舆论具有大众化、普遍化的特征，实践中国特色社会主义生态伦理，必须采用灵活多样的群众喜闻乐见的形式，宣传生态伦理的基本社会规范，鼓励人民从日常小事做起，将生态伦理的价值认同体现在日常生活和社会交往中，在日常生活中节能低碳、节约资源、保护环境，逐步形成与社会主义市场经济制度相适应，与中华传统美德相承接的生态化的生活方式。必须充分发挥生态文化的熏陶作用，为中国特色社会主义生态伦理的传播和实践营造良好的文化环境。生态文化充分体现了新时代中华民族的生命力、创造力和凝聚力，它是生态伦理的文化表现形式，是民族的、科学的、大众的、生态的文化生活，是衡量全社会生活品质和社会和谐的重要标志。社会主义生态文化必须充分发挥生态伦理在影响人们思想观念、价值认同方面的重要作用。使广大人民群众在娱乐和享受中受到马克思主义生态伦理的教育，在潜移默化中培养对中国特色社会主义生态伦理的价值认同。

中国特色社会主义生态伦理是中国共产党在建设社会主义生态文明过程中的一面道德旗帜。中国共产党领导全国人民成功探索出一条有中国特色的社会主义建设道路，提出了生态文明的建设目标。与这个目标相适应，必然要求一个主导全社会伦理思想和行为的价值体系。随着社会主义市场经济的繁荣，人们的道德伦理以及生活方式日益呈现出多样性和差异性的特征。随着物质生活的日益丰富，一些人醉心于西方消费主义的生活方式，造成严重的资源能源浪费与生态的破坏。共同的伦理道德基础，是一个社会存在和发展的基本前提之一。在生态问题已经迫在眉睫的今天，离开正确的生态伦理，就不会在全社会形成尊重自然、保护自然的风尚，更不会形成与生态文明建设目标相一致的生活方式。中国特色社会主义生态伦理揭示了当代中国马克思主义生态伦理的基本内涵和要求，为生态文明建设和社会和谐的实现奠定了坚实的道德基础。中国特色社会主义生态伦理有利于引导全社会伦理道德的共同进步。社会主义市场经济体制下多元化的经营方式使人们的思想观念、道德意识以及生活方式越来越呈现出多元化的倾向。这在生态伦理方面表现同样明显：既有传统的勤俭节约而又对生态造成一定破坏的生活方式，又有穷奢极欲严重浪费能源资源破坏生态的消费主义生活方式，当然还有提倡低碳环保健康绿色的生态主义生活方式。对于当前中国社会的生态伦理而言，不能因为存在着不同层次的道德水准而否认社会主义道德的先进性，也不能无视国情以美德的标准苛求每一个社会成员。中国特色社会主义生态伦理既体现了生态道德建设中的先进性要求，又体现了一个社会道德的广泛性特征；既坚持了社会主义道德正确的前进方向，又兼顾了不同层次社会成员的道德诉求。中国特色社会主义生态伦理是在生态文明建设中引领整合各民族各阶层群众的道德纽带。

中国特色社会主义生态伦理的创建，是提高全民族生态道德水平，提升国家竞争软实力的迫切需要。随着经济全球化的日益深入，生态问题从单纯的环境问题已经发展成为全球化问题，甚至成为涉及国家主权的问题。社会主义核心价值体系是社会主义道德的核心内涵，作为社会主义道德体系的有机组成部分，社会主义生态伦理也必须以社会主义核心价值观作为根本的指导思想。马克思主义的中国化、时代化、大众化是当代马克思主义在中国发展的内在要求。马克思主义是社会主义事业的根本指导思想，马克思主义与中国革命和建设事业相结合产生了中国特色社会主义理论体系。马克思主义生态伦理与中国特色社会主义建设事业相结合产生了中国特色社会主义生态伦理。党的十八大报告明确指出："推进马克思主义中国化、时代化、大众化，坚持不懈用中国特色社会主义理论体系武装全党、教育人民，深入实施马克思主义理论研究和建设工程，建设哲学社会科学创新体系，推动中国特色社会主义理论体系进教材进课堂进头脑。广泛开展理想信念教育，把广大人民团结凝聚在中国特色社会主义伟大旗帜之下。"社会主义核心价值观倡导爱国主义、集体主义和社会主义的价值观，强调对意识形态工作的领导权和主导权。社会主义生态伦理以爱国主义、集体主义和社会主义作为根本价值观，目前迫切的任务是坚持正确导向提高引导能力，壮大社会主义生态伦理的思想舆论。

5.2.2 中国特色社会主义生态伦理“八荣八耻”

社会主义道德建设的基本任务是全面提高公民道德素质，社会主义生态伦理的基本任务是提高公民的生态道德水平。党的十八大报告提出：“要坚持依法治国和以德治国相结合，加强社会公德、职业道德、家庭美德、个人品德教育，弘扬中华传统美德，弘扬时代新风。推进公民道德建设工程，弘扬真善美、贬斥假恶丑，引导人们自觉履行法定义务、社会责任、家庭责任，营造劳动光荣、创造伟大的社会氛围，培育知荣辱、讲正气、作奉献、促和谐的良好风尚。”社会主义生态伦理要与中华传统美德相结合，以思想政治教育为手段，以群众性精神文明建设为平台，实现生态伦理教育的常态化、制度化。

社会主义荣辱观的核心是全心全意为人民服务，它以集体主义为原则，包含了爱祖国、爱人民、爱劳动、爱科学、爱社会主义等方面的基本内涵。社会主义核心价值体系是一个开放的与时俱进的思想体系，与生态文明具有高度的兼容性。社会主义核心价值体系是以马克思主义为指导的，当然在人生观、价值观、世界观等方面充分体现了马克思主义生态伦理的基本内涵。以“八荣八耻”为主要内容的社会主义核心价值观是当代中国的共产主义道德，它完全可以诠释作为当代中国马克思主义生态伦理的中国特色社会主义生态伦理。以热爱祖国为荣、以危害祖国为耻。热爱祖国，当然包括热爱祖国的自然生态环境，充分体现了尊重生态保护生态环境的生态伦理内涵。而危害祖国也同样包括破坏祖国的生态环境，危害祖国的生态安全，出卖祖国的生态利益。以服务人民为荣、以背离人民为耻。服务人民的核心是全心全意满足广大人民日益增长的各方面的合理需求，随着物质生活的逐渐丰裕，生态已经成为了人民群众的迫切需求。服务人民不仅包括满足人民对良好生态环境的需求，而且要求在生产生活过程中不损害人民的生态权益，否则就是背离人民。以崇尚科学为荣、以愚昧无知为耻。崇尚科学之中包括对于生态科学的崇尚，只有充分地认识生态，才能真正地尊重生态爱护生态，才能将生态看作与人类自身同等的伦理主体。愚昧无知是马克思主义生态伦理的天敌，也是导致生态环境恶化的重要的罪魁祸首。以辛勤劳动为荣、以好逸恶劳为耻。劳动是连接人与自然的纽带，实践是马克思主义生态伦理的基本特征，离开了辛勤劳动就没有人与生态之间的和谐关系。劳动创造了人本身，离开了劳动人类也不可能充分实现人的本质。好逸恶劳所体现的是一种扭曲的异化的人与自然之间的关系。以团结互助为荣、以损人利己为耻。马克思主义生态伦理将生态看作与人类同等的道德主体，团结互助并不仅仅指人与人之间的团结，而且包括人与生态之间的团结互助。也就是说，人类应该充分尊重生态的利益，实现人与生态之间的互利共荣。而损人利己，不仅仅包括损害他人的生态利益，而且包括人类不应该为了自身的利益而损害作为伦理同等主体的生态的利益。以诚实守信为荣、以见利忘义为耻。诚实守信包括认真履行各项保护生态的庄严承诺，见利忘义在生态方面的体现就是片面追求经济利益而忽视生态利益。维护生态利益已经成为了新时代“义”的当然内涵。以遵纪守法为荣、以违法乱纪为耻。改革开放以来，政府为了解决日益严重的生态问题制定了大量的法律法规，每一个公民都有责任有义务遵守这些法律法规。违法乱纪破坏生态环境不仅仅是道德问题，严重者还要受到法律的惩罚。以艰苦奋斗为荣、以骄奢淫逸为耻。生态文明的实现必须经过几代人艰苦的奋斗。尤其在社会主义初级阶段的国情下，这个任务格外艰辛，更需要弘扬艰苦奋斗的精神。骄奢淫逸不仅会阻碍共同奋斗目标的实现，而且奢侈堕落的生活方式会造成严重的能源资源的浪费，其本身就是对于生态的严重危害。

中国特色社会主义生态伦理涵盖了社会主义、集体主义、人道主义、生态主义等多重内涵，充分体现了马克思主义生态伦理中国化时代化的要求，充分反映了社会主义世界观、价值观、人生观、生态观，明确了当代中国最基本的生态价值取向和生态行为准则，是马克思主义道德在生态问题方面的精辟概括，是新时期社会主义道德的具体体现，是社会主义生态文明建设的道德基础。中国特色社会主义生态伦理引导人们正确地处理人与自然，以及个人、集体、国家在生态利益方面的关系，实现人与生态之间以及人与人之间在生态问题上的和谐共处。

生态伦理“八荣八耻”的基本内涵是：以保护祖国生态为荣，以危害祖国生态为耻；以崇尚生态知识为荣，以漠视生态规律为耻；以践行生态承诺为荣，以见利忘义背信为耻；以遵守环保法规为荣，以违背环保法规为耻；以健康绿色生活为荣，以追求消费主义为耻；以满足生态需求为荣，以背离生态利益为耻；以人与生态和谐为荣，以耗能污染浪费为耻；以建设生态文明为荣，以追求片面增长为耻。

5.2.3 中国特色社会主义生态伦理的集体主义原则

马克思主义生态伦理属于共产主义道德范畴。共产主义道德是人类道德发展的最高形态，是以公有制为经济基础的道德体系，其根本目的是为了维护无产阶级和劳动人民的利益。马克思主义生态伦理是共产主义道德在新的历史条件下的新发展，马克思主义生态伦理作为共产主义道德的组成部分根源于无产阶级的阶级地位和经济条件，反映了无产阶级和劳动人民的生态利益和生态需求。资本主义制度确立之后，资本主义的生产方式使无产阶级和资产阶级在各方面处于深刻的对立之中。资本主义道德是维护本阶级成员之间的内部关系，约束无产阶级行为，为资本主义剥削进行合理性辩护的意识形态。在处理资本与生态的关系上，资本主义道德竭力维护以私有制为基础的资本逻辑的合理性，将生态视为与工人阶级一样的剥削对象，将生态看作是资本的奴婢。资本主义生态伦理是导致全球化生态危机的道德根源。无产阶级道德作为资产阶级道德的对立物，是无产阶级物质生活条件的产物。无产阶级道德从无产阶级的立场出发，抨击资本主义剥削制度的罪恶，协调无产阶级和劳动人民内部的关系。随着科学社会主义理论的创立以及无产阶级政党的建立，无产阶级道德逐步发展为共产主义道德。共产主义道德尖锐地揭露了资本主义生产方式对于生态环境的严重破坏，对于生态资源的严重浪费，以及对于无产阶级生态权利的漠视和剥夺。在对资本主义进行生态批判的过程中，马克思和恩格斯逐步形成了马克思主义生态伦理思想。

无产阶级在打碎旧的国家机器夺取政权之前，所开展的是反对资产阶级的革命以建立无产阶级专政。在无产阶级革命阶段，共产主义道德主要体现为对敌人斗争的坚决、对党的忠诚以及为了共产主义事业的自我牺牲精神等方面。无产阶级革命时期的生态伦理主要体现在对资产阶级生态伦理及其对生态破坏的无情揭露，对无产阶级生态权益的坚决维护等方面。社会主义制度确立之后，无产阶级从被剥削被压迫的阶级成为了社会主义社会的领导阶级。在社会主义制度下，共产主义道德的核心是集体主义，它是共产主义道德区分与其他一切旧道德的根本标志。它要求每一个具有共产主义道德的公民全心全意为人民服务，大公无私、先人后己地处理个人与国家和社会的关系。集体主义同样是社会主义制度下马克思主义生态伦理的核心。马克思主义生态伦理所要解决的根本问题是个人、国家和社会之间生态利益的冲突。马克思主义生态伦理之中的集体主义原则要求在处理生态利益的冲突时，反对极端的生态个人主义。国家、社会和集体在生态利益的分配方面应该充分考虑到个人的生态利益诉求，而个人在实现自身的生态利益时也必须充分考虑到他人的生态利益。在个人的生态利益与国家社会和集体利益发生冲突时，有责任优先满足国家社会和集体的利益。个人生态利益的满足受到社会发展程度的限制。中国正处于社会主义初级阶段，对广大人民群众日益增长的生态需求已经给予了高度的关注，但是因为生产力水平仍然相对落后，所以在一定程度上不能充分满足人民群众的生态需求。马克思主义生态伦理之中的集体主义原则要求社会成员的生态诉求必须与社会发展程度相适应，充分考虑到国家社会和集体的承受能力。马克思主义生态伦理的集体主义原则要求社会成员在选择一种生活方式时必要考虑到其他社会成员以及国家社会和集体的生态利益，当个人的生态利益与集体的生态利益相冲突时应该优先考虑集体的生态利益。

随着社会主义制度的确立，造成人与生态之间伦理扭曲的异化因素在制度上已经被消灭，进行生态建设不断满足广大人民群众的生态要求成为社会主义重要的建设目标。随着科技的迅速发展，能否学习运用先进的科学技术对于解决生态问题具有越来越重要的意义。学习生态科学、勇于创新也就成为了马克思主义生态伦理的新内容。社会主义社会不仅具有高度的物质文明、精神文明、政治文明，还应该有高度的生态文明。随着社会主义发展程度不断提高，生态问题也在政治、经济、文化以及生活方式等多方面得到了充分的体现。这在生态伦理上的体现就是出现了生态政治伦理、生态经济伦理、生态文化伦理、生态生活伦理等社会主义伦理道德的新领域。经过长期的社会主义建设实践和理论概括，马克思主义生态伦理形成了一个涉及人们方方面面生活的完整的伦理规范体系，极大地充实和丰富了共产主义道德。马克思主义生态伦理是一个历史现象，它不是从来就有的，也不是永恒存在的。当人类社会进入了共产主义阶段，随着人的本质的实现，人与生态和谐发展的理想将成为现实，生态伦理将呈现出新的形态。

资本主义道德中的生态伦理具有剥削阶级道德中所固有的虚伪性和欺骗性，这体现在理论和实践相脱离，主观和客观相脱离。马克思主义生态伦理是共产主义道德的有机组成部分，它以唯物史观为基础，是无产阶级和劳动人民内在的自觉的要求，其基本特征是理论和实践相统一，主观和客观相统一，是人类历史上最高尚的道德。马克思主义生态伦理是团结无产阶级和广大劳动人民，为充分满足人民的生态利益并最终实现人的自由而全面发展的精神武器。在社会主义条件下，马克思主义生态伦理具有多方面的社会作用：首先，马克思主义生态伦理作为上层建筑的组成部分能够反作用于经济基础，为社会主义的经济基础服务。先进的生态伦理对社会的生态建设必然起到巨大的推动作用，并从根本上促进生产力的发展。人是社会生产实践的主体。广大人民群众生态伦理水平的提高，学习掌握先进的生态知识和生态技术，将为生态文明的建设提供良好的精神条件。其次，马克思主义生态伦理提出了正确处理人与人之间在生态利益冲突方面的道德原则和行为规范。马克思主义生态伦理所倡导的人际关系，是在处理生态利益方面所体现出来的平等的同志式的人际关系。马克思主义生态伦理倡导社会成员在生态问题上互相关心爱护，互相帮助。在发生生态利益的冲突时能够以批评和自我批评的方式，严以律己宽以待人，达到团结和谐的目的。最后，马克思主义生态伦理的宗旨是为了引导人具有高尚的生态道德。加强马克思主义生态伦理教育对于培养有理想、有文化、有道德、守纪律的新一代建设者和接班人具有重要的意义。

马克思主义生态是反对和批判一切剥削阶级生态伦理最有力的思想武器。社会主义制度确立之后，虽然剥削阶级道德赖以生存的物质基础和生产方式已经被消灭，但是剥削阶级道德的影响还通过各种途径对社会主义社会产生一定的消极影响。这在生态伦理方面主要体现在追求穷奢极欲的消费主义方面。弘扬马克思主义生态伦理，在社会形成全新的生态健康的生活方式才能逐步消除剥削阶级生态伦理的影响。

马克思主义生态伦理的核心价值观是集体主义，它主张个人从属于社会和集体，当个人的生态权益与国家、民族、社会以及集体的生态权益发生冲突时，个人的生态利益要服从于集体的生态利益。集体主义在生态伦理方面的最高标准是个人在生态方面的一切言论和行动要符合人民群众的集体生态利益。马克思主义生态伦理以共产主义的集体主义为准则，从无产阶级的根本生态利益出发，处理个人与集体、个人与社会之间与生态有关的社会关系。强调无产阶级的集体生态利益高于个人生态利益，要求个人生态利益服从集体生态利益、眼前生态利益服从长远生态利益、局部生态利益服从全局生态利益。

共产主义道德中的集体主义原则是无产阶级的阶级性在道德上的集中体现，是无产阶级实现自身解放在道德上的必然要求。社会化大生产使工人阶级的命运紧密地联系在一起，无产阶级只有依靠集体的力量，才能摆脱剥削和压迫。工人阶级所要摆脱的当然也包括资产阶级对无产阶级在生态权益方面的压迫和剥夺，集体主义是工人阶级实现自身生态权益并使生态从资本主义的桎梏中获得解放的必然要求。社会主义制度的确立为集体主义的实现创造了条件，使全社会拥有了共同的理想、奋斗目标、道德和纪律。在社会主义制度下，国家、集体和个人之间的生态利益从根本上是一致的。国家和集体的生态利益必须通过个人在生产生活中实践生态伦理来实现，而个人生态需求的满足又离不开国家和集体的发展壮大。只有在集体中个人的生态需求才能够得到真正的实现，生态利益才能够得到真正的保护。马克思主义生态伦理坚持集体主义原则，与承认个人正当的生态权利是一致的。集体主义的生态伦理要求公民为社会集体的生态利益做出自己的贡献，而集体主义的原则充分尊重个人的生态权利和需求。国家、集体和个人三者根本生态利益的一致，并不意味着在具体的生态利益方面没有冲突。集体主义作为生态伦理的道德准则，一方面要求国家和集体根据人民群众的生态需求不断调整生态政策和措施；另一方面集体主义引导个人生态利益服从集体、国家的利益。在马克思主义生态伦理规范中，集体主义居于核心的地位，培养全社会公民的生态集体主义观念，是马克思主义生态教育的重要内容。

马克思主义生态伦理作为一种道德观念，其核心必然是一种价值观。价值观就是对价值或者利益的根本看法。因为在社会之中不同阶级阶层生态利益的多样性，自然也就产生了多样性的价值观。在诸多的生态利益之中，存在着两种基本的生态利益——个人生态利益和公共生态利益，由此也就产生了两种基本的生态价值观——个人主义生态价值观和集体主义生态价值观。集体主义是社会主义道德的核心价值理念。随着社会主义市场经济的繁荣发展，社会利益日益多元化，与之相对应的是个人利益、个人意识以及个人权利诉求的日益彰显。社会主义市场经济的本质是社会主义，它是个人利益与集体利益的辩证统一：一方面，利益从原有的一元分化为多元；另一方面，多元利益为了社会主义的根本利益形成互利和谐的整体。社会主义市场经济的这种特性在生态伦理上的体现就是在生态文明的建设中对于集体主义的呼唤。生态集体主义是处理个人生态利益和整体生态利益的根本准则，是调整人们相互之间生态利益的各种伦理规范之中最基本的出发点和指导性原则。

在马克思主义生态伦理之中，对诸多道德规范发挥基础性整合作用的是集体主义原则。在生态伦理之中不能笼统地认为生态集体主义优于生态个人主义。在剥削阶级生态伦理之中，也往往提倡其阶级成员为集体的利益牺牲个人一定的生态利益。马克思主义将集体区分为真实的集体和虚幻的集体，区分的基本依据就是个人在集体中能否获得自由。在虚幻的集体中，剥削者因为作为统治阶级的一分子才拥有了所谓的自由，而对于被剥削者而言这种集体就是桎梏。而在社会主义社会中，在控制了自己的生存条件和社会全体成员的生存条件的革命无产者集体中，无产阶级才获得了真正的自由。所以马克思主义生态伦理之中的集体主义具有明确的阶级性。社会主义社会对于广大无产阶级和劳动者而言是真实的集体，所以马克思主义生态伦理中的集体主义是真实的高尚的道德原则。马克思从国家和集体的阶级属性方面探讨了集体的真假，继而指出了集体主义的阶级属性。完全的真正的集体是自由人的联合体，是共产主义社会。社会主义社会是共产主义的初级阶段，在社会主义制度下集体是个人生存和发展实现生态权益满足生态需要的工具。马克思主义生态伦理之中集体的生态利益体现在多个方面：社会生态利益、国家的生态利益、民族的生态利益、组织或集体的生态利益等。

社会主义生态伦理必须以集体主义作为核心价值观，这是由于社会主义的经济基础和生产方式所决定的。社会主义生态伦理的集体主义价值观体现了以下原则：社会主义生态伦理倡导国家、集体利益和个人生态利益的统一；国家和集体的利益高于个人的生态利益；个人的生态利益应该得到充分的尊重，当个人的生态利益与国家和集体的利益发生矛盾时，个人的生态利益应该服从国家和集体的利益。生态伦理中的集体主义原则在社会利益多元化的历史条件下具有重要的意义。尤其在社会主义的初级阶段，集体主义原则对于在生态伦理方面形成统一的价值观，形成社会凝聚力具有重要的作用。

随着社会主义市场经济中利益的多元化，价值观也呈现出多元化的趋势，这在生态利益的冲突中有所体现。但是生态伦理之中的核心价值观必须与生产力的发展水平和社会发展阶段相适应。中国目前正处于社会主义初级阶段，在转型时期因为经济社会变动剧烈，国家、集体和个人在生态利益方面也产生了一定的冲突。社会主义生态伦理作为社会主义道德的有机组成部分，必须强调以集体主义为核心的价值观，调动一切积极因素，为建设成人与生态和谐发展的生态文明而奋斗。但是在社会转型时期，难免因为总体的战略布局需要牺牲个人一定的生态利益，这是社会主义在发展过程中的必经阶段，个人局部生态利益的牺牲是暂时的，是为了实现个人与社会更大范围更高层次的生态利益。即使在鼓吹个人主义的西方发达国家在其发展初期也经历了牺牲个人生态利益换取发展效率和速度的时期，只不过这种发展的代价更多地由无产阶级来承担，在资本逻辑的社会中，即使生态个人主义也是虚伪的，其本质仍然是对无产阶级生态权利的践踏甚至剥夺。

在社会主义初级阶段，集体主义是马克思主义生态伦理的核心价值观。但是生态伦理中的集体主义原则必须避免两种错误的倾向，那就是极端的集体主义和极端的个人主义。在社会主义建设初期，我国曾经倡导极端的集体主义，倡导大公无私、无私奉献，忽视了个人正当的权利，其中当然也保护个人正当的生态需要和权益。改革开放以来，个人主义的价值观成为一种社会价值存在，社会承认个人利益的正当性，其中当然也包括个人的生态需要和权益。对个人生态需要的满足和对个人生态权益的保护，是推动生态文明和生态道德建设的重要动力。

随着社会的进步和民主法治的完善，个人的权利得到了充分的张扬。西方社会将个人主义视为社会的基本价值，几近疯狂地追求个人利益和享受。在生态伦理方面个人主义的生活方式导致了消费主义等社会问题，继而造成了西方社会日益严重的生态危机。极端个人主义的生态伦理观是资本主义生产方式和社会中资本逻辑的产物。个人主义生态价值观的极端化必然会导致过分追逐个人生态利益，不仅影响社会的和谐而且影响社会主义发展的总体战略。而集体主义生态价值观的绝对化，会严重压抑个人的生态需求和对幸福生活的追求，继而使社会失去活力和创造力。而且在社会主义市场经济条件下，极端的生态集体主义在理论上是荒谬的，在实践中更是行不通的。

社会主义生态伦理是历史发展的必然，也是生态文明建设与国家民族复兴的内在要求和精神动力。中国近代革命和建设的历史证明，集体主义精神是中华民族复兴不竭的精神动力。中国社会主义建设的目标是共同富裕，在生产力发展程度相对落后的情况下，必须集中调配包括生态资源在内的各种资源，必须协调有序满足包括生态在内的各种需求，生态伦理中的集体主义价值观是社会主义性质和发展目标的必然要求。改革开放以来中国经济建设所取得的巨大成就，离不开广大人民群众在生态利益方面所做出的重大牺牲，这充分体现了社会主义生态伦理之中的集体主义精神。当然，随着社会主义物质条件的逐步积累，社会成员的各种生态权利也会逐步地得到相应的满足。

社会主义生态伦理同时也是国家发展的内在要求和客观条件。社会主义生态伦理既尊重个人的生态利益，又维护集体的生态利益，是个人生态利益和集体生态利益有机统一的道德体系。社会主义生态伦理使中国人民在生态文明方面有了共同的理想和追求，为中国生态建设提供了明确的方向和奋斗目标。而全社会对生态文明共同的奋斗目标的认同和追求，形成了支撑国家生态可持续发展的不竭的精神动力。改革开放 30 多年来，中国经济社会体制发生了深刻的变革，生态问题与生态利益的冲突也日益显现。

在当今世界任何一个国家都面临着气候、环境等一系列共同的生态危机，这些危机不可能依靠个人的力量有效应对。社会主义生态伦理的集体主义原则从来不否认每个社会成员在生态方面自由和平等的权利。但社会主义的自由和平等应该是建立在共同富裕的基础之上的，社会主义的生态权利也应该是建立在生态需要共同满足、生态权益共同完善的基础上的。一种先进的生态伦理应该将国家和社会的整体利益与个人的生态利益有效地整合起来，实现公共生态利益和个人生态利益的有机统一。社会主义生态伦理之中充分体现了这些先进的特征，是高尚的生态道德。社会主义生态伦理是在无产阶级朴素的生态伦理基础上，以马克思主义生态伦理为指导，以人民的生态权益为核心，以集体主义为原则，以革命人道主义和社会主义荣辱观为主要内容，代表无产阶级和劳动人民根本生态权益的先进的思想体系。

社会主义生态伦理是指社会主义伦理不同层次的行为规范有机结合的统一整体，主要体现在两个方面：一方面社会主义生态伦理体系由各方面的伦理规范构成，包括生态政治伦理、生态经济伦理、生态社会伦理等方面的规范，各种规范有机结合共同构成生态伦理的体系。另一方面是社会主义生态伦理的层级体系。在社会主义初级阶段，从低到高存在四个层次的伦理要求。在四个层次之中，处于第一个层次的是生态社会伦理和生态家庭伦理。生态社会伦理所体现的是生态伦理中的公德，生态家庭伦理所体现的是生态伦理中的私德。处于第二个层次的是社会主义基本生态伦理，即生态伦理的荣辱观，具体可以概括为“生态八荣八耻”。处于第三个层次的是社会主义职业生态伦理，具体体现在各个行业的特殊生态伦理要求。处于最高层次的是共产主义生态伦理，在共产主义制度下生态的异化已经彻底消除，人实现了自由全面的发展，被赋予属人特性的生态也获得了自身的全面发展。社会主义生态伦理的层次性是由中国社会主义初级阶段的国情所决定的。在我国社会主义市场经济体制下，多种利益主体和多种分配方式并存的经济基础决定了社会主义社会之中生态利益是多层次的。这从根本上决定了社会主义生态伦理的层次性。多层的利益主体决定了社会主义社会不能只有一种生态伦理要求，生态伦理必须适应多重主体的需要。生态伦理作为一种道德规范，其根本宗旨是“为什么人”的问题。

为什么人的问题是区分生态伦理性质的根本标准。社会主义生态伦理作为社会主义道德的有机组成部分，其根本宗旨是全心全意为人民服务。这一宗旨在生态伦理方面的具体体现就是全心全意满足人民的生态需求、维护人民的生态权益。全心全意满足人民的生态需求、维护人民的生态权益是社会主义生态伦理首要的根本的问题，也是无产阶级生态伦理与剥削阶级生态伦理的根本区别。

集体主义作为社会主义生态伦理的原则是社会主义初级阶段政治经济和文化发展的必然要求。集体主义既体现了在生态权益方面社会主义的平等内涵，又体现了社会主义初级阶段在生态权益方面按劳分配的基本原则。生态伦理所体现的是国家集体和个人之间生态利益的关系。生态伦理之中的集体主义不等于平均主义。生态利益作为一种与社会经济活动有关的利益，同样适用于按劳分配的原则。除了个人基本生态权利之外的生态需求，应该以劳动者为社会所付出劳动的质量和数量作为依据予以满足。也就是说，同等的社会劳动获得除基本生态需求之外的生态权益。在良好生态日益成为一种稀缺资源的情况下，社会主义生态伦理反对在生态需求满足方面的平均主义。另外，社会主义生态伦理的集体主义原则主张把个人的生态利益与集体利益结合起来，在最大程度上实现生态利益的公平，依据集体主义原则解决社会主义经济建设与生态建设之间的公平与效率之争。社会主义道德的终极目标是人的自由而全面的发展，而社会主义生态伦理的终极目标是为人的自由而全面的发展创造良好的生态条件。社会主义生态伦理弘扬集体主义，反对以牺牲他人生态利益实现个人目的的不道德行为。个人正当的生态利益的实现不能建立在损害国家、集体和他人利益的基础上。为了最大限度地实现每个人自由而全面的发展，最大限度地满足每个人的生态需要和生态权益，每个人都有责任和义务在生态利益的冲突中发扬集体主义精神。

集体主义生态伦理与社会主义市场经济体制是根本一致的，这是集体主义生态伦理的经济基础。在社会主义市场经济条件下，不同的利益主体面临着不同价值观的选择。个人和集体的生态利益与其他不同主体之间的利益既有一致性，也面临着一定的冲突。社会主义市场经济是与社会主义基本制度相结合的经济体制，充分体现了社会主义的基本特征。社会主义市场经济的社会主义性质决定了与其相适应的集体主义生态伦理。社会主义市场经济的根本目的是在国家的宏观调控下，实现市场机制下资源的有效配置，提高经济社会发展的效率。社会主义市场经济的宗旨是解放和发展生产力，最终实现共同富裕，这与社会主义的宗旨是根本一致的。社会主义市场经济是社会主义初级阶段逐步实现人的全面发展的必经之路，也是实现人与自然和谐相处的必经阶段。社会主义市场经济的社会主义性质决定了社会关系在生态伦理方面的具体体现必然是集体主义价值观。正确处理社会主义市场经济与生态文明建设的关系必须充分发挥集体主义生态伦理的调节作用。市场经济能够体现效率但是不能够自发地维护生态利益，自发的市场经济必然会导致为了转嫁成本而导致的生态破坏。集体主义生态伦理则体现了社会主义的特征。作为市场主体的个人、企业或团体的经济行为在遵守行政法律规定的同时，还应该以集体主义原则处理经济利益与生态利益的冲突，遵守职业生态道德、顾全大局，为社会主义市场经济的健康发展创造良好的生态环境。但由于市场经济在生态方面内在的负面效应以及社会主义市场经济初期法律法规不完善等多方面原因，个人和集体的生态利益与其他市场主体的诸多利益之间必然会存在着复杂的矛盾。这些矛盾的解决除了经济、政治、法律等手段之外，还离不开道德的手段。集体主义生态伦理要求包括个人的利益服从于集体的生态利益，个人的生态利益服从于集体的根本利益，以实现个人与集体，全局与局部之间的协调发展。总之，集体主义生态伦理在社会主义市场经济体系中具有重要的作用：它一方面以道德为手段促进了各种生态法规和政令的贯彻，使个人和国家集体的生态利益得以落实；另一方面，它使各市场利益主体在生态问题上从人民的根本利益和长远利益出发去维护各自的生态利益。

必须旗帜鲜明地坚持集体主义生态伦理，反对个人主义生态伦理。集体主义生态伦理和个人主义生态伦理是生态伦理两种最基本的价值观，是社会主义生态道德的根本问题。社会主义生态道德建设的原则是集体主义生态伦理，这是社会主义基本制度所决定的。坚持集体主义生态伦理首先要处理好个人与他人在生态需求以及生态利益方面的关系。虽然每个社会成员在学识、能力、财富、职业等方面有一定的差别，但是每个社会成员都是平等的。每个社会成员都有平等的生态需求以及通过合法手段实现这种生态需求的权利。集体主义生态伦理还提倡主动关心他人的生态需求，为他人实现自身的合法生态利益提供帮助。对于因为各方面原因没有能力实现自身合法生态利益的弱势群体，其他社会成员以及社会应该及时提供援助。集体主义生态伦理提倡在生态利益的冲突中顾全大局，反对生态方面的小集团主义或本位主义。生态小集团主义主要表现为急功近利地只从本地区或部门的生态利益出发，为了局部的利益而牺牲全局的长远利益；或者为了本地区或部门的私利出发，牺牲全局的生态利益。生态小集团主义的本质是狭隘的个人主义在生态伦理中的体现，其蔓延会不仅无助于生态权益的真正落实，而且会严重影响社会主义建设的整体战略。克服生态小集团主义就必须加强生态道德建设，大力弘扬生态集体主义。

弘扬生态集体主义伦理必须反对生态个人主义。生态个人主义完全从个人的私利出发，不惜损害社会或他人的生态利益；或者从个人的生态利益出发，不惜损害社会或他人的合法利益。个人主义生态伦理是西方政治经济制度以及其内在的资本逻辑的产物，是造成全球化生态危机的道德根源。虽然资本主义社会为了挽救生态危机提出了形形色色的生态伦理，但是都没有从本质上摆脱生态个人主义伦理，这是其资产阶级的阶级局限性所决定的。个人主义生态伦理片面强调个人或小集团的生态利益，在生活方式上导致了消费主义，造成严重的能源资源浪费以及生态破坏。此外，极端的生态个人主义在满足个人的生态需求实现个人生态利益方面不择手段，不仅损害他人和集体利益，而且极大地败坏了社会风气。社会主义生态伦理建设必须旗帜鲜明地弘扬生态集体主义反对极端的生态个人主义。

社会主义生态伦理之中公民的基本生态伦理规范可以概括为：爱国守法、尊重自然、团结奉献、节约环保、绿色消费。爱国主要是体现国家和公民个人之间的生态利益关系，公民有责任和义务维护祖国的生态利益，同损害祖国生态利益的行为做坚决的斗争；如果个人的私利与国家的生态利益发生冲突，个人应该优先维护祖国的生态利益。守法是爱国的延伸，也是公民生态伦理的底线。守法主要是指尊重国家各类与生态有关的法律或各类法规之中与生态有关的条款。尊重自然体现了社会主义生态伦理之中人与自然的平等关系。社会主义生态伦理之中的自然并不仅仅是作为物的存在，而是被赋予了属人性价值的具有与人类平等格的人化的自然。尊重自然所体现出来的是人与生态之间的平等的伦理关系。团结所体现的是生态伦理中人与人之间平等友爱的社会主义特性。人与自然之间的关系最终还是通过人与人之间的关系得以体现。社会主义人与人之间是平等友爱团结的同志式的关系，这种关系在社会主义生态利益关系中的表现形式就是人与自然之间的和谐的关系。奉献所体现的是社会主义生态伦理之中的集体主义原则。集体主义是社会主义生态伦理的核心内涵，个人在与集体的生态利益发生冲突时应该在个人利益方面做出一定的牺牲。这种牺牲的具体体现就是个人在生态伦理之中的奉献精神。节约既是一种生产方式也是一种生活方式。作为生产方式，节约并不仅仅是节能降耗，而且倡导循环经济，从生产方式上解决能源资源开发对生态的破坏。作为一种生活方式，节约反对消费主义的奢侈浪费对生态的破坏，从生产的终端反作用于生产环节。环保既包括国家通过行政法律手段对生态的保护，也包括个人在日常生活中对生态环境的保护。绿色消费是社会主义生态伦理所倡导的一种健康环保的生活方式，它倡导低碳生态，在满足物质需求的同时最大限度地避免对生态所造成的不良影响。社会主义生态公德是社会主义社会公民在公共生活中所必需遵循的最起码的生态伦理准则，它涉及个人与个人之间有关生态的关系、个人与社会之间有关生态的关系，人类与生态之间的关系等方面的内容。随着现代社会文明程度和生活水平的提高，现代人与生态相关的现代生活领域不断扩大。随着科学技术的迅速发展以及应用，人类的活动空间日益广阔，原本与生态无关的社会活动很多都直接或间接地与生态发生了关系。这就大大地拓宽了人类的道德视野，使社会生态公德的内涵更加丰富。

5.2.4 中国特色社会主义生态伦理的政治内涵

马克思主义生态伦理作为马克思主义思想体系的有机组成部分，具有丰富的政治内涵。当代世界的生态危机是资本主义所有制、市场机制、消费模式对自然资源和生态掠夺式开发的必然结果。这也就决定了马克思主义生态伦理的实现并不仅仅是一个道德问题，而是一个政治问题。人与人之间的关系的异化，是造成人与自然之间异化关系的根本原因，而人与人之间异化关系的消除仅仅依靠道德的说教不可能实现，政治是实现马克思主义生态伦理的根本手段。

马克思和恩格斯深刻地阐释了资本主义社会中畸形的生态伦理的根本原因。虽然工业化与生态危机有一定的必然联系，但资本主义制度从根本上造成了生态问题。资本主义的生产方式以及它所产生的资本逻辑以剩余价值为生产活动的目标，造成了对人的剥削和自然的掠夺。马克思主义生态伦理作为一种上层建筑，它的经济基础是特定的社会结构和社会形态，是特定的生产方式。只有消除了人与人之间的异化才会消除人与自然之间的异化。这就使马克思主义生态伦理具有了明确的政治内涵，与无产阶级政治革命紧紧地连接在一起。马克思指出，在资本主义制度中不可能实现和谐的生态伦理，和谐的生态伦理只有在共产主义之中才能实现。在资本逻辑之中“人是微不足道的，而产品则是一切。”[①]而共产主义“作为完成了的自然主义，等于人道主义，而作为完成了的人道主义，等于自然主义，它是人和自然

① 《马克思恩格斯全集》第42卷，人民出版社，1979年版，第72页。

界之间、人和人之间的矛盾的真正解决。”[①]因为人化的自然所体现的是人的本质，人的本质的实现程度决定了人化自然的程度。共产主义社会中，人成为了具有人的本质的全面丰富性的人，具有深刻的感受力的丰富的全面的人。人真正地成为了普遍的自由的存在物，人的解放是马克思主义生态伦理实现的根本途径。马克思主义生态伦理是国际共产主义运动的有机组成部分，其政治内涵通过科学社会主义理论得以体现。马克思主义的目标是人道主义与自然主义的统一、人的解放与自然的解放的统一、社会进步与社会发展的统一，其根本目标是为了实现人的自由的全面的发展。而这种目标的完全实现只能是在共产主义。国际共产主义运动的命运决定了马克思主义生态伦理的命运。马克思主义为生态伦理确立了明确的政治维度，这使马克思在生态与人的关系上摆脱了单纯的自然主义的维度，转向了人道主义的维度。而且马克思主义生态伦理具有科学社会主义的内涵，使这种生态伦理具有了实现的可能性。那就是通过无产阶级革命改变旧有的生产关系实现社会主义制度，并以其为桥梁实现共产主义，在共产主义社会马克思主义生态伦理才能够全面实现。马克思主义生态伦理是科学的生态伦理，它具备现实性和可能性。马克思主义从社会历史的角度对生态伦理进行了考察，明确指出了马克思主义生态伦理的阶级基础——无产阶级，指出了马克思主义生态伦理实现的社会基础——社会主义，指出了马克思主义实现的方式——无产阶级革命。社会主义制度的实现是解决生态伦理的基本制度前提。

中国社会主义制度的确立为马克思主义生态伦理的实现创造了条件。在探索中国特色社会主义建设道路的过程中，中国共产党对什么是社会主义怎样建设社会主义认识逐渐深化。科学发展观的提出解决了长期困扰中国社会主义建设的“实现什么样的发展、如何发展”的难题，为马克思主义生态伦理的实现提供了政治保障。2003 年 10 月，中共十六届三中全会在《中共中央关于完善社会主义市场经济体制若干问题的决定》中指出：坚持以人为本，树立全面、协调、可持续的发展观，促进经济社会和人的全面发展。在党的十七大报告中，胡锦涛同志指出：科学发展观，第一要义是发展，核心是以人为本，基本要求是全面协调可持续，根本方法是统筹兼顾。在党的十八大报告中指出：“必须更加自觉地把全面协调可持续作为深入贯彻落实科学发展观的基本要求，全面落实经济建设、政治建设、文化建设、社会建

---

① 《马克思恩格斯全集》第 42 卷，人民出版社，1979 年版，第 120 页。

设、生态文明建设五位一体总体布局，促进现代化建设各方面相协调，促进生产关系与生产力、上层建筑与经济基础相协调，不断开拓生产发展、生活富裕、生态良好的文明发展道路。必须更加自觉地把统筹兼顾作为深入贯彻落实科学发展观的根本方法，坚持一切从实际出发，正确认识和妥善处理中国特色社会主义事业中的重大关系，统筹改革发展稳定、内政外交国防、治党治国治军各方面工作，统筹城乡发展、区域发展、经济社会发展、人与自然和谐发展、国内发展和对外开放，统筹各方面利益关系，充分调动各方面积极性，努力形成全体人民各尽其能、各得其所而又和谐相处的局面。”

马克思主义强调人类的类本质，但是在现实生活中只存在具体的历史的人，而且社会上不同阶级阶层的人对于生态的利益也有所不同，所以生态伦理不可能自发地实现，而必须借助国家政权的力量统筹各方面的利益协调各方面的关系。社会主义制度的优越性为马克思主义生态伦理的实现提供了坚实的物质保障。国家权力对生态伦理的作用体现在以下方面：首先，马克思主义生态伦理是中国特色社会主义意识形态的有机组成部分，是生态文明建设的道德基石。国家权力通过多种渠道宣传生态伦理，提高全社会对生态伦理的认同，增强其作为伦理对公民的自律功能。其次，在国家权力实施的过程中，马克思主义生态伦理具有丰富的政治内涵，可以通过法律经济行政等多种手段得以贯彻，以行政手段引导贯彻生态伦理。马克思主义生态伦理归根结底是一种道德伦理，其主体是每一个具体的人，政府不是生态伦理的主体。政府的职能在于引导舆论，创造全社会认同实践马克思主义生态伦理的社会环境和政治氛围。

在科学发展观中明确指出了发展的三个重要因素：生产、生活和生态。在这三者的关系之中，生产发展是基础，生活富裕是目标，生态良好是保障。以人为本是当代中国马克思主义生态伦理政治内涵的集中体现。以人为本是科学发展观的核心内涵，和马克思主义生态伦理的根本宗旨是一致的。马克思主义生态伦理的最终目标是人的自由而全面的发展，而以人为本是为了实现最广大人民的根本利益。自然生态是人类发展的基础，是人的需要得以实现的源泉。尊重自然规律，科学合理地开发自然，是以人为本的基本前提，同时也是马克思主义生态伦理实现的前提。对良好生态环境的追求日益成为人类的基本需求，资本主义由于自身固有的资本逻辑，不能满足其自身所创造的生态需求。而社会主义生产关系为消除异化实现人的全面发展创造了条件，以人为本的政治方针充分体现了社会主义初级阶段的政治内涵。

为了实现人的自由而全面的发展，马克思主义生态伦理主张自然、人与社会之间的协调发展。而科学发展观要实现的是全面、协调、可持续的发展，实现统筹城乡发展、统筹区域发展、统筹经济社会发展、统筹人与自然的和谐发展、统筹国内发展和对外发展。人的自由而全面的发展所要实现的是人与自然、人与社会以及人的自身的全面发展。人的发展并不是一种抽象的绝对的人的发展，而是历史的具体的人的发展。历史的具体的人的发展需要物质的、精神的、政治的、生态的多方面的条件，也就是说只有在政治上切实保证这些具体条件的落实才能够实现人的全面发展，实现人与自然之间和谐的伦理关系。中国共产党在实现社会主义发展目标的过程中分别提出了物质文明、精神文明、政治文明、生态文明等不同层次的阶段性目标。党的领导是这些阶段性目标实现的根本保障。中国共产党的领导是在一定程度上实现了的马克思主义生态伦理：它体现了无产阶级的意志、体现了无产阶级革命的成果、体现了当代国际共产主义运动的最新成就。马克思主义生态伦理是科学发展观的必然要求，而科学发展观则为马克思主义生态伦理的实现提供了必要的政策保障。社会主义制度为马克思主义生态伦理的实现创造了前提和条件，而生态伦理的具体落实则有赖于生态决策和生态管理。生态决策是指政府机构在进行公共政策决策时要充分考虑其对于生态环境的影响，力争将对于生态的不利影响降到最低。在经济发展、政策体系、法规制定、教育方针等方方面面都要充分考虑到生态因素。

生态管理体现在生态规划方面。在经济社会发展规划制定和实施的过程中，应充分考虑到生态因素。人对于生态的需求是一个历史的具体的过程，在特定的历史发展阶段，广大人民群众对于生态的需求是规划制定和实施的重要依据。同时规划的制定还必须具有一定的前瞻性，为生态需要的进一步满足创造良好的条件。在管理过程中生态伦理的落实还体现在生态维护方面。生态维护所满足的不仅仅是人们对于生态的生存和发展需求，还包括审美的需求。这就要求在管理的过程中不仅对于资源环境而且对于原生态风景、古木古建等加强保护，充分尊重自然的价值以及人类社会生活的多样性。当然在管理过程中实现生态伦理还必须加强环境保护和监督，对破坏生态的行为进行处罚，并在环境评估、生态保护等方面发挥积极作用。

马克思主义生态伦理的政治内涵是以群众路线为指导积极引导公众参与生态管理。生态伦理涉及各个阶级阶层以及各个社会群体的切身利益，党的宗旨是实现最广大人民的根本利益，其中当然要保护广大人民群众切身的生态权益。中国特色的社会主义民主和法制为人民群众广泛有序地积极参加生态管理创造了有利的条件。自改革开放以来，中国政府已经建立了比较完善的生态保护法律体系、环境保护机构，以及比较完善的环境监管体系。但是伦理作为道德的组成部分，只有内化为每个人内心的价值观、世界观、人生观，才能真正转化为每个人的行动准则。政府的监管仅仅是一种外在的约束，而伦理道德的实现则必须依靠公民的自觉才能起作用。马克思主义生态伦理的实现呼唤广大公民的自觉参与。各级政府应该切实落实各项相关法律法规，确保广大人民群众的对于生态问题的知情权以及其他民主权利。生态属于科学范畴，伦理属于道德范畴，马克思主义生态伦理具有科学和道德的双重内涵。科学知识的传播需要专门的培训，而伦理道德的传播需要教育和示范。在实践马克思主义生态伦理的过程中，需要普及生态专业知识，又需要保证公众对于生态问题的发言权和参与权。通过宣传教育、典型示范、全民参与等方式充分动员最广大的基层群众，动员政府、企事业单位、公众以及社团等多方面力量积极协作，为中国特色马克思主义生态伦理的实践提供最坚实的群众基础。

马克思主义认为只有共产主义社会才能够实现人的自由而全面的发展，继而解决人与自然之间的紧张关系，实现人与自然之间的和谐。马克思主义生态伦理的实现过程必然作为国际共产主义运动的有机组成部分。这在现实的国际政治中体现为反对国际生态帝国主义，组织世界生态统一战线的斗争。在当今世界上发达国家和发展中国家在生态保护方面存在着巨大的分歧。随着全球经济的日益全球化，生态问题也日益全球化，离开国际合作，单个的国家不可能解决世界的生态问题。这也充分体现了马克思所讲的人类是作为类存在物而存在的，生态危机是人作为类的危机。在生态利益的国际博弈之中，先进的资本主义国家利用不合理的国际政治经济秩序，转嫁生态危机，逃避所应承担的生态责任，形成了生态帝国主义。随着生态问题的全球化，对国际政治、国家安全等造成了严重的影响，已经成为了国际经济政治新秩序的重要内容。

随着西方社会对所谓生态资本主义的普遍失望，有识之士纷纷转向生态社会主义。21 世纪之后，生态社会主义思潮以及运动成为西方社会主义运动中最令人瞩目的现象。而且西方生态社会主义运动逐渐出现联合的趋势，涌现出诸如生态社会主义国际之类的组织。建立国际生态统一战线是必要的。在国际生态政治诸多力量的博弈中，呈现出两头小中间大的结构。主张人与自然和谐发展的社会主义力量和实施生态帝国主义的力量居于两极，都处于相对的少数。尤其是苏联解体、东欧剧变之后，国际共产主义力量处于暂时的低潮时期，国际生态社会主义力量也相对弱小。生态帝国主义国家虽然相对数量较小，但是凭借其雄厚的实力制定了不合理的国际政治经济秩序，在国际舞台上占据相对的主导地位。建立国际生态统一战线同样是可能的。在资本主义阵营之内，其国际生态政治的主张并不一致，甚至还存在着严重的分歧。这种国际生态政治不平衡为建立生态统一战线创造了条件。广大生态权益受损的发展中国家，也具有联合反抗生态帝国主义的强烈愿望。组织国际生态统一战线中的核心因素是牢牢把握生态统一战线中的领导权。因为只有社会主义才能从根本上解决生态问题，才能实现马克思主义生态伦理，最终实现人与自然之间的和谐发展。在组织国际生态统一战线的过程中，必须与国际帝国主义势力进行斗争并逐步取得胜利，必须为同盟者带来生态利益，同时进行马克思主义生态伦理的宣传，赢得更多的理解和支持。

5.2.5 中国特色社会主义生态伦理的经济内涵

马克思主义生态伦理作为一种意识形态，必然基于特定的经济基础。面对日益严重的生态危机，学术界提出了生态经济的新主张。生态经济是一种新型的系统经济，是由生态系统和经济系统构成的生态经济系统。生态经济学虽然在西方社会也获得了普遍的认同，但是资本主义社会内在的资本逻辑以及其生产方式导致了生态经济学在实践中的困境。马克思主义认为只有在共产主义的制度下才能够解决生态问题。社会主义制度下所产生的与资本主义类似的生态问题，并不是社会主义制度自身的问题，而是在探索社会主义发展道路时借鉴西方发展模式所带来的问题。传统的工业化发展模式主要强调经济社会系统内部的物质资料的生产、交换、分配、消费等等因素。而马克思主义生态伦理所要实现的是人的全面发展，只有社会主义社会能够满足其自身所创造出来的合理需求。随着中国特色社会主义事业的不断发展，广大人民群众不断增长的不仅包括物质需求、精神需求、文化需求还包括生态需求。在社会主义制度下，人的全面发展的需求是经济社会发展的强大动力。体现马克思主义生态伦理的经济发展不仅包括人自身的再生产、物质资料的再生产还包括自然生态的再生产和精神文化产品的再生产。社会主义制度下经济的发展体现了马克思主义生态伦理的丰富内涵，其实质是经济社会系统与自然生态系统辩证统一的互动过程。以人为本作为科学发展观的核心，同样体现在社会主义经济发展过程中。人是经济社会系统的主体，是生态系统的控制者，同时也是生态系统的协调者，是生态系统以人化的方式实现自身本质的推动者。

生产方式的生态化是马克思主义生态伦理的必然要求。社会主义制度能够满足其自身所产生的各种需求。为了满足广大人民群众不断增长的生态需求，党和政府对经济增长方式进行了调整，逐步探索出一条有中国特色的生态经济发展之路。党的十六大提出走新型工业化的道路。十六届三中全会提出：坚持以人为本，树立全面、协调、可持续的发展观。党的十七大报告中明确提出建设资源节约型、环境友好型社会。提出："建设生态文明，基本形成节约能源资源和保护生态环境的产业结构、增长方式。"党的十八大提出："面对资源约束趋紧、环境污染严重、生态系统退化的严峻形势，必须树立尊重自然、顺应自然、保护自然的生态文明理念，把生态文明建设放在突出地位，融入经济建设、政治建设、文化建设、社会建设各方面和全过程，努力建设美丽中国，实现中华民族永续发展。坚持节约资源和保护环境的基本国策，坚持节约优先、保护优先、自然恢复为主的方针，着力推进绿色发展、循环发展、低碳发展，形成节约资源和保护环境的空间格局、产业结构、生产方式、生活方式，从源头上扭转生态环境恶化趋势，为人民创造良好生产生活环境，为全球生态安全做出贡献。"

生态消费与传统意义上的勤俭节约有着根本的不同。中国传统的勤俭节约的观念是几千年自给自足的封建经济的产物。一方面由于自然经济条件下生产力水平相对落后，无力满足广大人民群众的物质需求；另一方面统治阶级为了稳定统治的需要，一方面自己穷奢极欲，另一方面通过意识形态的宣传压抑人民群众的物质需求以维持社会稳定。一句话，传统的勤俭观念是封建社会无法满足自身所产生的需求的产物。本质上，传统意义上的勤俭节约与生态消费并没有直接的关系，传统的勤俭节约并不一定是保护生态。例如，为了节省煤炭或者电力而乱砍滥伐，为了挖野菜而破坏草原，为了开垦荒地而破坏生态等。所谓勤劳可能就是对于生态的无序利用，诸如竭泽而渔、焚林而猎、陡坡开荒、草场超载过牧等；而所谓俭则过分压抑了人的正当需求继而影响了社会经济的发展。总之，传统意义上的勤俭节约在封建时代对于维护社会稳定有一定的进步意义，而在社会主义建设的今天，既不利于经济发展也不利于生态建设。这种生活方式没有直接造成严重的生态灾难仅仅是由于生产力水平落后造成的。从某种意义上讲，对生态资源的无偿利用也是传统勤俭节约生活的物质基础。社会主义从本质上讲能够满足其自身所产生的各种合理需求，而不是通过压抑人的需求而维持稳定，更不是通过畸形的过度需求而刺激生产。

人是马克思主义生态伦理的核心，马克思主义生态伦理所要实现的是人的自由的全面发展。马克思主义生态伦理视野中的社会发展是自然、经济、社会等因素的协调发展和整体提升。马克思主义将自然视为具有属人特征的存在，将自然视为具有人化特征的主体，强调社会系统和生态系统的平等地位和一体发展。作为自然生物的人的生存是社会发展的基本前提，人类的生存和发展不能超越客观的自然规律。就目前人类的能力而言，人类无法避免由于不可抗力所造成的生态危机，例如小行星撞击、火山喷发、地震等原因所造成的生态灾难。人类目前所能做到的是将社会发展的速度和程度与生态的承载能力相适应。人在特定历史发展阶段的物质精神文化需求与人对于生态的需求并不是矛盾的，而是一个历史发展过程的辩证统一。每个特定的历史阶段不同的社会群体需求的内容及其程度各不相同，而这些需求的背后则是不同阶级阶层和社群的利益。生态的承载能力是特定历史发展阶段社会发展的极限。所谓生态承载能力一方面是指生态系统的供容能力与自我调节能力，另一方面是指生态系统内各个子系统的发展潜力的实现。一般来说，市场经济所固有的资本逻辑会造成人的异化继而造成生态的异化。在市场经济中，在利益的驱动下，生产中的诸多要素均被市场化和资本化。为了攫取超额利润，无序竞争、资源浪费、过度消费、掠夺式开采等破坏生态的现象频繁发生，这是资本逻辑的必然结果。市场经济与生态是一对天生的矛盾，为了解决这种矛盾，就必须确保市场经济的社会主义性质，以社会主义市场经济扭转人与生态之间异化的伦理关系。社会主义的本质是解放生产力发展生产力，消灭剥削消除两极分化最终实现共同富裕。社会主义共同富裕的目标保证了社会主义市场经济能够最大限度地削减生态异化的产生。社会主义伦理道德的核心是集体主义的价值观，集体主义的伦理保证了在道德方面能够最大限度地实现人与人之间的和谐，继而保证了人与生态之间和谐关系的实现。资本主义的生态伦理异化是由于其生产方式以及内在的资本逻辑造成的。而社会主义社会中生态伦理问题是由于发展方式造成的，社会主义市场经济体制下的发展方式是多元化的，与生态文明的发展目标是不矛盾的。生态伦理异化的原因是多方面的，除了发展方式之外，异化的过度消费也是重要的原因。资本主义制度下的过度消费是资本主义制度的产物，资本主义的生产方式通过倡导过度消费以刺激消费，继而刺激生产攫取利润。而社会主义核心价值观则反对奢侈浪费的消费观，社会主义道德提倡健康生态的消费观，有利于创造践行马克思主义生态伦理的社会氛围。在社会主义市场经济制度下，党代表了各族人民群众的根本利益，各族人民的根本利益是一致的。其中也包括了生态利益，这就有利于从长远性和整体性方面对生态利益进行整体的规划。生态伦理所体现的不是局部的生态问题，而是一个涉及社会方方面面的整体性问题。生态伦理问题既涉及政治、经济、文化等方面，也涉及全人类的共同利益。马克思主义生态伦理与社会主义制度是内在统一的，社会主义市场经济制度下的生态伦理建设为世界生态道德建设树立了样板。

马克思主义产生于欧洲的工业化时代，面对以蒸汽机为主要生产工具的资本主义生产方式所固有的内部矛盾，马克思提出了社会主义替代资本主义以及马克思主义生态伦理实现的历史必然性。但是在历史发展的过程中，马克思所预言的结果并没有完全实现。资本主义的生产方式逐步完善并且在一定程度上克服了其内在的矛盾重新焕发了生命力，而社会主义的苏联则轰然解体。而在生态伦理方面，西方资本主义国家由于产业结构转型，人与自然之间的关系逐步缓解，而中国在社会主义现代化建设中也出现了人与自然关系的高度紧张。马克思主义的生态伦理是工业化时代欧洲的产物，如何将其与 21 世纪的世情国情相结合是一个重大的历史问题。作为一种理论如果对现实没有解释力，对未来没有指导力，它就会丧失作为思想武器的基本价值。这表明必须实现马克思主义生态伦理的时代化。马克思主义生态伦理作为工业化时代的产物，对于资本主义生态伦理的批判是深刻的，至今仍然具有强大的生命力。在资本主义社会中，市场经济作为资本主义生产方式的有机组成部分，是产生生态伦理异化的根源之一。在中国的社会主义建设初期，按照马克思主义经典作家的设想，实行了高度的计划经济。但是在建设过程中仍然出现了比较严重的生态问题。实践证明，计划经济并不是解决生态问题的灵丹妙药，苏联高度计划经济体制下生态的恶化也证明了这一点。实践证明，市场经济是配置生产要素的最佳方式。马克思主义生态伦理可以在社会主义市场经济的条件下有效地调节人与自然之间的关系。邓小平同志在南方谈话中指出，资本主义也有计划，社会主义也有市场，计划、市场都是配置生产要素的手段。在资本主义制度下，因为私有制和自由主义的价值观，市场经济仅仅是实现个人权利和自由的手段。资本主义制度是造成人与自然关系异化的总根源。而在社会主义制度下，市场经济是解放生产力、发展生产力，消灭剥削、消除两极分化的手段。而且社会主义道德是以集体主义为价值的社会主义核心价值体系，从伦理角度保证了人与人之间和谐的社会关系。所以社会主义制度的性质决定了社会主义市场经济与马克思主义生态伦理是根本一致的。

生态之所以在生态伦理的关系中具有与人类同等的主体地位，完全在于人类对于自然的“赋值”。人类赋予自然特定的价值，使自然具有了属人性，成为了与人类同等的伦理主体。在影响人类对自然赋值诸多因素中，最重要的是生产力和生产关系。这种影响具体体现在三个层次，即经济基础、上层建筑和意识形态。其中经济基础是生态伦理性质的决定性因素。社会主义是以公有制经济为主体，其上层建筑体现为在党的领导下为实现社会主义现代化而建构的组织体系。中国社会主义的上层建筑是为了实现社会主义的本质：解放生产力、发展生产力，消灭剥削、消除两极分化，最终实现共同富裕。社会主义的上层建筑决定了它能够以国家机器的力量为马克思主义生态伦理的实践创造条件。社会主义发展的最终目标是实现人的自由而全面的发展，而这恰恰就是马克思主义生态伦理的发展目标。马克思认为只有在共产主义社会中才能全面地实现生态伦理，而社会主义正是通往共产主义的桥梁。

在意识形态之中，社会主义道德集中体现为社会主义核心价值体系，集体主义为核心的道德原则为人与人和谐关系的形成营造了良好的社会氛围。社会主义的生产关系与马克思主义生态伦理是根本一致的。在对中国特色社会主义的探索过程中，中国选择了社会主义市场经济的模式。社会主义市场经济实现了生产要素配置的效率最优，为满足广大人民群众日益增长的物质需求创造了条件。在社会主义制度下，市场经济所产生的雇佣劳动不仅仅与剥削联系在一起，而是实现共同富裕的必要手段。在社会主义制度下，市场经济只是一种资源配置方式，与资本主义制度下的市场经济有着本质的区别。虽然市场经济在发展过程中不可避免地会带来贫富分化、生态破坏、拜金主义等不良现象，但在社会主义制度下，这些弊端都可以被控制在一定的程度内。社会主义国家会通过国家机器以及意识形态等多种手段，对市场经济进行利用、限制和改造，使其最大限度地为社会主义的发展目标服务。社会主义市场经济体制与马克思主义生态伦理的一致性体现在社会主义市场经济模式与生态文明发展目标的结合。马克思主义生态伦理的发展经历了以苏联为代表的相对发达的社会主义国家的探索和以中国为代表的发展中社会主义国家的探索。因为国情以及历史文化传统的不同，形成了不同的理论特色。

5.2.6 中国特色社会主义生态伦理中的人口与社会发展内涵

新中国成立之初，由于缺乏建设社会主义的经验，中国选择了一条与西方社会相类似的工业化道路。虽然社会主义在生产关系方面与马克思主义生态伦理是高度一致的，但是社会发展严重超出了生态的承载能力，留下了惨痛的教训。随着对中国特色社会主义的发展道路探索所取得的成就，中国逐步形成以人为本、科学的可持续发展的生态文明发展道路。马克思主义所要实现的是经济、政治、文化、生态之间的可持续协调发展。马克思主义生态伦理虽然强调人的核心价值，但是与绝对化的人类中心论有着根本的区别。马克思主义生态伦理还将人视为一种资源，一种影响生态的因素。为了实现人与自然之间的和谐发展，还必须对人口进行有效的调控。对于中国这样的人口大国而言，人口问题更是影响马克思主义生态伦理实现的关键因素。人作为一种类存在物，其规模与人的全面发展具有密切的关系。与自然承载能力相适应的人口规模，对于促进经济发展，推动社会进步具有重要的意义。而如果人口规模超出了自然的承载能力，不仅满足人的全面发展的合理需求难以实现，而且超过自然承载能力的过剩人口对自然的过度开发必然会对生态造成严重的危害，最终危害到人的自身的发展。当今世界日益严重的生态问题，过量的人口规模也是一个重要的因素。中国共产党执政不久就注意到了人口的问题，但是由于发展道路的选择，长期以来并没有形成行之有效的人口政策。改革开放之后，党和政府根据国情制定了行之有效的人口政策，逐步解决了人口、资源和社会发展之间的矛盾。邓小平指出：要使中国实现四个现代化，至少有两个重要特点是必须看到的：第一个是底子薄。……第二个是人口多、耕地少。现在全国人口有九亿多，其中至少百分之八十是农民。人多有好的一面，也有不利的一面。在生产还不够发展的条件下，吃饭、教育和就业都成为严重的问题。我们要大力加强计划生育工作，但是即使若干年后人口不再增加，人口多的问题在一段时间内也仍然存在。我们地大物博，这是我们的优越条件。但有很多资源还没有勘探清楚，没有开采和使用，所以还不是现实的生产资料。土地面积广大，但是耕地很少。耕地少，人口多特别是农民多，这种情况不是很容易改变的。这就成为中国现代化建设必须考虑的特点。

社会主义制度为人的自由而全面的发展创造了物质和制度前提，这也体现在中国共产党和政府对人口与生态关系认识的逐步深化以及政策的逐步完善。在新中国成立之初，在生产力水平相对落后的情况下，人口的数量在一定程度上能够弥补生产力水平低下。人口作为一种有益的资源而获得迅速增加。但是随着改革开放以后经济社会的迅速发展，人口与资源环境之间的矛盾日益尖锐。日益庞大的人口数量严重阻碍了广大人民群众日益增长的物质文化以及生态需求的实现，成为影响人的自由的全面发展的重要因素。甚至也严重影响到代际之间生态公平。上一代人所产生的庞大的人口数量以及对于生态资源的消耗将成为下一代人所不可逃避的发展环境，并对下一代人的发展权造成严重的损害。科学的可持续发展就是使人口的增长与社会发展相适应。

5.2.7 中国特色社会主义生态伦理建设的阶段性与长期性

在社会主义建设的过程中，由发展而引起的生态问题从根本上讲是人的问题。只有从人的生存和发展的角度来把握经济社会的发展问题，才能从根本上解决生态的问题。人的自由的全面发展是马克思主义生态伦理的终极关怀。人的全面发展是目的，其他一切都是手段。

生态伦理中人与自然之间的关系所体现的实质上是人与人之间的关系。只有消除了生产方式对人的异化，才能从根本上实现人的自由的全面发展，也只有这样才能从根本上消除人与自然之间的紧张关系，实现马克思主义生态伦理。只有在共产主义社会才能彻底消除人与自然之间的紧张关系，资本主义的生产方式将工人阶级作为创造剩余价值的手段，将人的能力片面畸形发展。而这种片面畸形的发展还使工人阶级丧失了发展智力与艺术的机会。因为资本主义的生产方式造成了人的异化，所以马克思提出了消除异化及其根源，实现人的自由的全面发展。

马克思主义认为，人是类存在物。类的全面发展是人的全面发展的重要内涵。个人的全面发展与类的全面发展是不矛盾的。马克思所强调的人的全面发展是个人的全面发展与类的全面发展的辩证统一。但在特定的历史条件下，人的发展与类的发展又存在着对立和分离的一面。个人的片面发展导致了类的片面发展，而片面畸形的人化的自然造成了人与生态之间扭曲的伦理关系。而个人与类相统一的全面的发展是人与生态和谐伦理关系的基本前提。人的全面发展使人与自然的伦理关系由必然王国飞跃至自由王国。只有这样，人才会成为自然界自觉的真正的主人，成为与自己社会结合的主人，继而实现人与自然之间和谐的伦理关系。马克思主义生态伦理是具体的历史的伦理，是社会发展过程中的产物。而人的自由地全面发展是马克思主义生态伦理的终极目标。马克思主义生态伦理是社会历史发展的阶段性与人的全面发展的终极目标的辩证统一。人的发展是社会发展的目标，而社会发展是实现人的发展的途径。马克思主义认为，人的发展与社会的发展是一致的。前资本主义社会与人的依赖性相一致；资本主义与人的相对独立性相一致；自由的个性与共产主义的发展相一致。而各个社会阶段中人的发展的特征，决定了人与生态之间伦理关系的具体形态。

任何特定历史阶段人的发展都发生于前代人所创造的环境中，既有的社会和自然条件制约着人的本质的实现。但同时人又具有主体性，能够通过社会实践改造自然和社会，实现社会的发展和进步。人的发展与社会的发展在历史发展的矛盾运动中实现辩证统一。马克思自始至终地将人的发展视为一切社会历史的前提和目标。当然人的发展也是马克思主义生态伦理的核心。生态伦理中的自然不是自在的自然，而是人化的自然，因而具有属人性的伦理内涵。人化的自然所反映的是人的全面发展的程度。自由的全面发展的人才能够构建和谐的马克思主义生态伦理。共产主义社会的基本特征是人的全面发展，共产主义社会是全面实现马克思主义生态伦理的社会形态。

在人类文明发展的进程中，分别经历了原始文明、农业文明和工业文明。每一种文明形态与特定的生态伦理相对应。在原始文明时代，因为生产力水平低下，人类匍匐在自然脚下，以牺牲主体性为代价实现了人与自然的和解。但这种和解是与人的全面发展相悖的，因而是一种扭曲的生态伦理关系。在农业文明时代，随着生产力水平的提高，人类开始逐步把握自然规律并开始驾驭自然，但是由于生产力水平有限，人与自然呈现出征服与屈服并存的状态。在工业文明时代，随着生产力水平的迅速提高，自然几乎完全成为了人类征服和掠夺的对象。马克思将自然理解为一种属人性的存在。自然是人化的自然，人与自然之间的紧张所表征的是人与人之间的畸形的社会关系。人与人之间的不和解从根本上造成了人与自然之间的不和解。资本主义体制下的资本逻辑决定了资本主义不可能在其体制内通过改良实现两个和解，继而实现人与自然和谐的伦理关系。社会主义为两个和解提供了可能，但是社会主义并不是必然地能够实现和谐生态伦理关系，发展模式的选择决定着马克思主义生态伦理的实现程度。经过不断的探索和实践，中国共产党提出了生态文明，生态文明是实现两个和解、最终实现马克思主义生态伦理的必由之路。生态文明的核心内涵是以人为本实现人与自然的和谐发展，它超越了狭隘的人类中心主义和狭隘的生态中心主义。生态文明体现了马克思主义生态伦理的内涵，人是价值的中心，而不是自然的主宰。社会主义为实现人与人的和解创造了条件，逐步消除了资本逻辑对人的异化，全面发展的人与其所人化的自然之间能够实现和谐共生、良性循环、可持续的科学发展。马克思主义生态伦理是社会主义道德的应有之义：倡导健康绿色的生活方式；倡导自觉自律与自然共生共荣，人与自然和谐发展的行为准则。生态文明实现了马克思主义生态伦理的美学内涵，即以美的规律来构建社会的原则。生态文明是社会主义阶段马克思主义生态伦理的最高表现形式，也是社会主义初级阶段生态建设的奋斗目标。生态文明的根本目标是通过人与自然的和谐发展实现人的自由的全面发展。审美也是人的全面发展的需要，生产越发达社会发展程度越高，人们对于审美也就有着更高的需求。全面发展的人对于生态的审美需求也从特定的角度体现了自然的本质。优美的生态环境有助于陶冶情操、促进身心健康、提高生活质量，从而有助于实现人的全面发展。生态文明是马克思主义生态伦理在社会主义建设中的具体体现。生态文明充分肯定自然的价值，以人与人、自然和社会的共生共荣为发展目标。生态文明要求个人和社会真正树立马克思主义生态伦理，自我约束，革新生态理念，创新生态实践，实现马克思主义生态伦理，实现人的全面发展。

生态文明是中国特色社会主义建设的重要目标，生态文明的建设目标和发展方针在社会主义生态伦理之中具有明确的体现。党的十八大报告指出："建设生态文明，是关系人民福祉、关乎民族未来的长远大计。面对资源约束趋紧、环境污染严重、生态系统退化的严峻形势，必须树立尊重自然、顺应自然、保护自然的生态文明理念，把生态文明建设放在突出地位，融入经济建设、政治建设、文化建设、社会建设各方面和全过程，努力建设美丽中国，实现中华民族永续发展。"社会主义生态伦理的宗旨在生态文明的建设过程中具体体现为：实现人民的福祉和中华民族的永续发展。人与生态的关系具体体现为尊重自然、顺应自然、保护自然。尊重体现的是人与生态在伦理层面上的平等关系，将生态看作与人类平等的伦理主体；顺应体现的是对于生态规律的科学态度；保护体现的是人类对于生态伦理行为的核心。党的十八大报告中提出了生态文明建设的阶段性目标，这些具体要求充分体现了社会主义生态伦理的具体内涵，应该成为社会主义生态公德、职业生态道德以及个人生活方式的原则和目标。党的十八大报告中指出："坚持节约资源和保护环境的基本国策，坚持节约优先、保护优先、自然恢复为主的方针，着力推进绿色发展、循环发展、低碳发展，形成节约资源和保护环境的空间格局、产业结构、生产方式、生活方式，从源头上扭转生态环境恶化趋势，为人民创造良好生产生活环境，为全球生态安全做出贡献。”在现阶段社会主义生态伦理的主要内容是节约资源和保护环境，并通过社会伦理的实践内化为每个公民的自觉行动，贯穿于生产方式、生活方式的方方面面。报告中所强调的节约优先、保护优先、自然恢复为主的方针，既体现了对于生态科学规律的尊重又体现了对于作为生态伦理主体的生态的尊重。

热爱祖国的自然生态是社会主义生态伦理的首要内涵。热爱祖国的自然生态在当前的具体体现就是珍惜国土、优化空间开发格局、维护祖国的生态安全。党的十八大报告指出：“国土是生态文明建设的空间载体，必须珍惜每一寸国土。要按照人口资源环境相均衡、经济社会生态效益相统一的原则，控制开发强度，调整空间结构，促进生产空间集约高效、生活空间宜居适度、生态空间山清水秀，给自然留下更多修复空间，给农业留下更多良田，给子孙后代留下天蓝、地绿、水净的美好家园。加快实施主体功能区战略，推动各地区严格按照主体功能定位发展，构建科学合理的城市化格局、农业发展格局、生态安全格局。提高海洋资源开发能力，发展海洋经济，保护海洋生态环境，坚决维护国家海洋权益，建设海洋强国。”

节约能源资源是社会主义生态伦理的重要内容，党的十八大报告对节能降耗提出了具体的要求：“节约资源是保护生态环境的根本之策。要节约集约利用资源，推动资源利用方式根本转变，加强全过程节约管理，大幅降低能源、水、土地消耗强度，提高利用效率和效益。推动能源生产和消费革命，控制能源消费总量，加强节能降耗，支持节能低碳产业和新能源、可再生能源发展，确保国家能源安全。加强水源地保护和用水总量管理，推进水循环利用，建设节水型社会。严守耕地保护红线，严格土地用途管制。加强矿产资源勘查、保护、合理开发。发展循环经济，促进生产、流通、消费过程的减量化、再利用、资源化。”党的十八大对生态伦理提出的具体要求既涉及生产方式也涉及生活方式，既涉及生态公德也涉及个人的生态伦理。其所提出的节约并不仅仅是指传统意义上的节省，而是提出推动能源生产和消费的革命，推动资源利用方式的根本变革实现减量化、再利用、资源化。社会主义生态伦理的认同与实践是党的十八大提出的生态文明建设目标的道德保证。

保护自然生态系统和环境是社会主义生态伦理的必然要求，党的十八大对生态环境保护提出了具体的要求：“要实施重大生态修复工程，增强生态产品生产能力，推进荒漠化、石漠化、水土流失综合治理，扩大森林、湖泊、湿地面积，保护生物多样性。加快水利建设，增强城乡防洪抗旱排涝能力。加强防灾减灾体系建设，提高气象、地质、地震灾害防御能力。坚持预防为主、综合治理，以解决损害群众健康突出环境问题为重点，强化水、大气、土壤等污染防治。”党的十八大所提出的环保目标在生态伦理方面具有丰富的内涵。首先，生态修复与环境的保护并不仅仅是为了开发利用攫取资源，而是更加尊重生态规律，充分体现了对于生态环境自身利益的尊重。其次，生态修复与环境保护的根本目的是人民生产生活的便利和群众的健康，充分体现了社会主义生态伦理为人民服务的根本宗旨。党的十八大还提出了环境保护的国际原则，明确指出了社会主义生态伦理的政治原则：“坚持共同但有区别的责任原则、公平原则、各自能力原则，同国际社会一道积极应对全球气候变化。”

守法是社会主义生态伦理的基本内涵，有法可依是守法的基本前提。党的十八大提出了社会主义生态法律与制度建设的新要求：“要把资源消耗、环境损害、生态效益纳入经济社会发展评价体系，建立体现生态文明要求的目标体系、考核办法、奖惩机制。建立国土空间开发保护制度，完善最严格的耕地保护制度、水资源管理制度、环境保护制度。深化资源性产品价格和税费改革，建立反映市场供求和资源稀缺程度、体现生态价值和代际补偿的资源有偿使用制度和生态补偿制度。积极开展节能量、碳排放权、排污权、水权交易试点。加强环境监管，健全生态环境保护责任追究制度和环境损害赔偿制度。”通过立法以及制度建设，党的十八大明确了社会主义生态伦理建设的阶段性目标：“增强全民节约意识、环保意识、生态意识，形成合理消费的社会风尚。”

社会主义生态伦理作为生态文明建设的道德保证，其阶段性的具体内涵必须与生态文明建设的阶段性目标相一致。党的十八大报告指出：“资源节约型、环境友好型社会建设取得重大进展。主体功能区布局基本形成，资源循环利用体系初步建立。单位国内生产总值能源消耗和二氧化碳排放大幅下降，主要污染物排放总量显著减少。森林覆盖率提高，生态系统稳定性增强，人居环境明显改善。”报告将生态文明建设的近期目标总结为资源节约环境友好，这在生态伦理方面的体现就是在生产和消费各个环节倡导节约降耗减排，倡导热爱自然、绿化环境，倡导集体主义的生态伦理，营造团结和谐的生态利益关系，以便改善人居环境。

社会主义生态伦理的真正实践不能仅仅依靠道德的宣教和灌输，还必须依靠制度建设作为保证。党的十八大报告中高度强调了社会主义建设过程中制度建设的方针："全面建成小康社会，必须以更大的政治勇气和智慧，不失时机深化重要领域改革，坚决破除一切妨碍科学发展的思想观念和体制机制弊端，构建系统完备、科学规范、运行有效的制度体系，使各方面制度更加成熟更加定型。"系统完备、科学规范、运行有效的制度建设目标，在制度上确保了社会主义生态伦理的实现。党的十八大还为生态建设规定了更加具体的建设目标："加快建立生态文明制度，健全国土空间开发、资源节约、生态环境保护的体制机制，推动形成人与自然和谐发展现代化建设新格局。"

虽然社会主义制度下马克思主义生态伦理具有现实性，但是马克思主义生态伦理的实现同时也具有长期性。马克思主义生态伦理是人类社会与自然关系的理想状态，与共产主义制度的实现具有同一性。共产主义的长期性决定了马克思主义生态伦理的长期性。中国特色社会主义是实现共产主义的物质、精神和社会基础。社会主义阶段尤其是初级阶段，生产力不发达、社会经济发展不均衡、生产关系仍然处于同生产力发展的调整之中，尤其是在社会主义市场经济条件下劳动仍然存在着一定的异化等，这些都直接影响到中国特色社会主义生态伦理的实现。无论从生产力基础还是政治经济和思想文化的发展状况来看，中国社会主义制度的完善都是一个长期的历史过程，而到达共产主义的历史过程必然将会漫长，这是一个不以个人意志为转移的客观过程。

5.3 中国特色社会主义生态伦理的实践路径

5.3.1 中国特色社会主义生态伦理的创建

创建活动是吸引和组织广大群众参与生态伦理建设的重要形式和重要载体，要坚持在各种类型的群众性精神文明创建活动中有意识地突出生态内涵，强化生态道德要求。各项精神文明创建活动的工作安排和内容涉及，应该有计划地体现公民生态伦理的要求，使活动的过程成为灌输生态伦理，弘扬道德新风的教育过程。社会主义生态道德创建活动需要树立新时代实践社会主义生态伦理的典型。无论是在革命还是在社会主义建设的过程中，榜样的力量永远是无穷的，在他们的身上体现了中华民族的传统美德和社会主义的时代精神。新中国成立以来，尤其是改革开放之后，各行各业都涌现出一批践行社会主义生态伦理的先进人物和先进集体。曾任保山地委领导的杨善洲退休后扎根大亮山，义务植树造林，历时 22 年建成面积 5.6 万亩，价值 3 亿元的林场，并将林场经营管理权无偿移交给国家。李美和，16 岁和父亲一起创办了全国第一个家庭林场——连井林场，使荒山得到有效治理并产生了巨大的经济效益。刘章华带领全镇群众日夜奋战在荒山秃岭，使全镇绿化率为 97.6%。王朝晖，坚持实施“干部搞示范，做给农民看，带着农民干”的治荒策略，为生态建设和当地经济发展做出了突出贡献。在这些先进典型的身上，体现了社会主义生态道德情操和价值观念，反映了人民的愿望也充分代表了社会正确的发展方向。

利用各种节日，陶冶生态道德情操。各种节庆、纪念日之中蕴藏着宝贵的生态道德教育资源。将多种多样的节庆纪念作为公民生态伦理教育的有效载体，对于倡导正确的价值观、生态观，增强生态伦理教育的感染力和渗透力具有重要的意义。有利于公众在参与活动的过程中陶冶情操，将生态伦理内化为自觉自律的行为。除了与生态直接相关的植树节，像重阳、端午这样的传统节日也可以赋予一定的生态内涵，进行生态伦理的宣传教育。也可以充分利用儿童节、青年节的机会，对广大青少年进行生态伦理的教育实践活动。

社会主义生态职业伦理是社会主义社会的劳动者在职业活动中处理与生态有关的各种问题的过程中应该遵守的基本的行为准则，是社会主义生态伦理在职业生活中的反映。《中共中央关于加强社会主义精神文明建设若干问题的决议》中规定了社会主义职业道德的基本规范：“爱岗敬业、诚实守信、办事公道、服务群众、奉献社会”。

首先，社会主义职业生态道德具有职业性的特征。职业生态道德与职业实践紧密相关，反映特定职业活动对从业人员在生态方面的道德约束。每一种职业生态道德都只能从本行业的特点出发，在特定的职业范围内起作用。其次，社会主义职业生态道德具有实践性。只有在职业实践中，从业者才能够体现出职业生态道德的水准，并通过它对从业者的职业活动进行规范，解决职业活动与生态产生的冲突。最后，社会主义职业生态道德具有继承性。经过长期的实践，社会主义职业生态道德会作为一种传统得以传承，继而形成特定的职业责任和义务，成为被社会普遍接受的职业道德。社会主义职业道德与资本主义职业道德有着本质的区别，这在职业生态伦理方面也有明确的体现。随着资本主义的发展和社会分工的扩大，各行各业为了提高职业声誉增强竞争能力纷纷提倡职业道德。资产阶级为了倡导并监督职业道德的实施，成立职业协会并制定职业道德的具体规范。但是由于资本主义的生产方式以及金钱至上的资本逻辑，资本主义社会的职业道德往往具有局限性和虚伪性。这也就决定了资本主义的职业道德不可能真正地尊重生态，实现与生态的和谐共处。社会主义职业道德是在公有制的经济基础之上，在共产主义道德的指导之下，批判继承了历史上职业道德的精髓并适应社会主义建设需要而形成的全新的道德体系。在社会主义社会之中各族人民的根本利益是一致的，不同职业之间是平等互助的关系，具有共同的道德理想和追求。共产主义的共同理想、集体主义的精神以及为人民服务的根本宗旨决定了社会主义职业道德与马克思主义生态伦理是根本相容的、一致的。

5.3.2 中国特色社会主义生态伦理的养成

中国特色社会主义生态伦理的养成就是在社会主义道德建设中，以马克思主义生态伦理作为指导，以人与自然的和谐相处为宗旨，以人的自由而全面的发展为目标，将公民培养成为依法享有生态权利、承担生态义务，依法参与生态管理具有社会主义生态意识的公民。中国特色社会主义生态伦理是马克思主义生态伦理中国化、时代化的产物。生态伦理作为一种上层建筑必然与特定的经济基础相适应。马克思主义生态伦理是在资本主义工业化初期所提出的睿智的天才的前瞻，但是在工业化时代马克思主义生态伦理并不具备实现的可能性。中国特色社会主义生态伦理是与生态文明的建设目标紧密联系在一起的。中国特色社会主义生态伦理的养成首先需要公民养成生态法律意识，形成生态保护的责任感和维护生态权利的价值观；其次还需要公民形成与中国特色社会主义生态伦理相一致的行为取向和行为习惯。

中国特色社会主义生态伦理的宣传和教育是当代中国马克思主义生态伦理实践的重要方面，但是仅仅宣传和教育是远远不够的。一种伦理道德得以实践并不仅仅是宣传教育的结果，更是习惯养成的结果。中国特色社会主义生态伦理的养成不仅需要具有生态意识、责任感，更需要在日常的生产生活中自觉实践这些伦理信条。中国特色社会主义生态伦理与当代中国社会主义的发展阶段相适应。这种伦理信条体现在日常生活的方方面面：如不污染水源、不虐杀动物、垃圾分拣等。中国特色社会主义生态伦理的实践还体现在职业行为方面。生态化的职业行为需要将中国特色社会主义生态伦理与各行业的伦理和规范结合起来，以便在生产经营过程中养成良好的生态化的职业习惯。生态化的职业习惯体现在方方面面：如提倡无纸化办公以减少乱砍滥伐、少用空调以减少电能消耗、减少公车使用等。

中国特色社会主义生态伦理是与中国特色社会主义初级阶段的国情相适应的。中国特色社会主义生态伦理的养成离不开良好的法治环境。在当前中国特色生态道德水平相对低下的情况下，政府相关部门有必要通过法治手段对严重违背生态伦理的行为进行警示、惩戒直至依法严惩。中国特色社会主义生态伦理还需要创造良好的社会实践环境。包括政府部门在内的全社会都有必要创造条件保障公民对生态建设的积极参与，对实现生态伦理的典型进行相应的物质奖励和精神褒奖。同时加大生态伦理宣传教育的范围和力度，多管齐下创造中国特色社会主义生态伦理实践的文化环境。

中国特色社会主义生态伦理是马克思主义生态伦理与中国特色社会主义建设相结合，是马克思主义生态伦理中国化、时代化的产物。中国特色社会主义生态伦理是马克思主义生态伦理的基本原理在中国社会主义初级阶段的体现。《中国 21 世纪议程》之中对社会主义初级阶段的生态伦理进行了初步的阐释，标志着中国特色社会主义生态伦理的初步形成。《中国 21 世纪议程》明确指出：所有人享有生存环境不受污染和破坏，从而能够过健康和健全生活的权利，并承担有保护子孙后代，满足其生存需要的责任。地球上所有的生物物种享有其栖息地不受污染和破坏，从而能够维持生存的权利，人类承担有保护生态环境的责任。每个人都有义务关心他人的和其他生命，破坏、侵犯他人和生物物种生存权利的行为是违背人类责任的行为。实践中国特色社会主义生态伦理的第一个环节就是生态伦理教育。生态伦理教育是实践马克思主义生态伦理，培养全社会生态道德水平的重要环节。《中国 21 世纪议程》明确指出：教育是促进可持续发展和提高人民解决环境与发展问题的能力的关键。

家庭是孩子的第一课堂，父母是孩子最初的老师。而目前对儿童甚至青少年的生态伦理教育并不理想，有关生态的道德教育仍然停留在勤俭节约，至多是节能环保的水平上。而在广大农村由于社会发展水平相对落后，学前教育并不普遍，生态伦理教育基本上处于空白状态。在学校教育之中，生态伦理的教育仍然处于起步阶段。而在社会上，公众的生态道德水平总体不高，所关心的仍然停留在与生存和健康直接相关的生态问题上。普及生态知识，进行中国特色社会主义伦理的宣传教育是生态道德建设的基本前提。中国特色社会主义生态伦理教育首先要进行马克思主义生态伦理的价值观教育。无论是中国传统的伦理价值观还是新中国成立以来的共产主义道德，都主要强调人与人之间的关系。将生态自然作为道德主体的生态伦理被大众所理解接受并最终作为行动准则，需要进一步加强马克思主义生态伦理基本理论与中国国情的结合，加大宣传教育力度争取更大程度的社会认同。

中国特色社会主义生态伦理所反映的是人与自然之间、人与人之间的生态利益，这就需要全社会树立正确的生态价值观。马克思主义赋予生态以价值，具有属人性的生态具有了与人类相似的伦理主体地位。但是生态并不具有与人类一样活的属性，所以其利益必须通过人的社会实践得以实现。这就要求全社会树立正确的资源观，节约资源循环利用自然。在全社会形成资源有价生态环境也有价，形成正确反映生态价值的生态成本意识。

生态伦理归根结底还是人与人之间、人与社会之间与生态相关的伦理关系。中国特色社会主义生态伦理作为共产主义道德的有机组成部分，其核心内涵是集体主义，时代化中国化的表现形式是社会主义核心价值观。共产主义道德要求个人在集体利益与个人利益相冲突时做出一定的个人利益的让步。中国特色社会主义生态伦理也要求个人与社会或集体在生态利益方面发生冲突时，在个人利益方面做出适当的让步；而人类的利益与生态的利益发生冲突时，人类需要做出适当的让步。因为在马克思主义生态伦理将生态看作与人类相似的道德主体，享有实现自身利益的权利。中国特色社会生态伦理的利益观要求在经济社会发展的同时合理地进行人与生态之间的利益分配。并正确处理当代人之间、代际之间的生态利益，为最终实现人的自由而全面的发展创造条件。

中国特色社会主义生态伦理最终在日常生活中会内化为一种生态化的生活方式。生态化生活方式的重要表现形式是绿色消费。在工业化时代，科学技术的进步使人们形成了科技万能论，认为在发展过程中所形成的生态破坏都可以通过科技手段加以修复。但随着人类对于生态规律理解的日益加深，人们认识到科技手段对于生态问题的局限性。消费是生产的最终环节，并对生产有着巨大的影响。生态消费作为普遍生活方式的形成将对生产环节产生重大的影响，有力地推动生态产业的发展。生态消费的目的是使人类社会与生态形成正常的新陈代谢，形成社会与自然之间良性的循环。

中国社会主义社会初级阶段的国情决定了社会主义市场经济，继而导致了一定程度上和一定范围内劳动的异化，而这种经济基础又导致了马克思主义生态伦理传播和实践的相对滞后。这种相对滞后表现在生态意识薄弱、生态伦理观念扭曲、生产生活方式粗放浪费严重等方面。马克思主义生态伦理对于社会主义生态文明建设具有反作用，而马克思主义生态伦理的传播和实践不仅取决于经济社会的发展方式，而且取决于马克思主义生态伦理的教育。马克思主义生态伦理教育是在生态文明发展的需求下所形成的思想政治教育的新领域，它以马克思主义生态伦理为依据，提高全社会成员的生态道德意境，为生态文明的实现奠定坚实的道德基础。生态文明是人类社会在思维方式、价值观念、生活方式、生产方式等多方面的深刻变革，这种深刻的变革客观上要求作为实践主体的人全面提升道德素养，形成与生态文明建设目标相适应的道德伦理观念。接受并实践马克思主义生态伦理是每一个现代人不可推卸的责任。马克思主义生态伦理教育应该贯彻到社会教育的各个层面，贯穿于学前教育、中小学义务教育、高中教育、职业教育、大学教育、研究生教育以及社会公民道德教育的整个过程。进行马克思主义生态伦理教育的目的是使公民养成以马克思主义生态伦理为指导的价值观、思维方式、生产方式、消费方式等，为生态文明建设提供伦理观念支撑，培养具有生态精神、生态智慧、生态品德的社会公民。

马克思主义生态伦理教育是一项面对所有社会公民的全民性教育。马克思主义生态伦理教育是一项公益性的教育，它并不能产生直接的经济回报，但是能对生态文明的实现产生重大的推动作用。马克思主义生态伦理教育应该使受教育者具备生态意识，在经济社会活动之中自觉尊重自然，自觉约束个人和社会的行为，实现人与社会、人与自然之间的可持续协调发展。马克思主义生态伦理的传播和实践程度是衡量一个国家民族文明程度的重要标志，需要政府、社会以及公民个人多方面的参与。对于政府而言，首先，对马克思主义生态伦理教育提供有力的法律和政策支持。政府有责任利用各种形式进行马克思主义生态伦理的宣传，尤其是提高各级党政机关领导干部的生态伦理水平。同时制定各种法律法规对生态伦理在社会实践中的奖惩作出明确规定，为弘扬实践马克思主义生态伦理创造良好的社会氛围。其次，政府还有责任加大生态伦理教育的多元化资金投入，为马克思主义生态伦理研究和教学提供更多的经费支持。再次，政府还有责任为马克思主义生态伦理的实践提供更便利的条件。各级学校是马克思主义生态伦理教育的主渠道，马克思主义生态伦理教育应该成为各级各类学校思想品德教育的重要组成部分。各级各类学校有必要根据自身的实际情况，调整思想政治理论课的内容，将生态伦理纳入课程体系之中。马克思主义生态伦理教育应该充分发挥现代化教学手段的作用，以多种形式充分调动受教育者的积极性，为全社会营造出良好的生态文化氛围。

5.3.3 中国特色社会主义制度下生活方式的生态化

中国特色社会主义生态伦理的内化体现为一种与生态文明相适应的生态化生活方式。在现代社会中这种生态化的生活方式包括物质资料的消费方式、精神文化生活的消费方式以及其他的休闲消费方式等内容。中国传统的生活方式与农耕文化相适应，它在一定程度上主张存天理灭人欲式的节欲的生活方式；而鼓励过度消费，以畸形的消费刺激生产攫取财富是资本主义工业化时代的生活方式。以马克思主义生态伦理为指导的生活方式必须与生态文明的建设目标相适应，与中国社会主义的发展阶段相适应，它是中国社会主义特定发展阶段的产物。在当前的生态建设中，社会普遍对于与生产生活有关的严重污染高度关注，而对于生态化的生活方式关注不够。

在马克思主义经典作家笔下，生活方式具备两种基本的内涵：一种是与阶级密切相关的概念，是区分不同阶级的重要指标；另一种是与生产方式紧密相关，生产方式决定生活方式而生活方式反映生产方式。马克思主义经典作家将生活方式解释为广义和狭义两种内涵。广义的生活方式包括生产方式和日常的生活方式。“人们用以生产自己的生活资料的方式，首先取决于他们已有的和需要再生产的生活资料本身的特性。这种生产方式不应当只从它是个人肉体存在的再生产这方面加以考察。它在更大程度上是这些个人的一定的活动方式，是他们表现自己生活的一定方式、他们的一定的生活方式。”①在广义生活方式的内涵之中，包括人的活动和自然的活动。人的活动可以是个人也可以是以国家、民族、阶级等群体作为表现形式。自然条件虽然在不同的历史时期有一定的变化，但是在特定的历史阶段相对稳定，但不同的地域地理生态条件则千差万别；而作为人化自然的社会条件则是具体的历史的条件，不同的社会制度、生产力水平、民族传统对其都有重要的影响。而在特定历史发展阶段的特定社会中的人群，他们所处的自然和社会条件千差万别，所以

① 《马克思恩格斯选集》第 1 卷，人民出版社，2012 年版，第 147 页。

其生活方式丰富而差异。狭义的生活方式主要是指除生产方式之外的日常生活，而在特定历史发展阶段特定制度下相近区域的人群，影响其生活方式最重要的因素是阶级。生产方式是狭义的生活方式的决定性因素，而狭义的生活方式是建立在生产方式基础之上的生活方式，它具有显著的阶级属性。中国特色社会主义生态伦理之中所指的是独立于生产方式的狭义的生活方式。狭义的生活方式受到物质和精神因素的双重影响。经过新中国之初的社会主义改造，社会主义制度确立消灭了剥削阶级，确立了社会主义的生产方式。对中国特色社会主义生态伦理产生影响的主要是精神性的因素，即由于历史文化继承性而产生的生活方式的相对落后性。这种生活方式的相对滞后可以通过社会主义制度的自我调整得以解决。

广义上的生活方式体现为生产方式和消费方式，其中消费方式又可以分为物质消费方式和精神文化消费方式。生产方式之中与生态直接相关的是劳动。劳动以生产工具为手段，从自然界获得物质资料，继而对生态产生影响。劳动方式从社会的角度而言，体现为广义上的生产方式，而从个人的角度而言则体现为一种以生存为目的的生活方式。在现代劳动分工日益细致的情况下，个人主要是通过以职业为特征的劳动对生态产生影响。不同的职业以不同的手段对生态产生不同的影响。狭义上的生活方式主要体现为消费方式，其中包括物质消费和精神文化消费。马克思主义认为生产是具体的历史的生产，而消费也是具体的历史的消费。不同的生产力发展水平、不同的生产关系、不同的阶级集团等，都会产生不同的消费方式。在工业革命以前，因为生产力水平相对低下，这种低下的生产力水平在道德上的体现就是提倡勤俭作为美德，借以压抑社会消费的欲望，以维持社会的稳定。资本主义工业化之后，随着生产力水平的提高以及资本主义的生产方式将消费作为刺激生产攫取利润的手段，消费几乎成了生活的全部，异化的生产导致了异化的畸形的过度消费。异化的畸形的过度消费对生态造成了严重的损害，并将这种影响传输至生产环节造成了更大的生态灾难。在社会主义制度下，以公有制为主体的生产方式在制度上为消除生产环节的异化创造了制度保证，继而为消除消费的异化创造了制度保证。人们在满足基本的物质生活的同时，还会产生精神文化的需求，这也就产生了精神文化的生活方式。精神文化生活的核心内涵是一种价值观，是一种历史的具体的上层建筑。资本主义自由主义的意识形态以及其内在的资本逻辑为片面畸形的异化消费创造了文化氛围。而社会主义核心价值体系则倡导绿色健康生态的生活方式，为全社会提供了正确的价值观。

在马克思主义的视域中，生产消费与精神生活方式的变革是在特定的社会关系中通过人们的社会交往来实现的。这种交往方式的变革必然会产生伦理观念的变革，而伦理观念的变革又会反作用于社会的交往方式。生态伦理对人类的生活方式的影响表现为人类历史与生态之间的关系。在原始社会，由于生产力水平低下，产品不能充分地满足需求，个人必须以集体的力量才能生存。虽然在原始社会人类与自然体现出一致性，但这个时期生态伦理关系之中，人与自然的关系是不平等的，人是自然的仆从。随着生产力水平的逐步提高，采集渔猎的生产方式被农耕的生产方式所替代，虽然人们能够更加主动地利用自然资源进行生产和消费，但是仍然十分有限。由于自给自足的封建的生产方式，人们的社会活动仍然局限在相对狭小的范围内，人对生态的干预和破坏也基本上处于可以自我修复的范围内。工业革命对于生态伦理中人与自然的关系产生了颠覆性的影响。机械化的生产方式使人类成为了征服掠夺自然的主人，而社会化的生产方式使人类社会产生了整体化的特征。资本主义的生产方式造成了生产和消费过程的异化。资本主义工业化时代的生产方式造成了严重的生态危机，资本主义制度是生态伦理扭曲畸形的总根源。

资本主义工业化的发展推动了人的解放，金钱面前人人平等代替了出身面前的人人不平等。利润成为了生产的终极目标，而对物的占有成了人生的终极追求。马克思指出："私有制使我们变得如此愚蠢而片面，以致一个对象，只有当它为我们所拥有的时候，就是说，当它对我们来说作为资本而存在，或者它被我们直接占有，被我们吃、喝、穿、住等的时候，简言之，在它被我们使用的时候，才是我们的。尽管私有制本身又把占有的一切直接实现仅仅看作生活手段，而它们作为手段为之服务的那种生活，是私有制的生活——劳动和资本异化。"[①]在资本主义制度下，拜金主义是普世的价值追求，而物质享受是生活的全部，金钱是衡量一切价值的唯一标准。资本主义的生产方式以及其内在的资本逻辑一定会导致生活方式上的消费主义。利润是资本主义生产的唯一目标，而商品只有被消费才会产生利润，利润变为资本才会形成新的一轮循环。资本主义社会化大生产必然会使生产能力超出有效需求造成生产的相对过剩，在这种情况下刺激消费就成为创造利润维持资本有效循环的重要手段。资本所控制的社会通过政治、经济、文化、道德等多种途径倡导消费刺激消费，于是形成了基于资本主义生产方式的消费主义意识形态。消费主义的生

① 《1844年经济学哲学手稿》，人民出版社，2000年版，第85页。

活方式倡导无限地满足物质欲望，消耗大量的资源和能源造成了严重浪费和生态灾难。消费主义的生活方式使消费并不仅仅局限于消费商品的使用价值，而是追求一种差别化的生活方式，通过奢侈性的消费表明自身与众不同的社会地位。以私有制为基础的资本逻辑不断地制造社会差异，制造差别化的奢侈性消费需求。虽然随着生态危机的日益严重，西方社会对消费主义的生活方式进行了一定的反思和批判，但是消费主义的生活方式是资本主义制度和资本逻辑的必然产物。资本主义的生产方式和社会制度不能消除过度消费对生态所造成的灾难。为了获得更加优良的生存环境，西方发达国家将环境污染的产业向发展中国家转移。通过不合理的国际政治经济秩序掠夺性开采发展中国家的资源，将生态危机转嫁他国，形成了生态帝国主义。资本主义的私有制及其生产方式还造成了严重的贫富分化，不同阶级的生活方式均对生态造成严重的破坏。富有的阶级占有绝大多数社会资源和自然资源，穷奢极欲无节制地消费造成了严重的浪费，并造成了生产环节对生态的破坏。而贫困的阶级为了生存对自然资源进行掠夺性的开发，生存环境更加恶化，形成了贫困与生态灾难的恶性循环。以私有制为基础的剥削制度产生了贫富分化，而不消除这种严重的贫富分化，无论如何倡导也不可能形成全新的生态伦理，继而形成生态道德蔚然成风的生态文明。

新中国成立之后，社会风气焕然一新，以共产主义道德为指导全社会形成了全新的生活方式。但是在引进西方资金技术的过程中，西方资本主义拜金主义追求物质享受的生活方式也对社会风气造成了一定的侵蚀。金钱至上、骄奢淫逸、贪污腐化等丑恶现象成为了社会主义生活方式的毒瘤。在新的历史阶段，中国共产党结合新时期中国的国情提出了社会主义核心价值观，为实践全新的社会主义生活方式指明了方向。

资本主义生产方式内在的资本逻辑倡导消费主义，不择手段地诱导物质和感官消费。而资本主义私有制及其生产方式决定了其不可能普遍满足人们的社会需求，因为资本主义制度下的社会生产不是以满足广大人民群众日益增长的物质文化需求作为目的，而是以利润作为生产的目的，消费只是作为获取利润的手段而存在的。社会主义制度倡导理性健康生态的生活方式，提倡马克思主义生态伦理，社会主义生产的终极目的是满足广大人民日益增长的物质文化需求。社会主义制度替代资本主义制度不仅仅是一种生产方式上的革命，而且是人的精神和生活方式的革命性的进步。生态化生活方式的转型是一个长期的过程，这个过程与中国特色社会主义发展的过程相对应。在社会主义初级阶段，生态化生活方式的指导思想是中国特色的社会主义生态伦理。

社会主义制度在生产方式和意识形态两方面为健康生态的生活方式提供了保证。但是因为社会主义国家生产力水平相对落后，在借鉴西方发达国家发展方式的过程中，也产生了与西方类似的生态问题。但是随着社会主义制度和发展方式的逐渐完善，生态文明成为了全新的建设目标，中国特色社会主义生态伦理指导下的健康生态的生活方式成为了必然的发展方向。中国特色社会主义生态伦理倡导与生态文明建设目标相适应的生活方式。生态化生活方式的核心内涵是节约能源资源、保护环境，倡导绿色的适度消费。社会主义生态化的生活方式与西方国家所倡导的绿色低碳的生活方式有相通之处。这并不奇怪，因为马克思主义认为新的社会的萌芽并不是某个天才人物的预见，而是脱胎于旧的社会形态之中。就像社会主义的萌芽产生于资本主义之中一样，资本主义社会之中也产生了新的生态伦理的萌芽，因为它是对于资本主义生活方式的一种反动，所以具有社会主义的某些特性。所谓绿色消费是指在生活中提倡减少对生态的破坏，崇尚简朴自然的生活方式，绿色消费既是一种生活方式也是一场席卷西方的生态保护运动。一般说来，绿色消费倡导消费无污染无公害的绿色食品；倡导转变消费观念，在追求健康舒适的同时节约资源和能源，倡导可持续消费；绿色消费与社会主义核心价值观具有高度的一致性。绿色消费反对因追求奢华而造成的资源浪费，提倡以注重商品的使用价值为核心的简朴生活方式；反对因追求身份地位差异而进行的奢侈性消费；倡导平等简朴健康舒适的消费观。社会主义制度下的绿色消费充分体现了社会主义社会伦理的转型，从只关心个人的自由主义功利主义的消费观转变为关心社会利益的社会主义消费观。

生态绿色的消费方式符合历史的发展方向。在工业化时代机器代替了人力和自然力，矿物能源代替了生物能源。随着人类控制自然能力的提升，形成了消费主义的生活方式，造成了危害人类自身利益的生态危机。而随着人类对于自然规律认识的加深，人类认识到了人类自身相对于自然的有限性，反思工业化的发展模式，开始了所谓的绿色革命。希望通过生态技术实现绿色生产，倡导绿色消费解决困扰西方社会发展的生态问题。但资本主义其固有的生产方式以及其内在的资本逻辑没有改变，虽然通过生态技术和生态伦理可以在一定程度上缓解生态危机，但不可能从根本上消除生态危机。生态技术、生态伦理只有与社会主义制度相结合才能够从根本上解决人与生态之间的紧张关系，实现人与生态的和谐发展。

社会主义制度能够真正实践人与自然和谐发展的生态伦理，因为社会主义制度有利于促进经济社会发展，有利于实现好、维护好、发展好最广大人民的根本利益。中国特色社会主义制度能够促进经济社会等各方面与生态的全面协调可持续发展，以谋求人民幸福，实现全体人民的共同富裕、建设富强民主文明和谐的社会主义现代化为目标，其根本目的是实现中国人民自由而全面的发展。这为马克思主义生态伦理的实现创造了前提和保障。社会主义制度能够从根本上解决人与生态之间的紧张关系。但是由于中国正处于社会主义初级阶段，在生态建设以及生态伦理的实践方面仍然存在着一定的问题。这主要是因为尽管经过多年的艰苦探索，中国特色社会主义制度已经基本形成了体系，但是一些具体的制度还不完善，社会主义制度所蕴含的优势还没有得以充分的发挥。在社会主义建设中所出现的生态伦理问题，随着社会主义制度的不断完善最终会得到解决。虽然中国在社会主义建设中出现了与西方社会相类似的生态问题和生态伦理问题，但这并不是社会主义制度本身的问题，而是中国社会主义初级阶段国情的产物。在当今世界，大多数国家都实行资本主义制度。除了少数发达国家或者采用先进的高成本的科学技术减轻生态压力，或者采用转嫁污染的生态帝国主义，大多数实行资本主义制度的发展中国家面临比中国严重得多的生态问题，其国民在生活方式中所体现的生态伦理问题比中国也要严重得多。新中国成立之后，通过社会主义改造在中国确立了社会主义制度。新的社会制度的确立不仅改变了旧中国积贫积弱的状态，而且在全社会树立了全新的社会主义道德风尚，社会主义制度和社会主义道德为全新的生态伦理的实践创造了良好的社会条件。改革开放以来，中国在发展模式上对西方社会进行了有益的借鉴并取得了举世瞩目的成就。但是中西发展模式的某些共性特征也产生了类似的生态问题以及在生活方式中的生态伦理问题。必须看到，社会主义与资本主义在社会基本制度的层面有着根本的区别，但在具体的制度层面也具有某些共性，其中最显著的就是社会主义市场经济的实行。中国当前社会发展过程中所产生的生态问题以及由此所引发的生态伦理问题有些与某些具体制度的不完善有关，另一些是现阶段发展不平衡、不协调造成的，不能把生态问题以及生态伦理问题的产生归咎于社会主义制度。社会主义制度是马克思主义生态伦理实践的根本保证。

倡导生态文明主流价值观为生态伦理的社会实践开辟了更加广阔的前景。党中央提出必须弘扬生态文明主流价值观，把生态文明纳入社会主义核心价值体系，形成人人、事事、时时崇尚生态文明的社会新风尚，为生态文明建设奠定坚实的社会、群众基础。生态文明主流价值观主张在生态人格化的前提下实现人与自然的共存共荣、共生和谐。生态文明主流价值观是以马克思主义生态伦理对社会主义核心价值观所进行的生态诠释，充分体现了新常态下“绿色化”生态内涵。社会主义核心生态价值是生态人格中善的源泉，它体现了生态人格价值观的正当性。在生态人格的价值层次之中，居于首位的是和谐。马克思主义认为，虽然自然相对于人类具有先在性，但是人开发利用自然具有道德的合理性。人类通过劳动实现人与自然之间的物质变换不是无条件的、随心所欲的。劳动成为有用劳动，创造有用价值，是人类开发利用自然的伦理标准，也是人类开发利用自然的道德合理性前提。资本主义制度从根本上产生了阻碍人与自然和谐伦理关系实现的诸多异化因素，共产主义是马克思主义生态伦理实现的制度前提。而社会主义作为共产主义的初级阶段将逐步实现马克思主义生态伦理，直到共产主义实现人与自然的真正和谐。马克思主义生态和谐观是人与自然关系的最高目标，体现了生态人格的理想目标，而“绿色化”是生态和谐的现实目标。富强是生态人格价值的第二层次。和谐是富强的生态前提，富强是和谐的发展目标。富强是社会主义制度下以生态和谐为前提的科学发展，这充分体现了其作为生态人格价值的正当性。公正是生态人格价值的第三层次。公正是和谐前提下实现富强的社会实践原则，是基本价值原则的具体化。新常态下生态公正的原则既体现在人与自然方面，也体现在社会成员生态权利与生态义务方面。法治是生态人格价值的第四层次。生态人格之中的法治既是一种法治思维也是一种法治方式。人与自然的和谐的基本价值，富强的发展目标，公正的生态价值都必须以法治的思维和法治的方式来实现，依法守住发展与生态两条底线。生态底线是和谐的最低标准，发展的底线是富强的最低目标，法治是守住两条底线的基本手段。在生态人格的价值秩序中，和谐是前提，富强是目标，公正是原则，法治是保障。生态人格的核心价值内在统一于生态文明绿色化战略之中。绿色化首先是一种生产方式，它主张科技含量高、资源消耗低、环境污染少的产业结构和生产方式，有着经济绿色化的内涵。“绿色化”战略能够带动绿色产业，形成经济社会发展新的增长点。“绿色化”还是一种生活方式，使生活方式和消费模式向勤俭节约、绿色低碳、文明健康的方向转变，力戒奢侈浪费和不合理消费。“绿色化”更是一种价值取向——把生态文明纳入社会主义核心价值体系，形成人人、事事、时时崇尚生态文明的社会新风尚。

参考文献

[1] 马克思恩格斯选集. 第1～4卷. 北京：人民出版社，2012.

[2] 马克思恩格斯全集. 第1卷. 北京：人民出版社，1956.

[3] 马克思恩格斯全集. 第3卷. 北京：人民出版社，1960.

[4] 马克思恩格斯全集. 第7卷. 北京：人民出版社，1971.

[5] 马克思恩格斯全集. 第20卷. 北京：人民出版社，1971.

[6] 马克思恩格斯全集. 第25卷. 北京：人民出版社，1971.

[7] 马克思恩格斯全集. 第32卷. 北京：人民出版社，1974.

[8] 马克思恩格斯全集. 第42卷. 北京：人民出版社，1979.

[9] 马克思恩格斯全集. 第46卷. 北京：人民出版社，1979.

[10] 马克思. 1844年经济学哲学手稿. 北京：人民出版社，1985.

[11] 赫胥黎. 进化论与伦理学. 北京：科学出版社，1971.

[12] 严复. 天演论. 北京：商务印书馆，1981.

[13] 克鲁泡特金. 互助论. 李平沤译. 北京：商务印书馆，1997.

[14] 周辅成. 西方伦理学名著选辑. 北京：商务印书馆，1996.

[15] [美]詹姆斯·奥康纳. 自然的理由——生态学马克思主义研究. 唐正东，臧佩洪，译. 南京：南京大学出版社，2003.

[16] [美]约翰·贝拉米·福斯特. 马克思的生态学——唯物主义与自然. 刘仁胜，肖峰，译. 北京：高等教育出版社，2006.

[17] [美]马尔库塞. 单向度的人. 刘继，译. 上海：上海译文出版社，2006.

[18] [加]本·阿格尔. 西方马克思主义概论. 慎之，译. 北京：中国人民大学出版社，1991.

[19] [美]约翰·贝拉米·福斯特. 生态危机与资本主义. 耿建新，宋兴无，译. 上海：上海译文出版社，2006.

[20] [日]岩佐茂. 环境的思想. 韩立新，译. 北京：中央编译出版社，1997.

[21] [加]威廉·莱斯. 自然的控制. 岳长龄，李建华，译. 重庆：重庆出版社，1993.

[22] [英]安德鲁·多布森. 绿色政治思想. 郇庆治，译. 济南：山东大学出版社，2005.

[23] [英]戴维·佩珀. 生态社会主义：从深生态学到社会正义. 刘颖，译. 济南：山东大学出版社，2005.

[24] [美]罗尔斯顿. 环境伦理学. 杨通进，译. 北京：中国社会科学出版社，2000.

[25] 刘思华. 生态马克思主义经济学原理（修订版）. 北京：人民出版社，2014.

[26] 余维海. 当代危机的困境与消解——当代马克思主义生态学表达. 北京：中国社会科学出版社，2012.

[27] 徐民华. 马克思主义生态思想研究. 北京：中国社会科学出版社，2012.

[28] 刘增惠. 马克思主义生态思想及实践研究. 北京：北京师范大学出版社，2010.

[29] 杜向民. 当代中国马克思主义生态观. 北京：中国社会科学出版社，2012.

[30] 曹孟勤. 人向自然的生成. 上海：三联书店，2012.

[31] 陶火生. 生态实践论. 北京：人民出版社，2012.

[32] 王彦丽. 多维视阈—马克思的自然概念与伦理价值. 北京：中国社会科学出版社，2012.

[33] 董强. 马克思主义生态观研究. 北京：人民出版社，2015.

[34] 杜向民. 当代中国马克思主义生态观. 北京：中国社会科学出版社，2012.

[35] 杜秀娟. 马克思主义生态哲学思想历史发展研究. 北京：北京师范大学出版社，2011.

[36] Adrian Little. The political thought of Andre gorz. London：Routledge，1996.

[37] Andre Gorz. Capitalism socialism ecology. London：verso，1994.

[38] David Pepper. Environmentalism：critical concept. volume 1. London：Routledge，2003.

[39] Joel Kovel. The enemy of nature. New York：Zed books Ltd，2002.

[40] John Bellamy Foster. Ecology against capitalism. New York：Monthly Review Press，2002.

[41] Paul Burkett. Marx and nature：a red and green perspective. Hampshire Macmillan Press，1999.

后　记

2012 年秋季，刘思华教授到吉林大学马克思主义学院访问讲学。访问期间，刘思华教授向韩喜平院长介绍了他所规划的“绿色经济与绿色发展丛书”。因为我此前积累了一些资料并有一些相关的前期成果，所以韩喜平院长推荐我和他一起参与了“丛书”的竞标。其后我师从韩喜平教授做博士后研究，于是结合这部专著的写作将马克思主义生态伦理作为研究选题。写作期间，韩喜平教授作了悉心指导并在写作条件方面提供了诸多便利。书稿完成后，韩喜平教授又坚持将我列名为第一作者。

研究马克思主义生态伦理是为解决中国的生态问题提供理论的合法性依据。生态伦理作为道德的体现必须与社会主义核心价值观相一致。也就是说，一方面以社会主义价值观解释生态伦理；另一方面以马克思主义生态伦理充实社会主义核心价值观。马克思主义生态伦理的出发点是思想史梳理，其落脚点是马克思主义生态伦理思想的时代化与中国化，也就是中国特色的社会主义生态伦理。解决当代中国生态问题是一个复杂的系统工程，而且生态问题是一个具体的历史的问题，与中国的发展阶段有着密切的关系。生态道德作为一种上层建筑也不可能超越特定历史发展阶段的经济基础。也就是说在中国当前的发展阶段既不可能形成普遍的完善的生态伦理，也不可能从根本上解决生态伦理问题。生态伦理的完善其实是在遥远的未来，按照马克思主义的解释是在共产主义彻底消除了劳动的异化之后。

真的很遥远吗？1935 年，当红军战士跋涉在漫漫长征路上的时候，新中国对于他们来说仅仅是一个梦想，14 年之后梦想变成了现实；20 世纪 80 年代，电梯洋房私人轿车对于普通人来说仅仅是一个梦想，30 年后梦想变成了现实；30 年前做梦都不会想到，洁净的水、空气、蓝天也会成为梦想，但 30 年后这真的成了梦想。有梦想就有奋斗，有奋斗就有成功。如此看来，这本书的问世是有意义的，而不是对纸张油墨和能源的浪费。

本书是在我做博士后研究期间完成的，感谢我的博士后导师韩喜平教授给我的宝贵机会和悉心指导，它为我确定了科研的基本方向。我最初的学科背景是历史学，毕业留校后承担了题目为《当代生态社会主义研究》（2011QY102）的校内课题。自此开始关注生态思潮，本书包括了我这个课题研究期间的全部研究成果。在写作和修改过程中，我深深体会到了马克思主义的博大精深，也亲身感受到了各位前辈严谨的学风。生态研究是 21 世纪中国最为迫切的课题之一，是诸多学者关注的焦点。而我只能算是刚刚加入的后来者，诚恳地希望得到各位同行的批评指正。

聂长久

2016 年 1 月 10 日于长春工大家园寓所